金融犯罪检察实务丛书

金融犯罪
检察实务

JINRONG FANZUI
JIANCHA SHIWU

北京市朝阳区人民检察院◎编
张朝霞◎主编

中国检察出版社

序

　　金融安全事关国家安全和人民群众的切身利益，其重要性无论如何形容都不为过。党的十九大也明确指出，今后三年要重点抓好决胜全面建成小康社会的三大攻坚战。其中防范化解重大金融风险是三大攻坚战之首。打赢防范化解金融风险攻坚战需要政府、司法机关和社会各界的鼎力配合。2019年初最高人民检察院检察长张军指出，要充分履行检察机关法律监督职能，为经济社会发展提供更优法治环境，为打好三大攻坚战、保障民营经济健康发展贡献检察力量、检察智慧。这充分说明，在惩治金融犯罪、防范化解金融风险过程中，检察机关作为法律监督机关承担着重要使命，社会各界对检察职能的正确发挥充满期待。

　　近年来，北京市朝阳区经济发展势头强劲，CBD现代商务服务和国际金融功能突出，金融创新活跃。但与此同时，占全市近七成的金融犯罪案件及新型互联网金融案件都发生在朝阳区，尤其是涉案金额巨大、人员众多和影响范围广的非法集资类案件呈现激增态势。此外2018年6月起P2P平台呈现大面积集中"爆雷"，金融风险防控面临前所未有的挑战。北京市朝阳区人民检察院为进一步服务好朝阳区及首都金融经济建设，更好地履行检察机关指控犯罪的职责，于2016年8月成立金融检察团队。该团队始终坚持履行金融犯罪审查、追诉和监督三项主要职能，在重视主责主业的同时注重金融犯罪司法研究，致力于将朝阳金融检察团队打造成为专业化的金融司法研究中心，主要以课题制、项目制深化金融检察专业化研究，先后承担中国法学会涉众型经济犯罪案件涉案款物追缴等专业课题10余个，联合高校以项目制方式在北京市率先开展非法集资类案件认罪认罚从宽制度调查研究和实践探索，曾出版专著《非法集资犯罪的理论与司法实践》，连续三年发布《金融检察白皮书》。同时以研讨会、走访调研、课程培训等形式丰富研究内容，提升研究质量。此外，朝阳区人民检察院相关主管领导以及金融检察团队的成员还多次应邀参加有关金融犯罪的研讨会（比如吴春妹副检察长2018年12月21日就参加了我主持的清华大学法学院司法研究中心举办的"平台监管和金融犯罪的认定"研讨会，并在会上介绍了朝阳区人民检察院查办金融犯罪的态势以及检察机关的作为，获得参会人员的一致好评），总结、提炼了一线办理金融犯罪的困惑及经验，为学术界深入研究金融犯罪提供了素材及思考路径。

在不断探索的过程中，金融检察团队不知不觉已迈进了第三个年头，朝检金融的品牌化效应愈加显著。朝检金融团队以实践促研究，以研究助实践，聚众人之心、集众人之智、合众人之力，经过不懈的积累和总结，现已完成《金融犯罪检察实务丛书》的编撰工作。丛书包括《金融犯罪检察实务》《金融犯罪疑难案件认定实务》《金融犯罪不捕不诉典型案例》《金融犯罪办案一本通》四册。分别从理论层面，以问题为导向对金融犯罪实务中的实体问题和程序问题进行剖析；从实务层面，以"参考案例"的形式将典型、疑难、不捕不诉案件进行梳理和总结，起到对类案的指引、参考作用；并且还以法律、法规、指导性案例等为素材汇编办理金融犯罪案件工具用书。该系列丛书的编撰不仅是朝阳金融检察团队的经验总结，也是加强检察专业化建设方面的重要探索，其意义在于：一是内部进一步规范办案流程，为检察人员办案提供参考和借鉴，使每一件司法案件都能得到公平公正的处理。二是充分发挥区位优势,将面对最新类型、最为疑难案件所形成的"朝检金融"的先进司法理念和实践经验进行全面梳理、总结和升华,积极探索可复制、可借鉴的朝阳经验,以期在全市乃至全国进行推广。三是鼓励检察人员立足司法实践,以问题为导向,深化理论研究,更好地服务于司法办案,实现"三效"统一;同时提升检察人员的综合能力,完善专业人才培养,落实金融检察专业化人才培养中心这一职能定位,不仅要做办好案的"工匠",更要努力去做精通业务的"专才"。

我对金融犯罪的诸多问题一直保持浓厚的研究兴趣。我曾在2016年全国两会期间提交专门建议,恳请"两高"充分关注实践中恶意透支型犯罪处罚异化和扩大化的问题,后引起有关方面的重视。2018年"两高"修改了相关司法解释,大幅度提高了定罪起点,严格了"经发卡银行催收"以及"非法占有目的"的认定标准,实践中有关的突出问题得以解决。我这个建议的问题意识,就直接来自朝阳区人民检察院、朝阳区人民法院的具体司法实践。近年来,我和朝检金融团队的检察官们始终保持着密切联系,我从他们关于惩治金融犯罪实务的具体数据、实践经验的介绍和理论提炼中学到了很多东西。所以,我需要对这个团队表示我的敬意和谢意。

我相信,朝阳区人民检察院能够以本丛书的出版为契机,站在更高的起点上立足检察职能,亮剑金融犯罪,主动作为,扎实攻坚,为区域金融生态环境保驾护航,为扎实推进金融犯罪领域的理论研究做出应有贡献。

是为序。

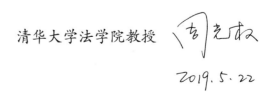

清华大学法学院教授

2019.5.22

目　录

上编

实体篇

第一章 金融犯罪案件基本情况

2017年8月至2018年12月（2017.8.1—2018.12.13），朝阳区人民检察院金融犯罪检察部受理的金融犯罪案件共计1486件3001人。其中，受理的审查逮捕案件782件1409人，审查起诉案件704件1592人。基本情况如下：

一、案件数量持续增长，涉案人数明显上升

2017年朝阳区人民检察院金融犯罪检察部受理的金融犯罪案件捕诉共计642件1319人，相比于2016年案件量及人数分别增长30%和40%。2018年1月至12月，朝阳区人民检察院受理的金融犯罪案件捕诉共计1166件2330人，同比增长90%和84%。近五年来受理的金融犯罪案件数量持续增长，涉案人数明显上升，且预计未来一段时间内仍将持续保持高增长态势。

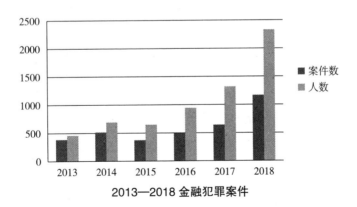

2013—2018 金融犯罪案件

二、主要为非法集资类与信用卡类犯罪

受理的案件中，涉嫌的罪名共计20个，主要集中在非法吸收公众存款、

集资诈骗、信用卡诈骗和妨害信用卡管理罪等。2017 年 8 月至 2018 年 12 月，非法吸收公众存款案件捕诉共计 982 件 2282 人，集资诈骗案件捕诉共计 130 件 254 人，非法集资类案件占北京市的六成以上；信用卡诈骗案件占金融犯罪总数的 10%。

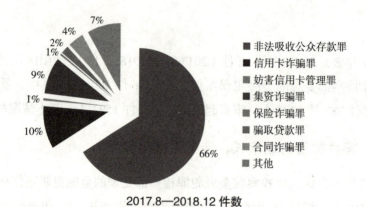

2017.8—2018.12 件数

- 非法吸收公众存款罪
- 信用卡诈骗罪
- 妨害信用卡管理罪
- 集资诈骗罪
- 保险诈骗罪
- 骗取贷款罪
- 合同诈骗罪
- 其他

三、非法吸收公众存款案件数量增长迅猛

2017 年 8 月至 2018 年 12 月金融犯罪检察部受理非法吸收公众存款案件审查逮捕 537 件 1046 人，审查起诉 445 件 1236 人，捕诉共计 982 件 2282 人，同比上升 59%、77%。近年来，朝阳区非法吸收公众存款案件呈激增态势，受 P2P "爆雷潮" 等因素的影响，未来一段时间内此类犯罪仍然会处在高位 "消化期"。

四、信用卡类犯罪案件数量总体呈下降趋势

2015 年朝阳区人民检察院受理信用卡类案件捕诉共计 187 件，2016 年受理此类案件捕诉共计 77 件，2017 年共计 125 件。2018 年受理信用卡类案件共计 112 件，其中妨害信用卡管理案件数量为 4 件，信用卡诈骗案件数量为 108 件。由于 2015 年朝阳区人民检察院依托公检法联席会签署了《关于办理 "恶意透支" 型信用卡诈骗案件法律适用意见》，加强证据要求，严把入罪门槛，信用卡诈骗案件自 2015 年开始下降较为明显。2017 年案件数量虽有回升，

但仍低于 2015 年案件数量，2018 年此类案件数量持续下降。

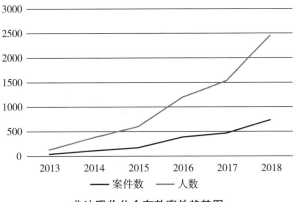

非法吸收公众存款案件趋势图

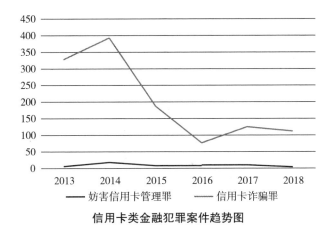

信用卡类金融犯罪案件趋势图

五、P2P 案件呈现"爆雷潮"

近年来，P2P 行业发展迅猛，呈现强劲发展势头。同时也出现一些不法分子假借金融创新名义，实施非法集资犯罪活动。2015 年朝阳区人民检察院受理以 P2P 为名非法集资案件捕诉共计 1 件 2 人，2016 年此类案件 5 件 24 人，2017 年 40 件 183 人，2018 年 1 月至 12 月 66 件 368 人。自 2018 年 6 月起，P2P 行业"多米诺骨牌"集中坍塌，造成部分投资人心理恐慌，进而出现相关 P2P 平台挤兑危机。据搜狐网报道，2018 年前 5 个月每月倒闭的 P2P

平台基本为 20 家左右，6 月份爆雷数量猛增至 63 家，进入 7 月后此态势愈演愈烈，当月新增问题及停业平台约 100 多家。涉 P2P 非法集资类案件属于涉众型案件，案发往往是因为犯罪嫌疑人资金链断裂导致无资金返还集资参与人本金及许诺利息，P2P 行业不像银行行业有存款准备金制度、银行间市场同业流动性支撑，没有官方政策、制度进行刚兑，极易引发群体性事件、上访或者其他次生风险等问题。受损投资人往往会到各级政府、金融监管部门以及公检法等单位上访维权，部分上访人甚至将责任归咎于国家政策，影响金融安全和社会稳定。

第二章　假币类犯罪的认定及司法研究

一、伪造货币罪（刑法第 170 条）

（一）犯罪构成

1. 客体方面

伪造货币罪侵犯的客体是国家货币管理制度。国家的货币管理制度具体包括两方面的内容，一是本国货币管理制度，二是外币管理制度。伪造货币罪的对象是货币。所谓货币，也称通货，是指在一国或地区具有强制流通力的、代表一定价值的、用作支付手段的特定物。伪造货币包括伪造正在流通的中国货币（人民币）、正在流通的外国货币及香港、澳门特区、台湾地区的货币，包括硬币、纸币、普通纪念币和贵金属纪念币。

2. 客观方面

伪造货币罪在客观方面上表现为违反国家货币管理法规，伪造货币的行为。所谓伪造货币，是指没有货币制造权的人，仿照人民币或者外币的面额、图案、色彩、质地、式样、规格等，使用多种方法，非法制造假货币，冒充真货币的行为。

根据最高人民检察院、公安部《关于公安机关管辖的刑事案件立案追诉标准的规定（二）》（以下简称《立案追诉标准的规定（二）》）第 19 条的规定，伪造货币，涉嫌下列情形之一的，应予立案追诉：（1）伪造货币，总面额在 2000 元以上或者币量在 200 张（枚）以上的；（2）制造货币版样或者为他人伪造货币提供版样的；（3）其他伪造货币应予追究刑事责任的情形。本规定中的"货币"是指流通的以下货币：（1）人民币（含普通纪念币、贵金属纪念币）、港元、澳门元、新台币；（2）其他国家及地区的法定货币。

贵金属纪念币的面额以中国人民银行授权中国金币总公司的初始发售价格为准。

3. 主体方面

伪造货币罪的主体为一般主体，凡达到刑事责任年龄且具备刑事责任能力的自然人均可以构成，单位不能构成伪造货币罪主体。

4. 主观方面

伪造货币罪在主观方面上只能由直接故意构成。间接故意和过失不构成伪造货币罪。

（二）伪造货币罪认定中应当注意的问题

1. 伪造的认定

《最高人民法院关于审理伪造货币等案件具体应用法律若干问题的解释（二）》第1条第1款规定，仿照真货币的图案、形状、色彩等特征非法制造假币，冒充真币的行为，应当认定为刑法第170条规定的"伪造货币"。此外，第2条还规定，同时采用伪造和变造手段，制造真伪拼凑货币的行为，依照刑法第170条的规定，以伪造货币罪定罪处罚。所以，所谓的伪造的货币是指仿照真币图案、形状、色彩等，采用各种手段制作的假币。而假币根据制造方法的不同，具体可分为以下几种不同的类型：一是机制胶印、凹印假币；二是石板、蜡板、木板印假币；三是誊印假币；四是复印假币；五是照相假币；六是描绘假币；七是板印假币；八是复印、制板技术合成假币；九是仿照硬币铸造的假币；等等。

2. 变造货币"数额较大"的认定

根据刑法的规定，只有行为人变造货币达"数额较大"，才构成犯罪。关于本罪的数额较大，最高人民法院《关于审理伪造货币等案件具体应用法律若干问题的解释》第1条规定，伪造货币的总面额在2000元以上不满3万元或者币量在200张（枚）以上不足3000张（枚）的属"数额较大"，而伪造货币的总面额在3万元以上的，属于"伪造货币数额特别巨大"。

（三）伪造货币罪与出售、购买、运输假币罪的认定

根据刑法第171条第3款之规定，伪造货币并出售或者运输伪造的货币

的，依伪造货币罪从重处罚。出售、运输的货币，在这里应是指为伪造者自己所伪造的，即出售或运输所指向的假币与伪造的假币乃是同一宗假币。只有在这种情况下，伪造行为与出售或运输行为才存在着吸收与被吸收的关系。此时出售或运输行为属于伪造行为的继续，是伪造行为的一种后继行为，这种后继行为是前行为即伪造货币的行为发展的自然结果。因为伪造者要达到其目的，一般要伴随着运输或出售的过程，因此，对这种后继行为，应被主行为即伪造货币的行为所吸收，不再有其独立的意义，定罪只按伪造货币罪进行，在量刑上则作为两个从重情节予以考虑。如果伪造货币或者运输或者出售的不是自己伪造的那宗货币，此时，运输、出售假币的行为与伪造货币的行为没有必然的联系，从而不存在吸收与被吸收关系，对此，应当分别定罪，再实行并罚。

根据最高人民法院《关于审理伪造货币等案件具体应用法律的若干问题的解释》第 2 条规定，行为人购买假币后使用，构成犯罪的，依照刑法第 171 条的规定，以购买假币罪定罪，从重处罚。行为人出售、运输假币构成犯罪，同时有使用假币行为的，依照刑法第 171 条、第 172 条的规定，实行数罪并罚。

伪造货币并出售或者运输伪造的货币的，依照本法第 170 条的规定定罪从重处罚。另外，根据最高人民法院《全国法院审理金融犯罪案件工作座谈会纪要》的规定，制造或者出售伪造的台币行为的处理。对于伪造新台币的，应当以伪造货币罪定罪处罚；出售伪造的新台币的，应当以出售假币罪定罪处罚。

二、出售、购买、运输假币罪（刑法第 171 条第 1 款）

（一）犯罪构成

1. 客体方面

本罪侵犯的客体是国家的货币管理和金融管理秩序。犯罪对象是伪造的人民币或外币。出售、购买、运输假币构成犯罪的主观上均应以明知为条件。

2. 客观方面

行为人在客观上必须有出售、购买、运输伪造的货币的行为。"出售伪造的货币"是指以盈利为目的，以各种方式或途径，以一定的价格卖出伪造的货币的行为。"购买伪造的货币"，是指行为人以一定的价格用货币买入伪造的货币的行为。"明知是伪造的货币而运输"，是指行为人主观上明明知道是伪造的货币，而使用汽车、飞机、火车、轮船等交通工具或者以其他方式将伪造的货币从一地运往另外一地的行为。

根据《立案追诉标准的规定（二）》第20条的规定，出售、购买伪造的货币或者明知是伪造的货币而运输，总面额在4000元以上或者币量在400张（枚）以上的，应予立案追诉。在出售假币时被抓获的，除现场查获的假币应认定为出售假币的数额外，现场之外在行为人住所或者其他藏匿地查获的假币，也应认定为出售假币的数额。

3. 主体方面

犯罪主体为一般主体，凡达到刑事责任年龄且具备刑事责任能力的自然人均可以构成。

4. 主观方面

行为人在主观上出于故意。

（二）出售、购买、运输假币罪认定中应当注意的问题

1. 明知的认定

行为人认识到其所出售、购买、运输的为伪造的货币即为明知。如果行为人因为上当受骗或出于过失不知其所出售、购买或者运输的是伪造的货币，其行为不构成该罪。

2. 数额较大的认定

如果行为人出售、购买或者运输伪造的货币数额未达到较大程度的，即使有其他严重情节也不能以犯罪论处。而根据最高人民法院《关于审理伪造货币等案件具体应用法律的若干问题的解释》第3条的规定，出售、购买假币或者明知是假币而运输，总面额在4000元以上不满5万元的，属于"数额较大"；总面额在5万元以上不满20万元的，属于"数额巨大"；总面额在20万元以上的，属于"数额特别巨大"，依照刑法第171条第1款的规定定罪处罚。

3.本罪既遂与未遂的认定

本罪属于行为犯，并不要求有特定结果的发生，因而行为人只要将出售、购买或者运输之行为实施完毕，即可构成既遂。由于本罪属选择性罪名，因而行为人只要将其中任何一种行为实施完毕就可构成既遂。但出售、购买或者运输行为也存在一个过程，因此也存在行为人因意志以外的因素而未能把行为实施完毕的可能。如行为人在出售或购买伪造货币当中正讨价还价时被抓获的，或者行为人在运输伪造的货币途中被截获的等，都属于犯罪未遂。因此，不能认为行为人实施出售、购买或者运输伪造的货币的行为就都构成既遂。

三、金融工作人员购买假币、以假币换取货币罪（刑法第 171 条第 2 款）

（一）犯罪构成

1.客体方面

本罪侵犯的客体是国家的货币管理制度。

2.客观方面

本罪在客观方面上表现为银行或者其他金融机构工作人员购买伪造的货币，或者利用职务上的便利以伪造的货币换取货币的行为。所谓购买伪造的货币，是指以一定的价格利用货币或物品买回、换取伪造的货币之行为。所谓以伪造的货币换取货币的行为，是指以伪造的假币换取真币的行为。

在我国，商业银行主要有中国工商银行，中国农业银行、中国银行、中国建设银行、交通银行、光大银行、中信实业银行以及各种地方性商业银行等。其他金融机构是指，银行以外的城乡信用合作社、融资租赁机构、信托投资公司、保险公司、邮政储蓄机构、证券机构等具有货币资金融通职能的机构。金融机构工作人员即是在上述机构中从事公务的人员。如果不是在上述金融机构而是在其他机构中工作的人员或者虽然是在上述金融机构中工作，但其不是从事公务而是从事劳务的人员，不能构成本罪主体。

根据《立案追诉标准的规定（二）》第 21 的规定，银行或者其他金融机构的工作人员购买伪造的货币或者利用职务上的便利，以伪造的货币换取货币，总面额在 2000 元以上或者币量在 200 张（枚）以上的，应予立案追诉。

3. 主体方面

本罪的主体是特殊主体，即只有金融机构的工作人员才能构成。

4. 主观方面

本罪的主观方面必须是故意，即明知是伪造的货币而予以购买或者利用职务之便利换取货币。如果行为人在工作中误将假币支付给他人，不能视为利用职务便利以假币换取真币。

（二）金融工作人员购买假币、以假币换取货币罪认定中应注意的问题

1. 行为人购买伪造的货币或者以伪造的货币换取的货币数额不大，不构成犯罪

根据《立案追诉标准的规定（二）》第 21 条的规定，银行或其他金融机构的工作人员购买伪造的货币或者利用职务上的便利，以伪造的货币换取货币，总面额在 2000 元以上或者币量在 200 张（枚）以上的，应予立案追诉。另根据《最高人民法院关于审理伪造货币等案件具体应用法律若干问题的解释》第 4 条规定，银行或者其他金融机构的工作人员购买假币或者利用职务上的便利，以假币换取货币，总面额在 4000 元以上不满 5 万元或者币量在 400 张（枚）以上不足 5000 张（枚）的，处 3 年以上 10 年以下有期徒刑，并处 2 万元以上 20 万元以下罚金；总面额在 5 万元以上或者币量在 5000 张（枚）以上或者有其他严重情节的，处 10 年以上有期徒刑或者无期徒刑，并处 2 万元以上 20 万元以下罚金或者没收财产；总面额不满人民币 4000 元或者币量不足 400 张（枚）或者具有其他情节较轻情形的，处 3 年以下有期徒刑或者拘役，并处或者单处 1 万元以上 10 万元以下罚金。

2. 行为人主观上是否出于故意

如果行为人在不知情的情况下买进了伪造的货币或者以伪造的货币换取了货币，其行为一般也不构成本罪，如果构成其他犯罪的，以其他犯罪论处。

（三）金融工作人员购买假币、以假币换取货币罪与购买假币罪、伪造货币罪、走私假币罪的界定

金融工作人员购买假币、以假币换取货币罪与购买假币罪的客观行为的性质并没有本质上的不同。所不同的主要有：（1）行为主体的不同。本罪客观行为的主体是银行等金融机构的工作人员；而购买假币罪的主体则为一般主体。（2）客观方面不同。本罪只要具有购买的行为，无论其购买数额的多少都可构成本罪；但后罪的客观方面，不仅要求具有购买假币的行为，而且亦要求购买假币的数量达到数额较大的标准，否则即不可能构成犯罪。另外需要指出的是，金融机构工作人员出于走私的故意而购买假币的，这时又牵连触犯走私假币罪，对之应从重按走私假币罪论处。

如果行为人伪造货币后，再用自己伪造的货币换取真币，则又触犯伪造货币罪。由于后者这种以假币换取真币的行为是前者伪造行为的一种自然的后继行为，加之，本法对伪造货币的行为处罚要比本罪重，对此，应从重择取伪造货币罪处罚。对于后面的以假币换取真币的行为，则作为一个从重的情节予以考虑。如果金融工作人员既有伪造货币的行为，又有不是以自己伪造的货币而是以他人伪造的货币换取真币的行为，此时，两者之间没有必然联系，因此，应当分别定为伪造货币罪与本罪，然后，实行数罪并罚。

行为人如果出于走私的故意或与走私犯罪分子共谋实施本罪行为的，则又牵连触犯了走私假币罪，此时，应择一重罪即走私假币罪从重处罚。根据走私行为的性质，下列行为，即使为金融工作人员所为，亦应按走私假币罪处罚：（1）直接向走私犯罪分子非法购买国家禁止进出口的伪造的货币的；（2）在内海、领海购买国家禁止进出口的伪造的货币的；（3）与走私伪造的货币的犯罪分子共谋，为其将伪造的货币换取真币的；等等。

四、持有、使用假币罪（刑法第 172 条）

（一）犯罪构成

1.客体方面

本罪侵犯的客体是国家货币流通管理制度。

2.客观方面

本罪在客观方面上表现为持有、使用伪造的货币,数额较大的行为。所谓持有,是指控制、掌握伪造的货币的行为。所谓使用,是指将伪造的货币冒充真币而予以流通的行为。

根据《立案追诉标准的规定(二)》第23条规定,变造货币总面额在4000元以上或者币量在400张(枚)以上的,应予立案追诉。

3.主体方面

本罪的主体是一般主体,即凡是达到刑事责任年龄、具有刑事责任能力的人,其持有、使用伪造货币的行为都可构成本罪。

4.主观方面

本罪在主观方面只能出于故意,即明知是伪造的货币而仍非法持有与使用,如受他人的蒙蔽、欺骗误以为是货币而为之携带或保管的,在出卖商品、经济往来等活动中误收了伪造的货币后不知道其为伪造而持有或使用的等,因不具有本罪故意而不构成本罪。

所谓明知,既包括对伪造的货币的确知,即完全知道所持有、使用的货币是伪造的,也包括对伪造的货币的可能知,即对持有、使用的货币虽然不能完全肯定是伪造的,但却知道其有可能是伪造的。

(二)持有、使用假币罪认定中应当注意的问题

1.明知的认定

具体言之,有以下情形之一的,可以认定为"明知":(1)被验是假币或者被指明后继续持有、使用的;(2)根据行为人的特点(如知识、经验)和假币的特点(仿真度),能够知道自己持有、使用下限币的;(3)通过其他方法能够证明被告人是"明知"的等。

构成持有、使用假币罪以明知为要件,但不以特定目的为满足。因此,只要行为人明知是伪造的货币而持有、使用,数额较大的,不论其出于何种目的,均可构成持有、使用假币罪。

2.数额较大的认定

本罪的构成要件的内容为,持有、使用伪造的货币而持有、使用,数额

较大的行为。因此，行为人构成本罪需满足数额较大的条件。根据最高人民法院《关于审理伪造货币等案件具体应用法律的若干问题的解释》第 5 条的相关规定，明知是假币而持有、使用，总面额在 4000 元以上不满 5 万元的，属于"数额较大"；总面额在 5 万元以上不满 20 万元的，属于"数额巨大"；总面额在 20 万元以上的，属于"数额特别巨大"，依照刑法第 172 条的规定定罪处罚。

（三）持有、使用假币罪与伪造货币罪、出售、购买、运输假币罪的界定

伪造货币后而持有、使用假币的行为涉及伪造者与持有者，伪造者与使用者的相互关系问题，分而论之是一种可行的办法，也是伪造行为的自然延伸。在伪造后而持有假币的场合，持有就失去独立的意义，并成为伪造货币罪这个有机整体的组成部分。对于伪造行为后而使用假币的认定，则有不同的意见。在以往的审判实践中，有的认为已经构成数罪，即伪造货币罪和诈骗罪（当时没有规定使用假币罪），主张实行两罪并罚；有的虽然也认为构成数罪，但坚持按牵连犯处理。使用不同于持有，它不是伪造行为引起的，因此，对使用假币的行为进行单独评价是必要的。伪造货币是为了使用，存在着原因行为和结果行为的牵连关系，所以在这种情况下，应当从一重罪论处。

持有假币与运输假币是刑法上两个独立的行为，但它们之间有交叉。运输假币以持有假币为条件，持有假币有时则表现为随身携带假币。其区别在于行为人的故意内容不同。如果明知是假币而加以运输的，以运输假币罪论处；不以运输的故意而携带假币的，则应以持有假币罪论处。

（四）使用假币罪与诈骗罪的界定

持有、使用假币罪，是指违反货币管理法规，明知是伪造的货币而持有、使用，数额较大的行为。诈骗罪是指以非法占有为目的，用虚构事实或者隐瞒真相的方法，骗取数额较大的公私财物的行为。如行为人将纸等其他物品冒充假币出卖给他人，成立诈骗罪，而非成立使用假币罪，在此关系中购买者不成立购买假币罪，因为这属于不可罚的不能犯。又如，行为人将假币当作真币使用进行购物，不但使用了假币，还骗取了商品。在该行为中，使用

假币骗取财物的行为，不仅损害了货币的公共信用，还侵害了他人的财产，一个行为侵害两个不同的法益，符合想象竞合的特征，择一重罪论处。

五、变造货币罪（刑法第 173 条）

（一）犯罪构成

1. 客体方面

本罪侵犯的客体是国家货币管理制度。

2. 客观方面

本罪在客观方面表现为变造货币，数额较大的行为。

所谓变造货币，是指行为人在真币的基础上，以真币为基本的材料，通过对其剪贴、挖补、拼凑、揭层、涂改等方法加工处理，致使原有的货币改变形态、数量、面值造成原货币升值的行为。

根据《立案追诉标准的规定（二）》第 23 条的规定，变造货币，总面额在 2000 元以上或者币量在 200 张（枚）以上的，应予立案追诉。

3. 主体方面

本罪的主体为一般主体。任何达到法定刑事责任年龄且具备刑事责任能力的自然人均可构成本罪。

4. 主观方面

本罪在主观上须由故意构成，并且具有使变造的货币进入流通，从而获取非法利益的意图。即行为人必须明知是货币并进行变造以增大面值或增多币量的，才能构成本罪。

（二）变造货币罪认定中应当注意的问题

1. 变造的认定

《最高人民法院关于审理伪造货币等案件具体应用法律若干问题的解释（二）》第 1 条第 2 款规定，对真货币采用剪贴、挖补、揭层、涂改、移位、重印等方法加工处理，改变真币形态、价值的行为，应当认定为刑法第 173 条规定的"变造货币"。中国人民银行发布的《假币收缴、鉴定管理办法》中规定："变造的货币是指在真币的基础上，利用挖补、揭层、涂改、拼凑、移位、重印等多种方法制作、改变真币原形态的假币。"据此可知，不论是增加货币面额的行为，还是减少货币面额的行为，或是不改变面额但是改变货币形态，再或是减少硬币的含量均属于变造货币。

2. 数额较大

根据《最高人民法院关于审理伪造货币等案件具体应用法律若干问题的解释》第 6 条的规定，变造货币的总面额在 2000 元以上不满 3 万元的，属于"数额较大"；变造货币的总面额在 3 万元以上的，属于"数额巨大"。

（三）变造货币罪与伪造货币罪的界定

变造货币与伪造货币是不同的，变造货币是在货币的基础上进行加工处理，以增加原货币的面值，伪造货币则是将非货币的一些物质经过加工后伪造成货币，有的伪造货币的行为要利用货币，如采用彩色复印机伪造货币的。变造的货币在某种程度上有原货币的成分，如原货币的纸张、金属防伪线等。伪造的货币则不具有原货币的成分，如将真实的金属货币熔化之后铸成新币。变造货币的犯罪受到其行为方式的限制，变造的数额远远小于伪造的货币的数额，而且变造货币的犯罪是在真实货币的基础上进行加工处理，行为人为此还须先行投入一部分货币才能进行变造货币的犯罪；其牟取的非法利益往往小于伪造货币的非法所得利益。而伪造货币的犯罪有的是成批、大量地"生产货币"，社会危害性相对变造货币要大得多。

第三章　贷款类犯罪的认定与司法研究

一、高利转贷罪（刑法第 175 条）

（一）犯罪构成

1. 客体

本罪侵害的客体是金融管理秩序。

2. 客观方面

（1）本罪的客观方面表现为以转贷牟利为目的，套取金融机构信贷资金高利转贷他人，违法所得数额较大的行为。

（2）根据《立案追诉标准的规定（二）》第 26 条的规定，以转贷牟利为目的，套取金融机构信贷资金高利转贷他人，涉嫌下列情形之一的，应予立案追诉：①高利转贷，违法所得数额在 10 万元以上的；②虽未达到上述数额标准，但 2 年内因高利转贷受过行政处罚 2 次以上，又高利转贷的。

（3）只要转贷的利率高于银行的利率就应当属于高利转贷罪中的"高利"，不必要求转贷利率必须达到一定的倍数。

3. 主体

本罪主体为一般主体，所有年满 16 周岁的自然人都可以成为本罪主体。

本罪处罚单位犯罪。

4. 主观方面

本罪构成要求主观上具有故意，且在申请贷款时即具备转贷牟利的目的；过失不构成本罪。

（二）高利转贷罪认定中应当注意的问题

1. 转贷牟利目的产生时间的认定

行为人出于正当目的取得金融机构信贷资金，然后产生奖罚信贷资金高利转贷他人的意图进而实施这种行为的，不应以犯罪论处。

2. 变相高利转贷的行为性质认定

（1）行为人开始就有转贷牟利目的，套取金融机构信贷资金后，表面上将该部分资金用于生产经营，但又将自有资金高利借贷他人，违法所得数额较大的，应认定为本罪。

（2）行为人套取金融机构的信贷资金，高利借贷给名义上有合资合作关系但实际上并不参与经营的企业，违法所得数额较大的，也应认定为本罪。

3. 以转贷牟利为目的骗取银行承兑汇票行为的认定

行为人以转贷牟利为目的，编造虚假交易关系并出具虚假购销合同取得银行承兑汇票的，属于刑法第175条规定的"套取金融机构信贷资金"的行为。虽然银行承兑汇票与银行贷款表现形式不同，借贷关系与票据关系在法律上也有不同之处，但银行承兑汇票是纳入信贷科目管理的，在银行内部的管理模式和性质上是相同的，银行承兑汇票贴现时使用的资金属于银行的信贷资金，票据贴现也是银行出借信贷资金的一种表现形式，因此套取银行承兑汇票然后转让他人进行贴现在实质上属于套取了银行的信贷资金。

（三）高利转贷罪与贷款诈骗罪的区分

高利转贷罪以转贷牟利为目的，仍有向银行还本付息的意思。贷款诈骗罪具有非法占有的目的，没有向银行还本付息的意思。

二、骗取贷款、票据承兑、金融票证罪（刑法第175条之一）

（一）犯罪构成

1. 客体

本罪侵害的客体是金融管理秩序。

2. 客观方面

（1）本罪的客观方面表现为自然人或者单位以欺骗手段取得银行或者其

他金融机构贷款、票据承兑、信用证、保函等，给银行或者其他金融机构造成重大损失或者有其他严重情节的行为。

（2）根据《立案追诉标准的规定（二）》第27条的相关规定，以欺骗手段取得银行或其他金融机构贷款、票据承兑、信用证、保函等，涉嫌下列情形之一的，应予立案追诉：①以欺骗手段取得贷款、票据承兑、信用证、保函等，数额在100万元以上的；②以欺骗手段取得贷款、票据承兑、信用证、保函等，给银行或者其他金融机构造成直接经济损失数额在20万元以上的；③虽未达到上述数额标准，但多次以欺骗手段取得贷款、票据承兑、信用证、保函等的；④其他给银行或者其他金融机构造成重大损失或者有其他严重情节的情形。

3. 主体

本罪主体为一般主体，所有年满16周岁的自然人都可以成为本罪主体。本罪处罚单位犯罪。

4. 主观方面

本罪构成要求主观上具有故意，不要求具有特定目的；过失不构成本罪。

（二）骗取贷款、票据承兑、金融票证罪认定中应当注意的问题

1. 欺骗手段的认定

在认定本罪时，不能认为任何欺骗行为都属于本罪的欺骗手段，只有在对金融机构发放贷款、出具保函等起重要作用的方面有欺骗行为，才能认定为本罪。

2. 提供真实担保是否可以出罪的认定

并非行为人只要提供了真实的担保就不成立本罪。因为担保只是取得贷款、票据承兑、信用证、保函的条件之一，而不是全部条件。即使提供了真实担保，但如果金融机构知道真相时不会发放贷款、出具保函的，仍然可成立本罪。

3. "取得贷款、票据承兑、信用证、保函等"的认定

取得贷款，是指金融机构发放的贷款（包括委托金融机构发放的贷款）。取得票据承兑，是指导致金融机构作为付款人，根据承兑申请人（出票人）

的申请，承诺对有效商业汇票按约定的日期向收款人或被背书人无条件支付汇票款。取得信用证，是指金融机构应行为人（申请人）的要求，向第三方开立的一种书面信用担保凭证。行为人取得保函，意味着在行为人未能按双方协议履行责任或义务时，由金融机构（担保人）代其履行一定金额、一定期限范围内的某种支付责任或经济赔偿责任。"等"是指与信用证、保函等相当的金融凭证，如票据、资信证明、银行结算凭证等。

（三）骗取贷款罪中银行工作人员的共同犯罪问题

行为人与银行的信贷员相勾结，通过给予信贷员好处费的方式获得银行贷款的，因银行信贷员本身并没有受骗，因此对信贷员应认定非国家工作人员受贿罪。

三、贷款诈骗罪（刑法第 193 条）

（一）犯罪构成

1. 客体

本罪侵害的客体是金融管理秩序。

2. 客观方面

（1）本罪的客观方面表现为以非法占有为目的，使用欺骗方法，骗取银行或者其他金融机构的贷款，数额较大的行为。欺骗方法包括：①编造引进资金、项目等虚假理由的；②使用虚假的经济合同的；③使用虚假的证明文件的；④使用虚假的产权证明作担保或者超出抵押物价值重复担保的；⑤以其他方法诈骗贷款的。

（2）个人进行贷款诈骗数额在 1 万元以上的，属于"数额较大"；个人进行贷款诈骗数额在 5 万元以上的，属于"数额巨大"；个人进行贷款诈骗数额在 20 万元以上的，属于"数额特别巨大"。

（3）根据《立案追诉标准的规定（二）》第 50 条的规定，以非法占有为目的，诈骗银行或其他金融机构的贷款，数额在 2 万元以上的，应予立案追诉。

3. 主体

本罪主体为一般主体，所有年满 16 周岁的自然人都可以成为本罪主体。

本罪不处罚单位犯罪。

4.主观方面

本罪主观方面除具有故意外，必须具有非法占有目的。

（二）贷款诈骗罪认定中应当注意的问题

1.非法占有目的的认定

司法实践中，对于具有下列情形之一的，应认定为具有非法占有目的：（1）假冒他人名义贷款的；（2）贷款后携款潜逃的；（3）未将贷款按贷款用途使用，而是用于挥霍致使贷款无法偿还的；（4）改变贷款用途，将贷款用于高风险的经济活动造成重大经济损失，导致无法偿还贷款的；（5）为谋取不正当利益，改变贷款用途，造成重大经济损失，致使无法偿还贷款的；（6）使用贷款进行违法犯罪活动的；（7）隐匿贷款去向，贷款到期后拒不偿还的。

2.行为人在取得贷款后产生非法占有目的的认定

行为人开始没有非法占有目的，合法取得贷款后，又产生非法占有的目的，此时如果仅仅实施了转移、隐匿贷款行为的，不构成贷款诈骗罪，不构成诈骗罪，也不构成侵占罪（因为已经属于自己所有），只按民事案件处理；此时如果采取欺骗方法使金融机构免除其还本付息的义务，成立诈骗罪。

3.通过资金流向认定贷款诈骗的主观故意

司法实践中，资金流向是判断行为人是否具有非法占有目的的重要依据。《金融犯罪座谈会纪要》在贷款诈骗罪的认定中强调，对于合法取得贷款后，没有按规定的用途使用贷款到期没有归还贷款的，不构成贷款诈骗罪；对于不具备贷款的条件，但全是为了生产经营的需要，采用一定的欺诈手段获取贷款，但在案发前偿还贷款的，不应以贷款诈骗罪处理；案发前虽然没有偿还，但行为人没有抽逃、隐匿、转移、挥霍资金的行为，或者行为人有能力履行还贷义务的，或者确有证据证明行为人不具有非法占有目的，或者因经营风险造成不能归还的，也不应作贷款诈骗罪处理。

4.单位实施贷款诈骗行为的处理

刑法没有将单位规定为贷款诈骗罪的行为主体。对于单位实施的贷款诈骗行为，应当对组织、策划、实施贷款诈骗行为的自然人，以贷款诈骗罪论处。

（三）贷款诈骗罪与骗取贷款罪的区分

贷款诈骗罪与骗取贷款罪的相似点在于在贷款时都是用了欺骗手段，不同点在于前者具有非法占有目的，后者没有非法占有目的。

（四）贷款诈骗中银行工作人员的共同犯罪问题

银行工作人员利用其管理信贷的职务便利，以假冒他人名义或者虚构姓名等方式骗取本单位贷款归个人占有的，定贪污罪或者职务侵占罪。普通公民与银行工作人员勾结的，需分情形讨论：

1. 若与银行负责贷款的全部人员勾结，以非法占有为目的获得贷款的，不成立贷款诈骗罪，因为不存在诈骗，应认定为贪污、职务侵占等罪的共同犯罪。

2. 若与银行的领导，即贷款最终决定者勾结，欺骗了信贷员与部门审核人员，以非法占有为目的获取贷款的，不成立贷款诈骗罪，因为作出处分行为的银行领导不存在被骗，应认定为贪污、职务侵占等罪的共同犯罪。

3. 若与银行的信贷员或者部门审核人员勾结，以非法占有为目的，共同欺骗分管领导，使其产生错误认识并核准贷款的，既触犯贷款诈骗罪的共同犯罪，又触犯了贪污罪或职务侵占罪的共同犯罪，构成想象竞合犯，以重罪的共同犯罪论处。

4. 单位与自然人共同诈骗银行贷款的行为，应以合同诈骗罪定罪处罚。

四、票据诈骗罪（刑法第 194 条第 1 款）

（一）犯罪构成

1. 客体

本罪侵害的客体是国家对金融票据的管理制度和正常秩序。

2. 客观方面

（1）本罪的客观行为表现为以非法占有为目的，利用金融票据进行诈骗活动，骗取数额较大财物的行为。

（2）利用金融票据进行诈骗是指以下行为：①使用伪造、变造的汇票、本票、支票骗取财物；②明知是作废的汇票、本票、支票而使用的；③冒用他人的汇票、本票、支票的；④签发空头支票或者与其预留印鉴不符的支票，骗取财物的；⑤汇票、本票的出票人签发无资金保证的汇票、本票或者在出票时作虚假记载，骗取财物的。

（3）个人进行票据诈骗数额在5000元以上的，属于"数额较大"；个人进行票据诈骗数额在5万元以上的，属于"数额巨大"；个人进行票据诈骗数额在10万元以上的，属于"数额特别巨大"。单位进行票据诈骗数额在10万元以上的，属于"数额较大"；单位进行票据诈骗数额在30万元以上的，属于"数额巨大"；单位进行票据诈骗数额在100万元以上的，属于"数额特别巨大"。

（4）根据《立案追诉标准的规定（二）》第51条的规定，进行金融票据诈骗活动涉嫌下列情形之一的，应予立案追诉：①个人进行金融票据诈骗，数额在1万元以上的；②单位进行金融票据诈骗，数额在10万元以上的。

3. 主体

本罪主体为一般主体，所有年满16周岁的自然人都可以成为本罪主体。本罪处罚单位犯罪。

4. 主观方面

本罪构成要求主观上具有故意，且具有非法占有目的。过失不构成本罪。

（二）票据诈骗罪认定中应当注意的问题

1. "使用"的认定

使用是指将伪造、变造的票据作为真实票据加以利用，向他人主张票据权利。例如，请求承兑、支付货款、进行结算、转让给他人、抵押给他人等。使用的本质是指对人实施诈骗。汇票、本票、支票等不存在对机器使用的情形。

2. "作废的票据"的认定

作废的票据是指过期的票据、无效的票据（如记载不规范导致无效）、依法宣布作废的票据等。使用作废的票据的行为人，既包括票据原权利人，也包括其他人。

3. "冒用"的认定

冒用是指冒充合法持票人而使用，本质是诈骗。冒用的票据必须是真实有效的，行为人必须是合法持票人以外的人。

4."空头支票"的认定

空头支票是指出票人所签发的支票金额超过付款时在付款人处实有的存款金额的支票。

5."出票环节"的认定

出票环节不包括票据的背书、承兑、付款、保证等。

6.行为人既伪造票据，又使用的，构成刑法第177条伪造金融票证罪和票据诈骗罪的牵连犯，从一重处罚。

7.不可罚的事后行为

例如，甲以非法占有为目的，先骗取到乙的货物，在乙催要货款时，给乙伪造的支票或签发空头支票。前行为构成诈骗罪既遂（诈骗财物）。关于后行为，签发空头支票没有诈骗新的财物，只是维持非法占有的事后手段，属于不可罚的事后行为，不构成票据诈骗罪。如果甲先给假支票，乙再给货物，则甲构成票据诈骗罪。

8.根据《刑事审判参考》指导案例第277号周大伟票据诈骗（未遂）案的案例要旨，盗取空白现金支票伪造后予以使用的，构成票据诈骗罪。

（三）盗窃罪与票据诈骗罪的区分

1.盗窃具有不记名、不挂失性质的支票，本身构成盗窃罪。因为这类支票类似现金，本身就有价值，可以当钞票使用。但盗窃记名、挂失性质的支票，本身不构成盗窃罪。如果对人使用，欺骗对方钱财，构成票据诈骗罪。

2.盗窃定额支票的，不管行为人盗窃后是否使用、如何使用，都成立盗窃罪。

3.盗窃记名的空白支票，然后补记收款人或支票金额并使用的，成立票据诈骗罪。

4.盗窃记名支票后，无论在挂失之前还是之后使用的，均应认定为票据诈骗罪。

5.盗窃格式票据（票据用纸）并偷盖印章或者伪造印鉴，记载相关事项，无论在挂失之前还是之后使用的，都触犯了伪造金融票证罪和票据诈骗罪，应从一重罪处罚（在票据诈骗未遂的情况下，宜认定为伪造金融票证罪既遂）。

五、金融凭证诈骗罪（刑法第194条第2款）

（一）犯罪构成

1. 客体

本罪侵害的客体是国家对金融凭证的管理制度和正常秩序。

2. 客观方面

（1）本罪的客观方面表现为使用伪造、变造的委托收款凭证、汇款凭证、银行存单等其他银行结算凭证，骗取财物的行为；

（2）根据《立案追诉标准的规定（二）》第52条的规定，使用伪造、变造的委托收款凭证、汇款凭证、银行存单等其他银行结算凭证进行诈骗活动，涉嫌下列情形之一的，应予立案追诉：①个人进行金融凭证诈骗，数额在1万元以上的；②单位进行金融凭证诈骗，数额在10万元以上的。

3. 主体

本罪主体为一般主体，所有年满16周岁的自然人都可以成为本罪主体。单位也可以成为本罪的犯罪主体。

4. 主观方面

本罪构成要求主观上具有故意，且具有非法占有目的，过失不构成本罪。

（二）金融凭证诈骗罪认定中应当注意的问题

1. 伪造金融票证后又使用行为的认定

根据《刑事审判参考》指导案例第425号李路军金融凭证诈骗案的案例要旨，行为人利用窃取的他人存款信息资料伪造银行存折的行为构成伪造金融票证罪，其后使用该伪造的存折到信用社取款的行为构成金融凭证诈骗罪。两行为之间具有手段与目的的牵连关系，成立牵连犯，应从一重罪处罚。

2. 金融诈骗罪中"非法占有目的"的认定

金融诈骗犯罪的8个罪名都有自己的特点，但相同的是它们都是以非法占有为目的的犯罪行为。在司法实践中，认定是否具有非法占有目的，应当坚持主客观相一致的原则，既要避免单纯根据损失结果客观归罪，也不能仅凭行为人自己的供述，而应当根据案件具体情况具体分析。根据司法实践，对于行为人通过诈骗的方法非法获取资金，造成数额较大资金不能归还，并具有下列情形之一的，可以认定为具有非法占有的目的：（1）明知没有归还能力而大量骗取资金的；（2）非法获取资金后逃跑的；（3）肆意挥霍骗取资金的；（4）使用骗取的资金进行违法犯罪活动的；（5）抽逃、转移资金、隐匿财产，以逃避返还资金的；（6）隐匿、销毁账目，或者搞假破产、假倒闭，以逃避返还资金的；（7）其他非法占有资金、拒不返还的行为。但是，在处理具体案件时，对于有证据证明行为人不具有非法占有目的的，不能单纯以财产不能归还就按金融诈骗罪处罚。

（三）金融凭证诈骗罪与贷款诈骗罪的竞合问题

以伪造的银行存单作为抵押（质押），通过签订借款合同骗取银行贷款的，成立金融凭证诈骗罪与贷款诈骗罪，从一重处罚。

第四章　非法集资类犯罪的认定及司法研究

一、非法吸收公众存款罪（刑法第 176 条）

（一）犯罪构成

1.客体方面

本罪侵犯的客体是国家的金融管理秩序。

2.客观方面

本罪客观方面表现为，同时具备下列四个条件：

（1）未经有关部门依法批准或者借用合法经营的形式吸收资金；

（2）通过媒体、推介会、传单、手机短信等途径向社会公开宣传；

（3）承诺在一定期限内以货币、实物、股权等方式还本付息或者给付回报；

（4）向社会公众即社会不特定对象吸收资金。即非法性、公开性、利诱性和社会性。

根据《立案追诉标准的规定（二）》第 28 条的规定，非法吸收公众存款或者变相吸收公众存款，扰乱金融秩序，涉嫌下列情形之一的，应予立案追诉：（1）个人非法吸收或者变相吸收公众存款，数额在 20 万元以上的，单位非法吸收或者变相吸收公众存款，数额在 100 万元以上的；（2）个人非法吸收或者变相吸收公众存款对象 30 人以上的，单位非法吸收或者变相吸收公众存款对象 150 人以上的；（3）个人非法吸收或者变相吸收公众存款，给存款人造成直接经济损失数额在 10 万元以上的，单位非法吸收或者变相吸收公众存款，给存款人造成直接经济损失数额在 50 万元以上的。

3. 主体方面

本罪的主体为一般主体，即年满 16 周岁具有刑事责任能力的自然人。单位可以构成本罪。

4. 主观方面

本罪的主观方面表现为故意。但行为人不能具有非法占有目的。

（二）非法吸收公众存款罪"非法性"的认定——未经有关部门依法批准

2010 年最高人民法院《关于审理非法集资刑事案件具体应用法律若干问题的解释》（以下简称《解释》）第 1 条第 1 款第一项就明确提出非法性的判断标准，即要是"未经有关部门依法批准或者借用合法经营的形式吸收资金"。如何理解"未经有关部门依法批准"，经过怎样的批准才算是合规的形式，才不致触碰非法募集资金的法律红线？近年来，互联网金融迅猛发展，各种互联网金融业态令人难以分辨。国家金融监管机构为强化对互联网金融的监管，分别对 P2P 网贷、第三方支付、众筹等互联网金融形式确定了分类监管体系。目前国家针对互联网金融不同业态出台了相关的部门规章，如《网络借贷信息终结机构业务活动管理暂行办法》等，这些部门规章等下位法与《商业银行法》等上位法之间，若存在矛盾之处应如何认定，现有的监管政策和创新制度应如何把握，何种监管政策就可以豁免于"未经有关部门依法批准"？

首先，对于非法募集资金的行为应当作实质性审查。根据《解释》，非法募集资金是指违反国家金融管理法律规定的行为，这是分析是否符合"四性"的前提。国家金融管理法律是层级最高的法律，而非在实务中常常被人错误理解的监管部门出台的部门规章的。与此条相关的金融监管法律有哪些呢？其中就包括《商业银行法》第 11 条"未经国务院银行业监督管理机构批准，任何单位和个人不得从事吸收公众存款等商业银行业务，任何单位不得在名称中使用'银行'字样。"以及第 81 条"未经国务院银行业监督管理机构批准，擅自设立商业银行，或者非法吸收公众存款、变相吸收公众存款，构成犯罪的，依法追究刑事责任；并由国务院银行业监督管理机构予以取缔。"上述法条的规定，基本上直接确立了未经中国人民银行、银监会批准，任何单位和个人不得非法吸收公众存款并可追究其刑事责任的最高原则。同时，对于企业股东公开发行股份融资的行为，有《公司法》中对于公募的直接规定，而对于非法集资犯罪多发的"私募"领域，则应符合在《商业银行法》的基础之上，还应符合《私募投资基金监督管理暂行办法》的部门规章的具体规定。

因此，不管互联网金融表现形式如何变化难辨，国家出台的监管政策如何更新换代，在分析是否"经过有关部门依法批准"，确定是否合规的前提均是对违法犯罪行为是否实质上为未经银监会批准，非法募集资金的行为，即通过向社会不特定人公开募集资金，非法形成了资金池的行为。

其次，在确定了金融管理法律的基础之上，应针对违法犯罪行为可能涉及的"金融"种类来寻找其合规合法的依据。即再来判断其"是否经过有关部门依法批准"，而有关部门，既包括国家金融监管部门"一行两会"，也包括对小贷公司发放牌照的政府职能部门等。其中，最为重要的依据即中国人民银行发布的《非法金融机构和非法金融业务获得取缔办法》（国务院令247号），其中，对于未经中国人民银行批准，任何单位和个人均不能开展任何形式的非法金融活动，其中就包括"非法吸收公众存款或者变相吸收公众存款"。可在司法实践中，犯罪分子的辩解和普通群众的疑惑往往是"均是国家工商管理部门依法设立的公司"、甚至是"优秀纳税、诚信企业"等，即认为是"经过了有关部门的依法批准"。如此理解错误之处在于混淆了依法成立公司和依法开展类金融业务的区别。在我国金融严格监管的提下，所有金融形式均需要进行一定的审批，而公司的合法性并不代表着业务的合法性、合规性，这是两个层次的问题。

我国互联网金融早就结束了"野蛮生长"的时代，进入了分类监管的正常轨道。对于P2P网贷，专由银监会进行监管，并相继出台了相关监管政策和部门规章，最终以《网络借贷信息中介机构业务活动管理暂行办法》作为

P2P 网贷是否合规的评价标准。① 对于第三方支付，由人民银行进行监管，通过 2010 年 6 月中国人民银行颁布的《非金融机构支付服务管理办法》，对第三方支付进行"牌照式"管理，并于 2016 年 7 月正式施行的《非银行支付机构网络支付业务管理办法》，细化了各项制度，监管政策的完善让第三方支付几乎难以成为非法集资的主体。对于众筹、网络保险等其他互联网金融形式，均在 2016 年 4 月国务院印发《互联网金融风险专项整治工作实施方案》中得到了监管体现。甚至是 2017 年上半年疯狂上演的数字加密代币融资（ICO），也在 2017 年 9 月由六部委发布的《关于防范代币发行融资风险的公告》喝令叫停。

因此，在明确未经中国人民银行、原银监会批准，任何单位和个人不得非法吸收公众存款的大原则下，针对纷繁复杂的违法业务，应寻找其对应的监管规范，在符合这些监管部门发布的部门规章甚至是行政命令的情况，可视为"经过了有关部门的批准"。

上述观点在 2017 年 6 月最高人民检察院发布《关于办理涉互联网金融犯罪案件有关问题座谈会纪要》（高检诉〔2017〕14 号）（以下简称《纪要》）得到体现，其中明确提出"互联网金融的本质是金融，判断其是否属于'未经有关部门依法批准'，即行为是否具有非法性的主要法律依据是《商业银行法》、《非法金融机构和非法金融业务活动取缔办法》（国务院令第 247 号）等现行有效的金融管理法律规定"。

（三）非法吸收公众存款罪"利诱性"的认定

利诱性即承诺在一定期限内以货币、实物、股权等方式还本付息或者给付回报，简而言之就是非法募集资金承诺投资人保本付息。一般非法集资案件中，利诱性主要通过两种方式体现：一是在与投资人签订的合同中约定相关利息、"预期收益"或者其他保证承诺；二是在公司实际宣传或者业务员发展投资人的事实中，实际进行口头的或者个别签订字据的行为。司法实务中，

---

① 对于网络借贷涉嫌非法吸收公众存款应该如何审查，可详见最高人民检察院发布《关于办理涉互联网金融犯罪案件有关问题座谈会纪要》（高检诉〔2017〕14 号）。

难以认定利诱性的案例较少，原因在于如果缺乏保本付息的实际承诺，告知其存在资金损失的风险，则不会存在大量的投资，非法募集资金的速度和金额也不会快速增长。

对于利诱性的审查，也主要是通过审查协议、宣传材料等书证，以及向投资人、业务员进行调查取证是否实际进行了保本付息的承诺来实现。近年来，随着非法集资公司的犯罪手段不断升级，反侦查能力逐渐增强，出现了许多书面协议中并不承诺保本付息的情形，主要包括：不将利息写入合同，以"预期收益"替代"收益"，不约定收益，并不承诺回购，并没有任何担保等，甚至还明确在协议中进行风险提示。因此，在今后的案件办理中，利诱性的认定和分析应越来越重视。

案例：某（北京）基金管理有限公司涉嫌以投资合伙企业成为合伙人，发起"私募基金"向社会不特定对象非法募集资金，其十余名犯罪嫌疑人被北京市公安局朝阳分局以非法吸收公众存款罪立案侦查，并移送朝阳检察院审查起诉，目前已向朝阳区人民法院提起公诉，在庭审过程中，尚未判决。

在某（北京）基金管理有限公司与投资人签订的《合伙协议》中，在协议的第 2 页便是一整页的"风险提示函"，其内容摘要为"在您认购基金前，基金管理人郑重提醒您，本基金为稳健性理财产品，预计收益、测算收益或者类似表述不代表投资人最终获得的实际收益。投资人投资本基金可能面临以下风险：1. 市场风险：包括但不限于因国家法律法规以及财政、货币政策、宏观经济运行状况等变化对市场产生一定的影响，导致基金投资收益的波动；2. 延期风险：本基金投资的项目可能会受到某些原因的影响，导致本金的投资未能按期推出，则基金存续期可能需要延长；……4. 其他风险：指由于自然灾害、战争等不可抗力因素的出现，导致基金资产收益降低或者损失，从而影响本基金投资、偿付的正常运行，从而影响基金的收益安全。在您签署本基金认购申请表格前，应当仔细阅读本基金风险提示函、召集说明书和合伙协议等全部内容，同时向基金管理人了解基金的其他相关信息，并自主做出是否认购本基金的决定。"同时，本页需要客户本人签名。

在《合伙协议》中，约定投资收益按照如下方式分配"有限合伙人预期年化投资收益：100万、200万、300万，三个区间分别为10%、11%、12%。在实现支付有限合伙人投资人投资本金及预期收益后如有剩余收益，由普通合伙人对剩余收益进行分配。……亏损分担办法：有限合伙人以认购出资额为限对合伙企业债务承担有限责任，普通合伙人对合伙企业债务承担无限连带责任，如合伙企业发生亏损，先由普通合伙人认购出资额承担。"

在《合伙协议》中，投资人为有限合伙人，该公司实际负责人为普通合伙人。

上述《合伙协议》非常明显，在拟定条文时，刻意对利诱性进行了规避，体现在三个方面：一是在合伙协议主要内容之前有专门一页是风险提示函，需要投资人本人签字，体现了风险提示的专门设置；二是在风险提示函中，明确预期收益等都不能代表最终的收益，且因各种原因，存在延期兑付、不足额兑付的可能性；三是在合伙协议正文中，不仅约定了收益如何分配，也明确了亏损时投资人也应以认购出资额承担企业债务。通过对上述内容进行书面语言解释和法律关系的分析，可以得出投资人是合伙企业有限合伙人的身份，以出资额为限承担风险、分配收益，但是本金收益均不承诺。

上述《合伙协议》是近年来非法集资案件中法律约定较为严谨的、规避"利诱性"最完备的案例。无法从合伙协议本身去论证利诱性，只能从其他证据进行审查。

首先，应从与投资人签订的其他书证进行审查。本案中，投资人除与公司签订《合伙协议》外，还签订了《回购协议》和《履约承诺函》，承诺在固定的期限内承诺按照一定比例的年化收益率进行回购，在承诺函中更是对回购日期、到期兑付的本息进行了明确。上述协议在投资人投资时，与《合伙协议》一并签订。如此一来，该公司承诺在一定期限内以货币的方式还本付息的利诱性十分明显。其他类似证明利诱性的书证还有《担保书》等，以公司名义、公司法定代表人名义、第三方公司名义、关联公司名义等多种方式进行担保或者自担保；或投资人签订的协议中并没有明示收益和承诺回购，在发生不能兑付情形后与到期投资人签订分期回购书等。

其次，应从实际宣传方式进行审查。宣传包括向投资人发放宣传材料和业务员、讲师进行面对面、视频等多种方式推销、讲授。宣传材料多通过侦查人员在公司办公地点起获或投资人递交报案材料时获得。但对资金链断裂长达一定时间的就再难以起获到有价值的证据，因此，承办人在审查时不能忽视投资人提交的材料，有很多宣传彩页、微信截图、短信记录、视频资料等都从投资人处获得。同时，应强化对公安机关的引导侦查，要求公安机关在向投资人取证时，对如何获知理财信息、业务员具体如何销售、公司如何宣传等内容详细询问，尽量扩大调整范围和避免格式化询问。

（四）非法吸收公众存款罪"公开性"的认定

1.委托第三方销售中"向社会公开宣传"的认定

目前，办案实践中委托第三方销售的方式主要有两种比较典型：一种是委托专门的理财或投资咨询类公司寻找客户，资金直接流入为吸资成立的有限合伙等第三方公司或企业；另一种是银行、保险公司等现任或者离职的金融机构从业人员，向其手中相对固定的客户资源等进行一对一宣传，客户直接与吸资方签订合同，资金也直接流入吸资公司或用钱方。两种均从中收取佣金或提成。因两种情形下，被委托的第三方（宣传方）不是吸资方的员工或组成部门，认定共同犯罪较为困难；而委托方（获得资金一方）则通过否认对于宣传方式的明知来规避犯罪。

（1）关于委托方，如何认定其向社会不特定对象公开宣传

可以从如下几个方面进行具体分析：一是是否明知或者应当知道；二是是否存在积极追求或者放任。实践中较难认定的是放任的情形，主要是证据问题。可以着重从以下方面着手取证和审查：首先，渠道扩展本身具有公开性和不特定性，就涉案公司寻找第三方渠道而言，渠道的开发并非只针对具有募集资金资质的金融机构，还包括房地产经纪、甚至从互联网上搜索到的投资公司等，比如有银行、投资公司等，并不核实第三方是否具有吸收公众存款的资质，甚至是从事金融业务的资质。其次，涉案公司对于第三方渠道向何种对象推销投资产品在所不问，完全放任。更不必说对于投资人的金融资产情况、风险承受能力等条件做合格投资人的适格性调查。最后，涉案公司采取按销售金额提成返点的方式委托第三方机构进行销售，由此激励第三

方募集更多资金，企图具体通过不特定销售人员链接到社会不特定多数投资人，其主观目的更为明确。综上，可以认定此类模式中委托方（涉案公司）具备向社会公众等不特定对象公开宣传的主观故意和客观行为的条件。

（2）关于被委托宣传的第三方，包括在职金融从业人员即"飞单"的主体，如何审查其对象的"社会性"问题

作为金融从业人员，其主观上对募集资金需要经过专门审批，相对于一般业务员而言有着更高的认识，对于合法私募应该具备什么条件也应有一定了解。由于不能通过银行走合法正规的理财通道，而只能私下销售的产品必然存在违法性。金融从业人员明知自身是一个销售的渠道，是一个中间环节，而这些"自己的客户"对于委托方而言，是不特定的；且对于自己而言，客户是基于以前理财原因结识，并非基于特定的社交基础，更不是亲友，客户也是社会公众的角色；认识到委托方从事非法募集资金的行为且直接参与，为他人向社会公众非法吸收资金提供帮助，并收取佣金、提成等费用，根据2014年最高人民法院、最高人民检察院、公安部《关于办理非法集资刑事案件适用法律若干问题的意见》（以下简称《意见》）第4条"关于共同犯罪的处理问题"的规定，应认定其与委托方构成非法吸收公众存款的共同犯罪。

2."口口相传"情况下公开性的认定

实践中，行为人往往辩解仅向亲朋好友借款募集资金，没有公开宣传，更没有针对不特定公众。对此，《意见》中有相关规定，一是第2条中"'向社会公开宣传'包括明知吸收资金的信息向社会公众扩散予以放任的情形"；二是第3条第一项中"明知亲友或者单位内部人员向不特定对象吸收资金而予以放任的"。在理解上述司法解释的前提下，应着重审查以下方面：第一，对于口口相传的方式，应审查主观上行为人是否对集资行为有主动的明示，即是否要求员工等不能超出亲友范围进行扩散；是否委托第三方进行募集；是否设置了专门的销售部门或者招聘了大量的销售员工等；第二，对于发现通过口口相传，已经开始超越一定范围，并有面向不特定公众倾向时，是否对于亲友的"公开宣传"行为进行制止；第三，对于介绍项目、帮助宣传的人，是否给予提成、佣金等奖励。佣金制度的存在，通常可以作为认定行为

人鼓励向更多的人进行宣传，且受众已经是不特定的多数人的重要依据之一；第四，是否控制了"亲友"的范围，而不是将朋友的范围没有标准和原则的不断扩大；第五，对于通过"口口相传"途径介绍来的资金是否进行甄别，即对于不是特定亲友的资金也予以接受的，难以说明是否为特定情况的，其实就是超越了特定对象的犯罪，主观上也主动追求公开的方式，可以认定具有"公开性"和"不特定性"。当然，公开性的认定，实质上是认定社会性的重要辅助，而且要结合全案的特点来判断公开性和社会性。

（五）非法吸收公众存款罪"社会性"即"社会不特定对象"的认定

社会性与公开性相互关联，一般通过媒体、推介会、传单、手机短信等途径向社会公开宣传的，往往可以轻易地确定其具有社会性。但如果不具备这样公开宣传的手段，面对的对象也不是亲友的情形的情况下司法机关就难以做出判断。许多人存在只要向非亲友的人募集资金的就符合社会性、而符合社会性就符合公开性的认识误区。由此，存在大量的集资对象非亲友，也能认定为特定对象的无罪案例。这同时也涉及非法集资与民间借贷的区分难题。

下文的案例中，法院认为，借款对象为特定对象，虽非亲友，但有一定的社交基础，不能认定其社会性；没有采取对外宣传的方式进行揽储，没有主动采取电话、网络、媒体等方式，不能认定其公开性；行为人的借款方式是一对一通过电话或当面的民间借贷典型模式，而非为了盈利进行非法吸存，因此行为人不构成非法吸收公众存款罪。

判例：（2013）黄浦刑初字第1008号判决书

经审理查明：2010年6月至2011年10月期间，被告人吴某某作为被告单位某公司的法定代表人和负责人，以该公司投资或者经营需要资金周转等为由，大多承诺较高利息，部分提供房产抵押或珠宝质押，通过出具借据或签订借款协议等方式，向涂某某借款1100万元、向季某某借款1200万元、向董某某借款1100万元、向方某某借款2000万元、向郑某某借款200万元、向孙某某借款800万元、向应某某借款300万元、向徐某某借款200万元、向季某某借款1500万元、向林某某借款1000万元、向张某某借款1000

万元、向陈某甲借款 400 万元、向陈某乙借款 50 万元、向姜某某借款 500 万元、向王某甲借款 600 万元、向潘某某借款 110 万元、向谢某某借款 1100 万元、向王某乙借款 300 万元、向项某借款 2000 万元，共计人民币 15460 万元。所借款项主要用于偿还他人的借款本息、支付公司运营支出等。截至案发，被告人吴某某对上述款项尚未完全支付本息。2012 年 11 月 19 日，被告人吴某某接公安人员电话通知后主动至公安机关。其到案后，对上述基本借款事实不持异议，但认为其行为不构成犯罪。

法院认为："经查，2010 年 6 月至 2011 年 10 月期间，被告人吴某某在经营某公司期间，分别多次以各种理由向涂某某等人借款共计 15460 万元。首先，从宣传手段上看，吴某某借款方式为或当面或通过电话一对一向借款人提出借款，并约定利息和期限，既不存在通过媒体、推介会、传单、手机短信等途径向社会公开宣传的情形，亦无证据显示其要求借款对象为其募集、吸收资金或明知他人将其吸收资金的信息向社会公众扩散而予以放任的情形；其次，从借款对象上看，吴某某的借款对象绝大部分与其有特定的社会关系基础，范围相对固定、封闭，不具有开放性，并非随机选择或者随时可能变化的不特定对象。对于查明的出资中确有部分资金并非亲友自有而系转借而来的情况，但现有证据难以认定吴某某系明知亲友向他人吸收资金而予以放任，此外，其个别亲友转借的对象亦是个别特定对象，而非社会公众；再次，吴某某在向他人借款的过程中，存在并未约定利息或回报的情况，对部分借款还提供了房产、珠宝抵押，故吴某某的上述行为并不符合非法吸收公众存款罪的特征。至于被告人吴某某所提起诉书认定的部分还款金额有误的辩解，本院认为，并不影响非法吸收公众存款罪的认定与否。"后法院认定公诉机关的指控证据不足，被告单位和被告人无罪。

与上述案例相类似的还有（2014）秀刑再初字第 1 号、（2005）东刑初字第 376 号判决书，由于无法认定公开性和社会性导致的无罪判决。综合分析上述三个无罪案件，可以总结出司法认定中应注意的以下问题：

第一，不能以借款对象的数量来判断社会性，这些案件中借款人多达十人、几十人，虽比起 P2P 网贷人数不多，但许多以私募为名的非法募集资金的案件投资人尚没有如此数量。虽然数量不少，但要细致的分析每一份借款协议的目的。

第二，对"亲友"的判断不能过于机械，理论上对于"亲友"的判断是较为狭隘的，但这一点建立在肯定了案件具有公开性的基础之上。这些无罪案件中，犯罪嫌疑人与借款人都不算关系亲近的人，但这些借款人都被认定为特定对象，正是由于与犯罪嫌疑人之间存在一定的社交联系，比如合伙伙伴、同村老乡、曾经有过经济往来的人等，而不是完全的陌生人。

第三，缺乏公开的宣传手段，虽说《关于审理非法集资刑事案件具体应用法律若干问题的解释》（以下简称《解释》）中明确"通过媒体、推介会、传单、手机短信等途径向社会公开宣传"，途径不限于列举的几种，但对于没有通过任何手段进行宣传，只是一定范围内口口相传的，应区分主动宣传和被动接受。对于没有积极追求扩散消息，而是私下与其达成借款协议的，应慎重处理。

第四，钱款用途及去向也能反映案件性质，如果借款目的只是为了资金周转或用于生产经营，而并非以牟利目的用来转贷，结合上述要点则可以认定本案为民间借贷，并未扰乱金融秩序，缺乏非法吸收公众存款罪的客体构成要件。

（六）非法吸收公众存款罪主观故意的认定

我国刑法第176条对非法吸收公众存款罪的罪状描述是"非法吸收公众存款或者变相吸收公众存款，扰乱金融秩序"；《解释》中有"违反金融管理法律规定，未经有关部门批准"的前提要求，那对于该罪主观故意的理解，是否为明知违反了金融管理法律规定、未经有关部门批准而非法吸收公众存款呢？在绝大多数案件中，犯罪分子并不知道国家金融法律法规具体如何规定的，更不知道"有关部门"是哪些部门。对于互联网金融，更不了解具体的监管政策。因此，非法吸收公众存款罪的主观方面认定是困扰司法实务中的难题。重点包括两个部分：

第一，此罪名的主观方面具体内容。概括来说，犯罪嫌疑人具有明知不具备非法吸收公众存款的资质但仍非法募集资金的主观故意，只是并不必然要求对具体违反了何种规定、要经过何种审批有着具体的违法性认识。现实实践中，有大量不从事金融行业的变相非法吸收公众存款、还有以合法经营方式掩盖非法吸存事实的行为，因此，在非金融企业和个人无法认识到金融监管内容的情况下，"无论其是否具有违法性认识，对其吸收公众存款，在不具备法定条件且不按法定程序进行时，会造成存款人财产的巨大风险是有明确认识的"①。具体而言，就是要论证犯罪嫌疑人知道吸收公众存款是需要专门经过国家审批的，或者说明知金融是特许经营行业；而且公司或个人具体从事了募集资金或者其他实质金融业务。因此在办案过程中，着重论证犯罪嫌疑人明知公司经营模式即可，即对于公司可能控制了社会不特定公众的巨大资金并让资金处在较大的风险之下从而扰乱了金融秩序有一定的认识。此罪名的主观故意既包括直接故意，也包括放任的间接故意。

具体而言，可以从以下几个方面对犯罪嫌疑人上述主观明知进行论证：一是犯罪嫌疑人有金融专业背景，或者有过金融从业经验。这样的犯罪嫌疑人在非法集资案件中并不鲜见。有一定的金融专业知识，可以推定其掌握吸收公众存款必须经过法定程序和具备法定条件这样简单的金融常识。二是曾有过金融或经济违法犯罪行为。比起上条其主观故意更加明显。三是从其工作岗位、内容等来判断其对公司运营模式、资金来源的了解和掌握。如普通的财务人员，处理公司收款账户、返利账户的员工与仅负责公司租房、工资和报销等事务性财务的员工应该区别对待。在朝阳院处理的李某某非法吸收公众存款案中，有一名会计始终坚持自己才到公司时间不长，并没有独立进行过财务工作，只是翻看公司账本、账目情况，辩解自己并不明知公司的运营情况。后来经过多方取证，发现其翻看的公司账目中有对多名投资人返利的银行明细，且其是与多名资深财务人员在一间办公室工作；并发现这些财务人员的办公室恰好是公司与投资人签订的合同的存放处。大量的投资合同，以及合同中赫然在目的"借款咨询与服务协议"，让这名会计不可能忽略这个公司所从事的业务。因此，最终法院认定其具有明知公司非法吸收公众存款

---

① 薛瑞麟主编:《金融犯罪研究》，中国政法大学出版社 2000 年版，第 122 页。

的主观故意，但考虑其犯罪情节轻微，做出了免于刑事处罚的处理。四是行为人故意规避法律以逃避监管的相关证据：如自己或要求下属与投资人签订虚假的亲友关系确认书，频繁更换宣传用语逃避监管，实际推介内容与宣传用语、实际经营状况不一致，刻意向投资人夸大公司兑付能力，在培训课程中传授或接受规避法律的方法，等等。

第二，相关部门或个人对违法性的判定能否成为抗辩理由。根据我国刑法理论通说，故意犯罪的成立不要求行为人现实地认识到形式的违法性，或者说不要求行为人现实地认识到自己的行为被刑法所禁止。[①]但行为人积极寻求对违法性的判断，相关部门出具证明文件从而使其确信不具备违法性，此种情形如何判断。具体案件中，有大量律师事务所出具《法律意见书》，对公司运营模式不具有法律风险做出判断，从而成为公司吸引投资人的"有力武器"，也成为犯罪嫌疑人违法性认识的有力辩解。《纪要》则明确指出"对于犯罪嫌疑人提出因信赖专家学者、律师等专业人士、主流新闻媒体宣传或有关行政主管部门工作人员的个人意见而陷入错误认识的辩解，不能作为犯罪嫌疑人判断自身行为合法性的根据和排除主观故意的理由。"如此是因为法律意见是个人意见，不具备权威性和法律效力，可以是犯罪嫌疑人的一个参考，但不会让犯罪嫌疑人失去自我判断从而陷入错误认识。

《纪要》同时还提出，实践中犯罪嫌疑人提出因信赖行政主管部门出具的相关意见而陷入错误认识的，如果上述辩解确有证据证明，不应作为犯罪处理，但应当对行政主管部门出具的相关意见及其出具过程进行查证，即论证出具证明的合法性、真实性，以及证明内容与客观行为的关联性、一致性。但《纪要》并未对"行政主管部门"进行明确，我国金融监管部门设置复杂，部分业务监管存在交叉，且互联网金融监管中混业情况普遍存在。为此，针对这些问题有如下建议：

第一，是行政主管部门但并非对口业务监管部门。如P2P网贷，对口业务监管部门应为各级银监会，但政府部门或者金融各级政府的金融办、政府

---

① 张明楷：《刑法学》(第五版)，法律出版社2016年版，第321页。

为互联网金融特设的机构出具了证明，即为支持管理之意，政府部门对于企业虽不是直接制定监管政策，但对于金融政策的贯彻落实，辖区企业的合法运营，企业的招商引资等均具有一定的管理和决定权限，为此，对于企业或者行为人而言，政府部门的证明已经具有的非常高的权威性，足以使其陷入行为不具有违法性的错误认识。同时，本罪在主观故意上并不要求行为人明确了解金融监管规定，此时若是要求行为人能够寻找到出具证明的正确部门，在此种情况下，要求行为人能够正确认识到行为的违法性、后果的危害性是很困难的，缺乏期待可能性。如果不能期待行为人实施其他适法行为，就不能对其进行法的非难，因而不存在刑法上的责任①。

第二，并非行政主管部门但是行业协会主管。我国金融行业存在许多行业自律协会，这些协会往往受监管部门委托，承担制定行业规范、规范会员行为等部分管理职责。如中国证券业协会、中国基金管理协会等。此类机构出具的相关证明，或给出的倾向性意见虽说并不具有行政强制力，但足以代表其权威性，不可期待行为人仍有违法性认识。但一些民间自发形成的、并不被大部分同行业允许其加入的，且不受政府部门认可的松散自律组织，出具的意见应当慎重考虑，分情况讨论。

（七）非法吸收公众存款罪犯罪数额的认定

犯罪数额的认定虽是影响量刑的小问题，但在司法实践中引发了广泛的争议，全国各地做法不一，北京各个区县以及上下级检法之间均存在不同意见。其中，针对哪些金额不应计入非法吸存的数额产生的问题较多。

最高人民法院、最高人民检察院、公安部《关于办理非法集资刑事案件若干问题的意见》第 5 条第 3 款明确"非法吸收或者变相吸收公众存款的数额，以行为人所吸收的资金全额计算"。对于主犯以全额计算不存在争议，但对于从事销售业务的犯罪嫌疑人，发展了自己的亲友且亲友还报案的情况下，是否扣除相关犯罪数额、如何扣除意见不一。

其一，最高检公诉厅下发的《纪要》中明确规定："负责或从事吸收资金

---

① 张明楷：《刑法学》（第五版），法律出版社 2016 年版，第 326 页。

行为的犯罪嫌疑人非法吸收公众存款金额根据其实际参与吸收的全部金额认定。但犯罪嫌疑人自身及其近亲属所投资的资金金额；以及记录在犯罪嫌疑人名下，但其未实际参与吸收且未从中收取任何形式好处的资金不应计入该犯罪嫌疑人的吸收金额"。如此，将两部分刨除在犯罪数额之外：一是自身及近亲属的投资；二是犯罪嫌疑人没有参与吸收且未曾获利的吸存金额。

此条中，近亲属的理解成为争议较大，也尚无统一认识的问题。

有人认为应严格按照刑法中关于近亲属的界定，即配偶、父母、子女、同胞兄弟姐妹，这一范围应该严格限定；其理由是不计入吸收金额的这一条件的前提是犯罪嫌疑人从事了非法吸收资金的行为，因此除了近亲属之外还有许多不特定对象，由此可以认定其有向社会公众吸收资金的主观故意和客观行为，对于扣除的数额部分应该严格限制，限制在与犯罪嫌疑人具有最为亲密的血缘关系范围之内。这部分也是基于严格打击非法集资的刑事政策考虑。当然，也有人认为，刑法意义上的近亲属范围过于狭窄，除了上述范围之外，配偶的父母（岳父岳母）、与其一起居住的其他直接亲属等也可以认定为近亲属，尤其是许多案件中的辩护律师，都认为关系较为亲近的亲属的投资应该扣除。这一标准既在实际操作中难以把握，又存在对犯罪分子放纵之嫌（实践中还有一些亲属强烈要求犯罪嫌疑人赔偿损失，如此还不将这些金额计入其犯罪数额，则违背了罪责刑相适应的原则）。当然，也有人提出将其划定为民法意义上近亲属范围，包括配偶、父母、子女、兄弟姐妹、祖父母、外祖父母、孙子女、外孙子女；认为这样的近亲属划分具有法律依据，是明确的法律定义；又较为符合我国家庭生活中对于直系亲属关系的概念，更能被普通社会民众接受。

目前许多司法实践都采纳第一种观点，将其限定为刑法意义上的近亲属。我们认为，非法集资犯罪是经济犯罪，在扰乱金融秩序的同时给社会公众带来了资金风险和财产损失。为此，在认定犯罪数额时，一方面要考虑到与犯罪嫌疑人的人身关系，另一方面也要考虑与犯罪嫌疑人的财产关系。为此，采纳民法意义上的近亲属概念较为可取，主要是基于这些亲属与犯罪嫌疑人之间存在一定的财产关系，因为这些亲属在《继承法》中，都与犯罪嫌疑人之间互为法定继承人。（除犯罪嫌疑人为投资人的孙子女、外孙子女外。）投资金额可以视为是犯罪嫌疑人也将自己的部分财产进行了处分；同时，这个范围的近亲属通常在一起共同生活，存在财产利益的共享性。

但是对于《纪要》中提到的第二种不计入犯罪数额的情形，即犯罪嫌疑人没有实际吸收且没有获利的非吸金额，部分人认为这一规定并不恰当也难以适用，理由有二：一是如何认定没有实际吸收。没有接触投资人，没有推销、介绍，但为公司进行代言、在宣讲大会上进行宣传、担任策划总监、运营总监等职务是否可以认定为没有实际参与吸收？二是具体审理中如何核实犯罪嫌疑人是否收取了好处。先不说对是何形式的获利难以判断，毕竟获利包括直接的提成、间接的奖金奖励、根据业绩确定的提拔加薪，还包括难以确定的获利形式，因此，"任何形式"难以穷尽；这为公诉机关查清犯罪嫌疑人的获利方式带来了沉重的举证负担，且在实践中由于非法集资案件涉及的投资人多、同案犯多，难以核实其与上述人员的经济往来，因此，可操作性差。

其二，2019年1月30日，最高人民法院、最高人民检察院、公安部发行了《关于办理非法集资刑事案件若干问题的意见》，其中对于犯罪数额的认定采取了较为严格的规定：非法吸收或者变相吸收公众存款构成犯罪，具有下列情形之一的，向亲友或者单位内部人员吸收的资金应当与向不特定对象吸收的资金一并计入犯罪数额：（一）在向亲友或者单位内部人员吸收资金的过程中，明知亲友或者单位内部人员向不特定对象吸收资金而予以放任的；（二）以吸收资金为目的，将社会人员吸收为单位内部人员，并向其吸收资金的；（三）向社会公开宣传，同时向不特定对象、亲友或者单位内部人员吸收资金的。非法吸收或者变相吸收公众存款的数额，以行为人所吸收的资金全额计算。集资参与人收回本金或者获得回报后又重复投资的数额不予扣除，但可以作为量刑情节酌情考虑。具体案件中处理的业务员多是第三种情形，即向社会公开宣传，吸收不特定对象的钱款的同时，仍吸收亲友投资。按照"两高"的司法解释，向亲友和单位内部人员吸收的投资金额也应计入犯罪数额，不存在予以扣除的情况。这一适用与最高检公诉厅发布的《纪要》内容存在较大差异。为何会出现如此大的意见分歧？最高检前后的意见为何截然不同？考虑到最高检的意见不可能发生如此大的变化，这一条可能是适用于全案犯罪数额的认定或者说适用于主犯犯罪数额的认定之时，不将亲友、内部与不特定对象、外部进行区分，而是整体的认定为向不特定对象公开宣传的行为；而对于主要从事推销业务、实际开展非吸活动的业务人员扣除其自己和近亲属的投资数额并不适用这条，也就不存在冲突之说。在全案犯罪数额不予以扣除的情况下，对于其他业务员或从犯的处理，还是可以考虑进行一定范围的数额扣除。

二、集资诈骗罪（刑法第 192 条）

（一）犯罪构成

1. 客体方面

本罪侵犯的客体是国家的金融管理秩序和公私财物所有权。

2. 客观方面

本罪客观方面表现为，使用诈骗方法非法集资，数额较大。

根据《立案追诉标准的规定（二）》第 49 条的规定，以非法占有为目的，使用诈骗方法非法集资，涉嫌下列情形之一的，应予立案追诉：（1）个人进行集资诈骗，数额在 10 万元以上的；单位进行集资诈骗，数额在 50 万元以上的。（2）集资诈骗的数额以行为人实际骗取的数额计算，案发前已归还的数额应予扣除。行为人为实施集资诈骗活动而支付的广告费、中介费、手续费、回扣，或者用于行贿、赠与等费用，不予扣除。行为人为实施集资诈骗活动而支付的利息，除本金未归还可予折抵本金以外，应当计入诈骗数额。

3. 主体方面

本罪的主体为一般主体，即年满 16 周岁具有刑事责任能力的自然人。单位可以构成本罪。

4. 主观方面

本罪的主观方面表现为故意，且行为人对钱款具有非法占有目的。

（二）非法吸收公众存款罪与集资诈骗罪的区分

《解释》第 4 条"以非法占有为目的，使用诈骗方法实施本解释第二条规定所列行为的，应当依照刑法第一百九十二条的规定，以集资诈骗罪定罪处罚。"使用诈骗方法非法集资，具有下列情形之一的，可以认定为"以非法占有为目的"：（1）集资后不用于生产经营活动或者用于生产经营活动与筹集资金规模明显不成比例，致使集资款不能返还的；（2）肆意挥霍集资款，致使集资款不能返还的；（3）携带集资款逃匿的；（4）将集资款用于违法犯罪活动的；（5）抽逃、转移资金、隐匿财产，逃避返还资金的；（6）隐匿、销毁账目，或者搞假破产、假倒闭，逃避返还资金的；（7）拒不交代资金去向，逃避返还资金的；（8）其他可以认定非法占有目的的情形。"非法占有目的"的认定是非法集资案件办理中的重点与难点。上述具体的七种情形，每一种情形的认定都存在争议。

1."集资后不用于生产经营活动或者用于生产经营活动与筹集集资款不成比例，致使集资款不能返还的"的认定

具体实践中，非法募集资金的形式多种多样，投资理财的项目更是五花八门，有些是所谓的金融创新，有些是所谓对传统金融业态的变种或交叉。结合近年来的非法集资案例，可以将其分为两大主要类型：一种是借贷类，以债权转让、网络借贷为主要形式的 P2P 借贷，此类单位将非法募集来的资金用于借贷，将利差和手续费作为盈利点；另一种是投资项目类，以投资某种实体项目为主要模式，可能通过"私募""有限合伙""众筹"等多种形式，此类单位以投资实体项目能够获得可观利益，将预期利益与投资人分享作为宣传噱头，或多或少将非法募集的资金打款给项目方（用款方）。（当然，也存在不将钱款给项目方的或者宣传项目不存在的情形，此时显而易见是集资诈骗。）在对以下的问题进行论述时，应将这两种主要的非法集资类型区别讨论。

（1）生产经营活动的正确理解

生产经营（production management），是围绕企业产品的投入、产出、销售、分配乃至保持简单再生产或实现扩大再生产所开展的各种有组织的活动的总称。这是从企业生产角度得出的概念。生产经营区别于资本经营，一个对象是产品，另一个对象是资本。从上述概念甚至是生产经营的英文名称中

可以得出，生产经营活动主要包括的是针对具体产品或者商品的产出和销售等活动，生产的对象可以是有形物，比如房产（许多案例中投资项目为房产项目）、机器、销售具体商品的店铺等；也可以是无形物，比如电力、养老服务等；并不包括投资活动，比如借贷、炒股等参与金融的行为。因此，上文说列举的借贷类非法募集犯罪行为，在分析其是否为集资诈骗时，并不能适用这一条来判断其是否具有非法占有目的。针对投资项目类非法集资，在查询银行账户、对吸收资金和资金去向进行准确司法审计后，就会得知募集资金的去向，其中，打给项目方（用款方）的钱款数量就会一目了然，如此就会将用于生产经营的钱款和募集钱款进行对比进而判断是否"明显不成比例"。

然而，这一比例并不是判断是否具有非法占有目的的唯一标准。资金去向包括方方面面，用于项目方生产经营只是其中一部分。司法审计还应对公司的运营成本（房租、员工工资等）、投资人返利、业务员返佣（或者第三方渠道的提成）、公司高管的借款及分红等项目进行逐一列项。如此才能充分了解募集资金的去向，才能准确作出是否有非法占有目的判断。司法审计的真实性、准确性和全面性是作出非法吸收公众存款和集资诈骗罪定性区分的基础。

如此，就可以回答用于涉案公司的日常运营、员工工资（不含提成）等部分及用于返还投资人本息、业务员返佣等部分是否属于"用于生产经营活动"这一问题。这些均属于犯罪成本，不能算作是用于"生产经营"的部分。犯罪成本占募集资金的比例同样是定罪的重要参考依据。

（2）募集资金与用于生产经营活动的资金明显不成比例的判断

多大比例属于明显？这一问题被反复讨论，然而并没有得到一致而明确的答案。有人认为应该有一定的比例参考，比如50%左右；有人认为不能用明确的数学指标去衡量。对此笔者认为，公司的运营本身就是个复杂的问题，资金的支出项目更是多种，应结合具体的案件情况和资金的全面走向进行认定，不宜用确定的数量进行确定，否则会导致机械适用的局面。

举个例子来说，在一个以投资养老项目为由的非法集资案件中，非吸公司用于养老项目的投资（包括对酒店的股份收购、养老基地的建设等）占比35%、投资人的返息占比15%，第三方渠道返佣10%，公司运营成本（宣传、工资、房租等）占比40%，而此公司并没有其他肆意挥霍的钱款，犯罪嫌疑人也以借款、分红等名义大量获利，在这种情况下，用于生产经营钱款在整个非法募集资金总额中的占比是不太大的，至少没有超过50%，此时能否适用这一款，以"明显不成比例"来认定非法占有目的呢？笔者认为，此公司可能存在经营不善的问题，但对于投资人的钱款却并没有肆意挥霍或者不负责任的使用，难以定性为集资诈骗罪。如"成吉大易"集资诈骗案，则是在经过对资金全面审计之后，通过对全案证据的核查，最终只能认定该公司用于生产经营的钱款仅占非法募集资金的13%左右，主要犯罪嫌疑人拒绝交代其他的大额资金去向，而且主要犯罪嫌疑人名下有巨额的财产（包括现金、房产、豪车等）。综合上述情况，适用"集资后用于生产经营活动与筹集集资款不成比例，致使集资款不能返还的"与"肆意挥霍集资款"这二项认定主要犯罪嫌疑人构成集资诈骗罪，其定性是十分恰当准确的。

对于如何根据资金去向来判断非法占有目的，《纪要》进行了进一步指导性阐述，即犯罪嫌疑人存在以下情形之一的，原则上可以认定具有非法占有目的："（2）资金使用成本过高，生产经营活动的盈利能力不具有支付全部本息的现实可能性的"。这其实是对可能涉嫌集资诈骗情形的一个很好的补充。在许多案件中，尤其是2016年以前的案件，公司承诺的年利率高达30%—40%，而给业务员及第三方渠道的返佣比例达到20%—30%，如此一来，刨去运营成本，先不管本金，就仅仅公司的返息、返佣二项就达到了50%—70%，这是现有市场经济下难以企及的盈利比例，集资款可以说是就是拿来给公司扩大规模和发放员工报酬使用的，所谓生产经营的盈利能力根本不存在返本付息的可能性，甚至连付息的可能性都达不到。在此种情形下，有些案件的主犯虽没有挥霍钱款、携款潜逃、非法占有大量资金等行为，但是从公司的运营模式来看，就是一个不可持续发展的且资金链必然断裂结局，已经突破了"借用投资人资金再予以归还、挣取利差"的非法吸收公众存款的性质。但这一项具体如何适用，检法之间或者各级检察机关之间存在认识分歧，下文中"检法分歧"部分将详尽阐述。

2. 对"肆意挥霍投资款，致使集资款不能返还的"的理解

"肆意挥霍"是所有诈骗犯罪中非法占有目的的认定的常规情形，最易把握，却仍在集资诈骗罪的适用中存在许多疑难问题。

其一，肆意挥霍投资款，是否要求挥霍的投资人达到一定数量或者一定比例。非法募集资金的总量往往是巨大的，在北京市、上海市、浙江省等经济发达地区办理的非法集资案件中，资金总额高达 1 亿元以上的比比皆是，超过 10 亿元的不在少数；而案件的主犯个人占有的钱款虽然数额较大，但相比较集资款比例却不大。如"E 租宝"案件中主犯丁某某有证据证实的用于个人挥霍的钱款多达十余亿元，但针对"钰诚集团"这一财富王国百亿元之多的资产，所占不过十分之一；"成吉大易"案中，主犯于某某家中就藏匿约 1.6 亿元现金，但全案募集资金多达 60 余亿元。因此，对于具有挥霍钱款行为的，应进行如下综合判断：

首先，既要考虑挥霍款的数额，也要考虑比例，司法解释要求挥霍的结果是"致使集资款不能返还的"，有一定的后果要求，即行为人的挥霍行为对整个集资款的使用有一定的影响，而并非犯罪嫌疑人私用了几十万元就认定是集资诈骗，对全案投资人损失的上千万乃至上亿元负诈骗的责任。但是这一比例，应该具体案件具体分析，考虑恶劣程度、总体运营等因素。

其次，要将涉案公司的财务制度、主要犯罪嫌疑人对财务支出的影响力考虑其中。一般主要负责人都有直接管理财务的职责，此时要分析财务运行是否规范，主要负责人是否将个人与公司财务进行分离。若行为人完全凭个人意愿支出公司大额资金，并不通过正规财务报销渠道使用公司大额资金（即集资款），比如不记账、虚假平账、私自借款等，则在存在一定挥霍行为的基础上，可以认定主要负责人对于集资款随意使用、归个人所有的主观故意，可以认定其具有非法占有目的。

其二，不将投资款用于实际宣传的项目，而将其再次投资，比如炒股、赌博、放贷等，而非用于个人挥霍，导致集资款难以返还的，能否认定为非法占有目的。是否虚假宣传并不是认定非法占有目的的必然因素，决定性因

素在于资金的使用和去向。根据上文的分析，炒股、赌博、放贷等不能算是生产经营活动，而是投资活动，这些具有盈利可能性的活动如果造成巨大亏损则直接导致集资款难以返还，那如何认定非法占有目的呢？例如赌博、贩毒或洗钱等明显违反我国法律规定的，普遍倾向性的认为其具有"挥霍"的故意，即存在极大的被打击、被没收违法所得的风险，也是法律规定所禁止的，因此可以认定为非法占有目的。但放贷、炒股等行为如何认定？在实际案例中许多炒股投资都是盈利的，反而挽回了集资款的损失。例如"易胜佰"非法吸收公众存款案中，涉案公司负责人将钱款用于港股投资，在公司发展初期，这些股市投资甚至获得了2倍的收益，后期由于股市跌宕，投资在短时间内被"蒸发"，导致集资款不能返还。

此时，《纪要》给出了一个判断标准，即"犯罪嫌疑人存在以下情形之一的，原则上可以认定具有非法占有目的：（3）对资金使用的决策极度不负责任或肆意挥霍造成资金缺口较大的"，增加了"是否对资金使用的决策极度不负责任"的标准。因此，可以从以下两个方面来进行判断：其一，是否造成了资金较大缺口，如此投资客观上没有资金损失，则不必考虑是否为诈骗的问题；其二，对资金使用的决策是否有证据证明为极度不负责任，以炒股为例，可以根据当时股市形势、是否经过董事会讨论、是否有对投入股市或选择股票有慎重考虑和严格选择、是否在他人极力反对之下仍一意孤行等综合认定是否为"极度不负责任"。对于使用集资款投入网贷平台的认定也是如此，对于平台的选择、合规性的审查、债务人的核查都是重要的判断依据。在"易胜佰"案中，考虑到当时的股市投资最终虽然造成了实际损失，但当初投资的决定是在经过市场考察和集体决策之后做出的，并非"极度不负责任"，由此论证主要负责人对投资人的资金并不具备挥霍和置其于风险的主观心态，最终此案认定为非法吸收公众存款罪。

（三）集资诈骗案件中"非法占有目的"的检法分歧

近年来，非法吸收公众存款罪与集资诈骗罪的此罪彼罪之分，是非法集资案件的难点，在非法占有目的的判断和认定上，检法之间存在较大分歧，检法也都在为寻找非法占有目的的判断标准作出尝试。

基于非法吸收公众存款罪与集资诈骗罪的区分难点与困惑，最高检公诉厅印发的《纪要》对于集资诈骗案件中"非法占有目的"也进行了进一步指导性阐述，即"犯罪嫌疑人存在以下情形之一的，原则上可以认定具有非法占有目的：（1）大部分资金未用于生产经营活动，或名义上投入生产经营但又通过各种方式抽逃转移资金的；（2）资金使用成本过高，生产经营活动的盈利能力不具有支付全部本息的现实可能性的；（3）对资金使用的决策极度不负责任或肆意挥霍造成资金缺口较大的；（4）归还本息主要通过借新还旧来实现的；（5）其他依照有关司法解释可以认定为非法占有目的的情形。"上述情形中第二项、第四项直接回答了实务中的许多难题，但由于其一定从程度上突破了现有司法解释的规定，且由于上述文件仅是最高检内部指导文件，审判机关基于其效力问题和突破性的理解，对上述观点存分歧意见，常在审判实例中不予认可上述观点，让该《纪要》在检察官论证时难以适用。

笔者选取了法院变更罪名为集资诈骗罪的两个案例进行分析，这两个案例正好对应较为多发的两种不同的非法集资类型，一种是点对点借贷类的P2P模式，另一种是以宣传投资项目为由进行"私募"包装的模式，也正好对应了《纪要》中阐述的第（2）、（4）项的具体适用问题。

案例一：焦某甲集资诈骗案

诉讼过程：2016年5月，北京市朝阳区人民检察院受理焦某甲非法吸收公众存款一案，经初步审查，承办人认为焦某甲构成集资诈骗罪，向市检三分院进行汇报，后市检三分院认为仅构成非法吸收公众存款罪，无法认定其非法占有目的，不由其管辖。据结案报告体现，承办人认为其构成集资诈骗罪，由于管辖和与上级院沟通问题，2016年9月，北京市朝阳区人民检察院以焦某甲涉嫌非法吸收公众存款罪向北京市朝阳区人民法院提起公诉，北京市朝阳区人民法院于2016年11月判决焦某甲构成集资诈骗罪，判处其有期徒刑14年，罚金40万元。2017年1月11日，北京市第三中级人民法院裁定维持原判。

主要案情：被告人焦某甲于2012年10月成立北京融大卓越财富投资管理有限公司，其为实际控制人。焦某甲于2014年至2016年1月间，以举办讲座、发放宣传单等方式对外公开宣传 P2P（债权匹配）理财产品，虚构借款人姓名、身份证号、借款金额、借款抵押、借款用途等债权信息并将虚假债权出售给高某某等 139 名被害人，承诺年收益率 9%—24%，在此期间，该公司无真实经营活动且无收益来源。案发前，未归还资金共计人民币 2000 余万元。被告人焦某甲、焦某乙（弟弟、公司总经理）的个人名下银行账目均能够显示有大量资金入账，但是焦某乙携款在逃，焦某甲自己名下工商银行账户用于偿还信用卡金额高达 600 余万元，而被偿还的信用卡交易记录显示该卡均用于个人消费。

意见分歧：

北京市朝阳区人民检察院承办人在结案报告中认定焦某甲构成集资诈骗罪，理由如下：集资诈骗罪，是指以非法占有为目的，使用诈骗方法非法集资，数额较大的行为。即使用诈骗方法非法集资，行为人实施欺骗行为，使社会公众不特定人基于对行为人的欺骗行为产生的错误认识，实施了将自己的钱款交付给行为人的处分财产行为，从而造成钱款损失的后果。至于行为人是就事实进行欺骗，还是就价值进行欺骗，均不影响欺骗行为的性质，因此，对集资诈骗罪的"诈骗方法"只能进行实质的限定，而不可能穷尽其具体表现，不能认为将集资诈骗罪的欺骗行为局限为集中特定的手段。本案中焦某甲将吸收钱款用于公司房租、员工工资发放、偿还前期投资人本金及利息的行为并不属于该条规定的正常生产经营活动，投资人将金钱所有权交付给焦某甲及其公司是基于其诈骗的行为实施的。投资人投资的目的是基于公司平台可以为投资人匹配有抵押、担保的无风险债权，其公司仅作为中介，将投资人的钱款作为贷款发放给需要使用资金的债务人，使投资人可以收到高于银行贷款利息的回报。因此投资人投资基于焦某甲为其匹配的"优质债权"的预期收益，而非基于公司本身的运营模式。焦某甲将吸收来的钱款用于自己这个没有任何实质经营内容的公司日常开销，不但违背了投资人的意愿，还虚构事实进行隐瞒和欺诈。

本案中焦某甲向投资人宣传的理财产品均没有证据证明其真实存在且在合法经营，而是以高额反息的宣传方法，吸取投资人钱款，用来经营公司，开设分店，发放员工工资，并不是其公司宣传的中介平台仅收取中介佣金，也不是靠赚取佣金来维持公司经营，其设立及运营等成本均不是焦某甲个人投资，而是来自于投资人的钱款，是明显的新债还旧债的诈骗行为。

市检三分院认为：在没有审计报告的情况下（该公司账户混乱且不完整，不能做出资金流转的审计报告），无法查明犯罪嫌疑人焦某甲非法吸存的资金去向，另外虽然焦某甲承认匹配债权均为虚构，但是其辩解称自己非吸的钱款用于公司房租、员工工资发放，偿还前期投资人钱款等行为应当属于"正常经营行为"，没有证据能够证实是焦某甲个人挥霍，因此无法证实其主观上的非法占有目的。

北京市朝阳区人民法院认为：被告人焦某甲以虚构的债权信息，吸收大量的公众资金，集资款又未用于其宣传的投资项目，致使集资款无法返还，数额特别巨大，其行为已构成集资诈骗罪。

综上，可以看出，本案的分歧意见集中在：一是返本付息、员工提成提佣等运营成本支出是否属于将投资款用于生产经营活动；二是虚构借款人信息，没有实际营利活动是否属于虚构事实的诈骗行为。

第一个问题，本案中非法集资的模式是典型的P2P，此种模式运营公司的大部分支出为支付业务员提成，公司的水电、房租等成本，员工报酬等，对于这些支出，朝阳院承办人及一审法院认为是犯罪成本，而并非2010年《解释》中的"生产经营活动"，不应予以扣除，并明确"生产经营活动"应按照企业经营规律是实际有所产出并在某种程度上理解应用于实业的活动，是预期收入而非支出。这一理解，与对2010年《解释》中"集资后不用于生产经营活动或用于生产经营活动与筹集资金规模明显不成比例"中的"生产经营活动"的理解相一致。同时也可以看出，P2P这类非法集资的模式，带有"类金融"的性质，分为资金吸收和资金"放贷"两端，是资金之间的流转，应与筹集资金从而投资某种项目的情形有所区别。但上述支出中，给投资人的返本付息应当区别对待，在整个资金去向考量中，有多大比例用于给投资人返款是非常重要的因素，由于P2P行业主要的业务就是借款与还款，给投资人返款应占资金去向的绝大部分，如果一个P2P公司，除去犯罪成本外，绝大部分的钱款都用于给投资人返款，那不能认定其性质为集资诈骗。而本案的认定，除了对生产经营活动的理解外，还结合了对资金去向、诈骗行为的判断。

第二个问题，本案认定为集资诈骗的关键在于虚构债权信息，即并没有真实的借款人，而资金的去向则完全由犯罪嫌疑人控制和决定。承办人认定本案是以虚构事实、隐瞒真相的方法进行诈骗，法院在判决时也并没有明确适用的是 2010 年《解释》第 4 条第 2 款的第几项，但本案的非法占有目的并不明显符合第一至第七项，只是笼统地认为"以诈骗的方法进行非法集资"。没有真实的借款人意味着完全虚构了经营模式，因为正如朝阳院承办人之论证，投资人误以为自己的钱款是打给了借款人，有借款人的真实信息和相关抵押作为担保，投资钱款风险较小，存在投资回本的可能性，同时是基于 P2P 公司信息中介性质的信任：一是公司赚取手续费，有盈利点，可以持续发展壮大；二是作为平台核实了借款人的信息和抵押情况。但本案公司对外宣称自己为 P2P 公司，将虚假的债权匹配情况告知投资人，从而让投资人误以为资金是流向了借款人，但实际的资金却由公司主要负责人控制，本案被告人将 600 多万元用于自己使用。结合上述情况，可以看到最终认定集资诈骗主要是基于三点：一是虚构了债权信息这一关键事实，让投资人陷入了资金有保障的错误认识；二是公司没有盈利点，没有用于可持续发展的收入，从而只能通过"用新债还旧债"的方式来维持运营；三是被告人存在个人使用大额资金用于挥霍和非法占有的事实。

之所以检察机关上下级之间存在分歧，在于对于被告人是否非法占有投资人钱款的认识不同。上级院更倾向于从资金去向上去认定，即如果有绝大部分的钱款用于犯罪成本、投资人返款，且没有确实证据证明被告人用投资人钱款进行个人使用，则难以认定为集资诈骗罪；而许多资金去向难以查实、审计报告内容并不全面直接影响了案件认定。对于是否虚构了关键性事实、是否存在"用新债还旧债"的必然性资金链断裂则不予考虑。

然而，这一案例也可以得出一些共性认识，即判断非法占有目的应全面认定，包括是否虚构了关键性事实、资金运转的可持续性、资金去向的判断、个人是否存在非法占有等。

案例二：方某某非法吸收公众存款案

诉讼过程：2016年4月6日，北京市人民朝阳区人民检察院以方某某构成非法吸收公众存款罪向北京市朝阳区人民法院提起公诉。2017年4月24日，北京市朝阳区人民法院判决方某某构成集资诈骗罪，判处其有期徒刑15年，罚金50万元。2017年6月30日，北京市第三中级人民法院改判方某某构成非法吸收公众存款罪，判处其有期徒刑8年，罚金40万元。

主要案情：被告人方某某系信德亨（北京）投资控股有限公司（以下简称信德亨控股）、北京金海亨业资产管理有限公司（以下简称金海亨业）的实际控制人。2013年5月至2013年12月间，被告人方某某以信德亨控股、金海亨业投资"北京经济技术开发区核心区43号项目建设""重庆西部物流园沙坪坝经济适用房建设项目资金补充""补充信德亨控股及旗下各子公司所需流动资金及专项资金"为名，设立"首都一号·亦庄开发区核心区43号项目贷款基金""祥云三号·重庆西部物流经济适用房建设项目投资基金""祥云五号·企业流动资金补充投资基金"，成立北京信德亨投资管理中心（有限合伙）（以下简称信德亨中心），通过公司业务员或其他金融机构人员电话推销、个人推介等途径向社会公开宣传，承诺年收益率9%至15%、定期以货币方式返本付息，采用吸收有限合伙人认购"基金"的形式向社会不特定公众非法募集资金，共涉及投资人73名，非法募集资金共计1亿余元。因"基金"到期未能兑付，部分投资人向公安机关报案，被告人方某某于2015年5月3日在内蒙古呼和浩特市被公安机关抓获归案。截至目前共有52名投资人向公安机关报案，投资金额共计8215万元，损失金额共计7546.73万元。经查，信德亨控股、金海亨业无经营业务，涉案集资款未用于宣传的投资项目和其他经营活动，资金去向包括购买房产、购置车辆、支付销售佣金、个人预借报销支出以及返还部分投资人投资本息等。

本案检法以及上下级法院均存在较大的意见分歧。北京市朝阳区人民法院认为：本案的焦点在于如何认定被告人方某某的行为性质，也就是说被告人方某某的行为是构成非法吸收公众存款罪，还是集资诈骗罪。从犯罪构成要件上看，非法吸收公众存款罪和集资诈骗罪既有相同的特征也有显著的区别，在犯罪的客观方面即犯罪行为的表现形式上两罪具有相同的特征，即行为人面向社会公众非法募集资金，包括采用不同程度的虚构、隐瞒事实的犯罪手段，区别之一是所募集集资款的用途，非法吸收公众存款罪中的集资款被用于生产经营活动中，生产经营活动实现能够返还集资款或者存在返还集资款的可能，而集资诈骗罪中的集资款或绝大部分集资款没有被用于生产经营活动，被行为人隐匿或肆意处置，包括用于个人挥霍、偿还个人债务、维持非法集资犯罪活动或用于其他违法犯罪活动等，造成集资款不能归还；在犯罪的主观方面两罪都是直接故意构成，显著区别在于行为人的主观目的不同，非法吸收公众存款罪的行为人主观上是以通过向社会公众募集资金进行牟利，不具有非法占有集资款的目的，而集资诈骗罪的行为人是以非法占有集资款为目的。具体到本案，被告人方某某未经国家有关部门批准，进行虚假宣传和承诺，公开向社会公众募集资金，未将集资款用于宣传的投资项目也未用于其他生产经营活动，在无经营性收入的情况下肆意处置集资款——用集资款购置房产、车辆后抵押、出售，支付用于非法集资的场租、销售人员佣金、用后期投资人投资款兑付前期投资人投资本息以维持非法集资犯罪活动，致使数千万元集资款不能返还。最高人民法院《关于审理非法集资刑事案件具体应用法律若干问题的解释》第4条第2款第（一）项规定"使用诈骗方法非法集资，具有下列情形之一的，可以认定为'以非法占有为目的'：（一）集资后不用于生产经营活动或者用于生产经营活动与筹集资金规模明显不成比例，致使集资款不能返还的"，因此可以认定被告人方某某主观上具有非法占有集资款的目的。

北京市第三中级人民法院认为：从非法集资手段上看，现有证据能够证实，方某某以信德亨（北京）投资控股有限公司及关联公司投资相关项目为名，通过公开宣传北京信德亨投资管理中心发行的相关基金，向社会公众吸收资金；从集资及返利方式上看，方某某截至2013年9月就已完成资金募集并于2014年3月至2014年6月进行集中返还本金及利息，方某某并非"以新还旧""以后还前"的集资模式；从资金去向上看，非法集资款的主要支出为 2013 年 9 月支出人民币 5307 万余元以公司名义购买不动产，另返还投资人本息共计 2933 万余元。综上，方某某吸收的集资款绝大部分用于投资不动产、返还投资人，由此无法认定方某某具备非法占有目的。

综上，可以看出本案的分歧焦点在于：一是集资款是否用于生产经营；二是"以新还旧"的集资模式对非法占有目的的判断影响。

第一个问题，本案是较为典型的募集资金投资相关实体项目，从而获取一定利差用于返还投资人钱款的模式。此类投资款去向可以认定为"生产经营活动"。但本案中，现有证据无法查实所宣传的项目是否真实存在，只能显示有 5307 万余元以公司名义购买不动产，另返还投资人本息共计 2933 万余元，而非法募集资金为 1 亿余元。以公司名义购买的房产一审法院认为是对投资款的挥霍，二审法院认为是一种公司投资并非个人使用或不负责任的支出，虽与向投资人宣传的项目不符，并没有按照与投资人的协议将款项汇去项目方，但在当时的市场经济情况下，投资房地产不能说不是一种较好的投资方式，这样的投资很有可能会为公司带来盈利，从而作为给投资人返款的保证，后续将此不动产作为可执行的查封财产，一定程度上能够弥补投资人损失也能说明这一问题。因此，本案被告人的这一行为，并没有将募集资金用于个人使用，而是公司的另一"生产经营"。如此一来，公司投资 5300 余万元，投资人返款近 3000 万元，与募集的 1 亿余元相比，算上犯罪成本，资金基本上可以吻合，可见本案的公司运营较为规范，对投资人钱款的使用并非极度不负责任，非法占有目的难以体现。

第二个问题，本案也提到了"以新债还旧债"的行为模式对非法占有目的判断的影响。这一行为模式的认定实质是认定公司是否能够持续运转，资金链是否必然会断裂，如果在模式设计之初就明知并预计到最终会资不抵债，只是拿募集的资金实现个人的某种目的，则一定程度上可以强化非法占有目的认定的内心确信。本案中，公司先限定了募集资金的数额，完成之后即停止此项目的募集，并在后期进行集中的返本付息，可见募集资金的计划性和步骤性，与第一个案例有着非常明显的区别。在最高检公诉厅出台的《纪要》中第 14 条提出，犯罪嫌疑人存在"归还本息主要通过借新还旧来实现的"情形，原则上可以认定具有非法占有目的。笔者认为，并非这一条就可以做出明确判断，而是在此基础之上综合全案证据全面判断。例如本案，二审法院从集资、返利方式和资金去向进行了综合审查认定。

通过分析两个案例的分歧意见，可见司法实务对非法集资案件中非法占有目的的认定难以形成统一的判断标准，这和非法集资类型的多样性、资金去向的复杂性以及定罪证据的烦琐性相关，这些特点加大了对是否具有"非法占有目的"进行认定的难度。但结合各个司法者对非法占有目的的论述，还是可以得出一些对"非法占有目的"判断方法的参考意见：

第一，是否存在可盈利的运营项目。"盈利点"是上述两个案例中不同意见均提及的。具体到案件事实，应该判断公司的运营是否有实际收入，从而审查是否存在返还投资人本息的可能性。这与"借新还旧"运营模式的判断相互关联。案例一中借款人根本不存在，公司无法获取手续费或者利差等收入，只能通过"以新债还旧债"的方式维持下去，公司只有支出，收入全部来自于投资款项，由此可见缺乏盈利点，资不抵债是必然，而且投资人损失无法弥补。案例二中，虽然其他项目无法查实，但投资不动产甚至可以算是较为"明智"的投资，能够证明公司具有资金回笼的保证，公司继续发展的可能性极大。

第二，是否存在关键性的虚构事实。两个案例均存在虚构事实，重点是判断是否为"关键性"。案例一虚构的事实是债权转让，即并不存在真实的借款人，钱款用于公司使用而非放贷，这一事实之所以认定为关键，是因为这是"有"和"无"的判断，是钱款到底是放贷出去了还是公司控制自行使用的本质区别，是钱款是否有返回的本质区别。案例二虚构的事实是何为项目方，即是投资房地产而非投资给约定的项目方，这一事实之所以认定为非关键，是区别于"民事欺诈"或"虚假宣传"与刑法意义上的"虚构事实"，是因为这是"此"和"彼"的区别，而非"有"与"无"的区别，无论是公司向哪里投资（极不负责任的投资或者违法犯罪的投资除外，见上文论述），均是可以获得营利的投资，甚至比原来约定的投资可期待利益更多。这可能是基于公司投资决策的转变，但为投资人带来收益、保证资金返还的目的未变。

故非法占有目的的认定仍是困扰该类的重大难题，仍需进一步消除检法分歧，并出台可操作的细化的司法解释。

三、私募型非法集资的司法认定及研究

（一）私募股权基金的概念

私募基金，是指以非公开的方式向特定投资者募集资金并以证券为投资对象的证券投资基金，私募基金是以大众传播意外的手段招募，发起人集合非公众性多元主体的资金设立投资基金，进行证券投资。私募基金具有回报丰厚、风险高的特点，其受证监会和地方证监局直接监管。

私募基金公司的成立和产品的设立，均需要经过严格的审批程序。其中，最主要的监管规定依据为《私募投资基金监督管理暂行办法》（以下简称《办法》），其中第二条"本办法所称私募投资基金（以下简称私募基金），是指在中华人民共和国境内，以非公开方式向投资者募集资金设立的投资基金"对私募基金的性质、特点进行了高度凝练。同时，《办法》还规定了私募基金管理人的成立条件、合格投资者的确定、私募基金的设立条件、募集资金的途径等，各类私募基金管理人应当根据基金业协会的规定，向基金业协会申请登记。私募基金的合格投资者是指具备相应风险识别能力和风险承担能力，投资于单只私募基金的金额具有一定的要求，私募基金管理人、私募基金销售机构不得向合格投资者之外的单位和个人募集资金，不得通过公开的方式，向不特定对象宣传推介，不得向投资者承诺投资本金不受损失或者承诺最低收益。

（二）非法从事私募基金交易的犯罪认定问题

1.私募型犯罪基本情况

由于私募基金是募集资金的一种合法形式，近年来，许多不具备合法资质的公司以设立私募基金为主要犯罪模式，使用公开手段向社会不特定公众非法集资，主要触犯非法吸收公众存款罪与集资诈骗罪。不法分子以私募为名，宣传保本保息，向不特定对象宣传推介，突破或变相突破法定投资者人数限制，投资门槛低，期限错配，募新还旧，甚至自保自融、非法占有大量

资金。部分有基金从业资格证的人员、有私募基金管理人资质的公司以其合法资质为幌子，突破了法律底线，从事非法集资活动。因具有合法资质，该类公司更具有迷惑性和危害性，如"中信金安"非法吸收公众存款案、"宝金嘉信"非法吸收公众存款案中，涉案公司均已向相主管部门申领了《私募基金管理人登记证明书》，但其重业务轻合规，违反私募基金的相关规定，未对投资人进行风险测评或风险测评流于形式，突破或变相突破法定投资者人数限制，在宣传过程中承诺保本保息。两个案件涉案公司分别非法吸收投资款 5亿余元、8000 余万元，给投资人造成巨大损失。

2.典型案例：那某某非法吸收公众存款案

2013 年 4 月，被告人那某某出资收购北京东方瑞祥资产管理有限公司的股份，并更名为北京鑫达众汇（北京）投资基金管理有限公司（以下称"鑫达众汇公司"），那某某为实际控制人和实际经营人。该公司于 2014 年 6 月 4 日在中国证券投资基金业协会登记为私募基金管理人。2014 年 10 月变更为执行董事、经理、法定代表人。姚某某于 2013 年 4 月入职"鑫达众汇公司"担任常务副总经理兼财务总监。汤某某于 2013 年 4 月入职"鑫达众汇公司"担任销售经理。

2014 年 1 月至 11 月，被告人那某某伙同汤某某、姚某某，通过网络、电话等形式进行宣传，向社会不特定公众承诺购买"鑫达众汇公司"销售的三期基金，即一期"北京联拓众汇私募股权投资基金"、二期"联拓众汇（一汽大众北京培训中心）私募股权投资基金"、三期"联拓众汇（宝马唐山 5S 店）私募股权投资基金"，可以获得高额返利、期满返还本金的形式，与多名投资人签订《认购合同书》《合伙协议》等，合同约定的月收益率为 10%—13%。案件涉及投资人共计 100 余人，已报案金额为 3900 余万元。其中，公司于 2014 年 6 月 4 日将其中"联拓众汇（一汽大众北京培训中心）私募股权投资基金"产品备案，但该产品早在备案之前就已经销售，且突破了承诺返本付息和公开宣传的底线；其他基金产品并没有备案，且存在实质违法性。

3.存在的刑法规制难点及认定

如上所述，非法私募基金交易平台多是未经批准成立私募基金公司或未经批准设立私募基金，未经批准而非法募集资金的行为涉嫌我国刑法上非法吸收公众存款罪、集资诈骗罪（统称为非法集资犯罪）。对于此类刑事犯罪的认定，根据2010年最高法《关于审理非法集资刑事案件具体应用法律若干问题的解释》（以下简称2010年《解释》），应符合非法性、公开性、社会性和利诱性四个要件。其中，根据非法私募基金交易平台的司法实践，非法性、公开性和社会性的判断是刑法规制难点。其中，非法性的认定是所有非法金融交易平台尤其是近年来互联网金融交易平台刑法规制的共同难点。对于"违反国家金融管理返法律规定"和"未经有关部门依法批准"的理解有必要予以明确，对于针对非法性的问题，结合其他非法金融交易平台进行综合论述。

（1）非法性的认定："未经有关部门依法批准"

2010年《解释》第1条第1款第一项就明确提出非法性的判断标准，即要是"未经有关部门依法批准或者借用合法经营的形式吸收资金"。如何理解"未经有关部门依法批准"，经过怎样的批准才算是合规的形式，才不致触碰非法募集资金的法律红线？近年来，互联网金融迅猛发展，各种互联网金融业态令人难以分辨。国家金融监管机构为强化对互联网金融的监管，分别对P2P网贷、第三方支付、众筹等互联网金融形式确定了分类监管体系。目前国家针对互联网金融不同业态出台了相关的部门规章，如《网络借贷信息终结机构业务活动管理暂行办法》等，这些部门规章等下位法与《商业银行法》等上位法之间，如存在矛盾之处如何认定，现有的监管政策和创新制度应如何把握，何种监管政策就可以豁免于"未经有关部门依法批准"。

首先，对于非法募集资金的行为应当做实质性审查。根据2010年《解释》，非法募集资金是指违反国家金融管理法律规定的行为，这是分析是否符合"四性"的前提。国家金融管理法律是层级最高的法律，而非在实务中常常被人错误理解的监管部门出台的部门规章。与此条相关的金融监管法律较多，其中就包括《商业银行法》第11条："未经国务院银行业监督管理机构批准，任何单位和个人不得从事吸收公众存款等商业银行业务，任何单位不得在名称中使用'银行'字样。"以及第81条："未经国务院银行业监督管理机构批准，擅自设立商业银行，或者非法吸收公众存款、变相吸收公众存款，构成犯罪的，依法追究刑事责任；并由国务院银行业监督管理机构予以取缔。"上述法条的规定，基本上直接确立了未经中国人民银行、银监会①批准，任何单位和个人不得非法吸收公众存款并可追究其刑事责任的最高原则。同时，对于企业股东公开发行股份融资的行为，有《公司法》中对于公募的直接规定，而对于非法集资犯罪多发的"私募"领域，则应符合在《商业银行法》的基础之上，还应符合《私募投资基金监督管理暂行办法》的行政法规的具体规定。

其次，在确定了金融管理法律的基础之上，应针对违法犯罪行为可能涉及的"金融"种类来寻找其合规合法的依据。即再来判断其"是否经过有关部门依法批准"，而有关部门，既包括国家金融监管部门"一行三会"，也包括对小贷公司发放牌照的政府职能部门等。其中，最为重要的依据即中国人民银行发布的《非法金融机构和非法金融业务获得取缔办法》(国务院令247号)，其中，对于未经中国人民银行批准，任何单位和个人均不能开展任何形式的非法金融活动，其中就包括"非法吸收公众存款或者变相吸收公众存款"。可在司法实践中，犯罪分子的辩解和普通群众的疑惑往往是"均是国家工商管理部门依法设立的公司"、甚至是"优秀纳税、诚信企业"等，即认为是"经过了有关部门的依法批准"。如此理解错误之处在于混淆了依法成立公司和依法开展类金融业务的区别。在我国金融严格监管的提下，所有金融形式均需要进行一定的审批，而公司的合法性并不代表着业务的合法性、合规性，这是两个层次的问题。

因此，在明确未经中国人民银行、银监会批准，任何单位和个人不得非法吸收公众存款的大原则下，针对纷繁复杂的违法业务，应寻找其对应的监管规范，在符合这些监管部门发布的部门规章甚至是行政命令的情况下，可视为"经过了有关部门的批准"。

上述观点在 2017 年 6 月最高人民检察院发布《关于办理涉互联网金融犯罪案件有关问题座谈会纪要》(高检诉〔2017〕14 号)(以下简称《纪要》)得

---

① 注：2018 年 3 月 21 日，银监会和保监会合并成立中国银行保险监督管理委员会（银保监会），原本归属于银监会监管的事项当然归属于银保监会，但相关法律法规规定中银监会名称不变，因此，笔者对银监会称呼仍保持不变，特此说明。

到体现，其中明确提出"互联网金融的本质是金融，判断其是否属于'未经有关部门依法批准'，即行为是否具有非法性的主要法律依据是《商业银行法》、《非法金融机构和非法金融业务活动取缔办法》（国务院令第247号）等现行有效的金融管理法律规定"。

（2）缺乏违法性认识的抗辩情形

相关部门或个人对违法性的判定能否成为抗辩理由。根据我国刑法理论通说，故意犯罪的成立不要求行为人现实地认识到形式的违法性，或者说不要求行为人现实地认识到自己的行为被刑法所禁止。[①]但行为人积极寻求对违法性的判断，相关部门出具证明文件从而使其确信不具备违法性，此种情形如何判断。

第一，具有合法形式能否认定犯罪行为缺乏违法性认识。涉案公司中，不乏经过审批和备案的基金管理公司的身影，如鑫达众汇（北京）投资基金管理有限公司在中国证券投资基金业协会正式登记为私募基金管理人，且其中发行的一只基金还经过了备案。对于具有合法形式的公司和私募基金，部分行为人辩称难以认识到公司运营模式具有违法性，缺乏违法性认识。这种情形下是否可以认定行为人有主观故意，其不按照公司规定开展工作是否具有期待可能性？笔者认为，应当根据不同岗位、不同作用来进行判断。对于基金公司内部听从领导指挥安排、仅处于从属地位的普通工作人员，在其认识到公司、单只基金是经过合法行政审批的情况下，应考虑其缺乏违法性认识，从而阻却犯罪的成立。但对于关键岗位如公司实际控制人、运营模式的主要设计人、销售负责人以及具有一定金融知识的人，对于公司备案的私募基金在实际运作中，违反了《暂行条例》的规定，公开宣传、承诺保本付息等，对于金融监管规定以及实际的运营均明确知情的，则应当"穿透"合法性外衣，认定其主观上明知，违法性认识的辩解不成立，从而实施了非法募集资金的行为，成立相关犯罪。

第二，有专门知识的人或相关部门出具的法律意见能否成立违法阻却事

[①] 张明楷：《刑法学》（第五版），法律出版社2016年版，第321页。

由。具体案件中，有大量律师事务所出具《法律意见书》，对公司运营模式不具有法律风险做出判断，从而成为公司吸引投资人的"有力武器"，也成为犯罪嫌疑人违法性认识的有力辩解。《纪要》则明确指出："对于犯罪嫌疑人提出因信赖专家学者、律师等专业人士、主流新闻媒体宣传或有关行政主管部门工作人员的个人意见而陷入错误认识的辩解，不能作为犯罪嫌疑人判断自身行为合法性的根据和排除主观故意的理由。"如此是因为法律意见是个人意见，不具备权威性和法律效力，可以是犯罪嫌疑人的一个参考，但不会让犯罪嫌疑人失去自我判断从而陷入错误认识。

《纪要》同时还提出，实践中犯罪嫌疑人提出因信赖行政主管部门出具的相关意见而陷入错误认识的，如果上述辩解确有证据证明，不应作为犯罪处理，但应当对行政主管部门出具的相关意见及其出具过程进行查证，即论证出具证明的合法性、真实性，以及证明内容与客观行为的关联性、一致性。但《纪要》并未对"行政主管部门"进行明确，我国金融监管部门设置复杂，部分业务监管存在交叉，且互联网金融监管中混业情况普遍存在。为此，针对这些问题笔者提出建议如下：

一是行政主管部门但并非对口业务监管部门，如 P2P 网贷，对口业务监管部门应为各级银监会，但政府部门或者金融各级政府的金融办、政府为互联网金融特设的机构出具了证明，是否为"行政主管部门"主管，即为支持管理之意，政府部门对于企业虽不是直接制定监管政策，但对于金融政策的贯彻落实，辖区企业的合法运营，企业的招商引资等均具有一定的管理和决定权限，为此，对于企业或者行为人而言，政府部门的证明已经具有的非常高的权威性，足以使其陷入行为不具有违法性的错误认识。同时，本罪在主观故意上并不要求行为人明确了解金融监管规定，此时若是要求行为人能够寻找到出具证明的正确部门，在此种情况下，要求行为人能够正确认识到行为的违法性、后果的危害性则是强人所难，缺乏期待可能性。如果不能期待行为人实施其他适法行为，就不能对其进行法的非难，因而不存在刑法上的责任①。

二是并非行政主管部门但是行业协会主管。我国金融行业存在许多行业自律协会，这些协会往往受监管部门委托，承担制定行业规范、规范会员行为等部分管理职责。如中国证券业协会、中国基金管理协会等。此类机构出具的相关证明，或给出的倾向性意见虽说并不具有行政强制力，但足以代表其权威性，不可期待行为人仍有违法性认识。但一些民间自发形成的、并不被大部分同行业加入的，且不受政府部门认可的松散自律组织，出具的意见应当慎重考虑，分情况讨论。

（3）公开性的判断

私募与非法集资辨别的关键在于是否公开宣传，在许多案件中，非法集资项目为规避违法性，往往也要求投资人具备一定的条件，甚至严格按照私募基金合格投资者的标准来操作。在发展投资人时，多采用口口相传的方式，并且多利用犯罪分子曾在银行、信托等金融机构工作便利，发展自己的同事或原来的客户等。此时，行为人往往辩解仅向亲朋好友借款募集资金，没有公开宣传，只是私下单一地谈合作。对此，2014年《关于办理非法集资刑事案件适用法律若干问题的意见》有相关规定，一是第2条中"'向社会公开宣传'包括明知吸收资金的信息向社会公众扩散予以放任的情形"；二是第3条第一项中"明知亲友或者单位内部人员向不特定对象吸收资金而予以放任的"。在理解上述司法解释的前提下，应着重审查以下方面：第一，对于口口相传的方式，应审查主观上行为人是否对集资行为有主动的明示，即是否要求员工等不能超出亲友范围进行扩散，是否委托第三方进行募集，是否设置了专门的销售部门或者招聘了大量的销售员工等；第二，对于发现通过口口相传，已经开始超越一定范围，并有面向不特定公众倾向时，是否对于亲友的"公开宣传"行为进行制止；第三，对于介绍项目、帮助宣传的人，是否给予提成、佣金等奖励。佣金制度的存在，通常可以作为认定行为人鼓励向更多的人进行宣传，且受众已经是不特定的多数人的重要依据之一；第四，

---

① 张明楷:《刑法学》（第五版），法律出版社2016年版，第326页。

是否控制了"亲友"的范围，而不是将朋友的范围没有标准和原则地不断扩大；第五，对于通过"口口相传"途径介绍来的资金是否进行甄别，即对于不是特定亲友的资金也予以接受的，难以说明是否为特定情况的，其实就是超越了特定对象的犯罪，主观上也主动追求公开的方式，可以认定具有"公开性"和"不特定性"。当然，公开性的认定，实质上是认定社会性的重要辅助，而且要结合全案的特点来判断公开性和社会性。

（4）社会性即不特定对象的认定

社会性与公开性相互关联，一般通过媒体、推介会、传单、手机短信等途径向社会公开宣传的，往往可以轻易地就确定其具有社会性。但在不具备这样公开宣传的手段，且面对的对象也不是亲友的情形时司法机关难以做出判断，上述仅针对同事、"老客户"的所谓"私募基金"销售为非法集资案件的不特定对象认定带来了疑问。许多人存在只要向非亲友的人募集资金的就符合社会性、而符合社会性就符合公开性的认识误区。由此，存在大量的集资对象为非亲友，也能认定为特定对象的无罪案例。这同时也涉及非法集资与民间借贷的区分难题。法院认为，借款对象为特定对象，虽非亲友，但有一定的社交基础，不能认定其社会性；没有采取对外宣传的方式进行揽储，没有主动采取电话、网络、媒体等方式，不能认定其公开性；行为人的借款方式是一对一通过电话或当面的民间借贷典型模式，而非为了盈利进行非法吸存，因此行为人不构成非法吸收公众存款罪。相关观点笔者已在上文"口口相传"的公开性认定中进行了详细阐述。

四、P2P 平台非法集资的司法认定及研究

网络借贷包括 P2P 网贷（Peer to Peer，简称 P2P）和网络小额贷款，P2P 是指个体和个体之间通过互联网平台实现的直接借贷，主要由借款人、贷款人和网贷中介平台三方构成，在借贷过程中，借款申请由借款人在 P2P 网贷平台发布，借款者信用资格的审查由网贷平台负责完成，最后通过网上发布，吸引贷款方完成贷款。

（一）P2P 行业发展概览

P2P 网络借贷又称为个体网络借贷，运行模式为借助互联网作为信息中介，在个体资金需求方与供应方之间架设桥梁，P2P 平台仅在其中抽取少量服务费。国外的 P2P 行业几乎与我国在同一时间起步，美国目前最大的两家 P2P 平台 Lending Club 和 Prosper 相继成立于 2006 和 2007 年，这两家平台在 2014 年几乎占据着美国 P2P 行业 93% 的市场份额①。在英国，根据 2016 年 2 月发布的《2015 年英国替代金融行业报告》显示，整个 P2P 借贷市场份额主要由房地产业所占据，规模达到 6.1 亿英镑，占据 41% 的行业市场份额②，其最具代表性的 P2P 平台为 Zopa 和 Funding Circle。德国最典型的 P2P 借贷平台为 Anumoney 和 Lendico，前者相较于他国的特征点在于确定利率，Anxmoney 会根据借款人的信用情况进行打分；后者 Lendico 的独特之处在于平台本身不提供任何形式的担保，当出现借款人无法还款的情形，Lendico 会协助当地催收公司进行催收。

我国的 P2P 行业在最初发展的几年并未引起足够的关注，然而自 2007 年人人贷将 P2P 网贷制度引入我国之后，在不到八年的时间里，我国的 P2P 互联网借贷服务已经实现了从零到万亿元的飞跃，无论是行业交易规模、从业平台数、投资及借贷人数等，都已经屡创历史新高。尽管在这过程中经历过许多曲折与波澜，2015 年我国的 P2P 借贷行业依然保持着强劲的增长势头。根据零壹研究所统计显示③，2015 年 P2P 借贷平台数量从 2014 年底的 2229 家上升至 3825 家，年增长 60.74%；扣除倒闭、暂停营业的部分，正常运营的平台约有 1748 家，贷款总规模由 2014 年的 3000 亿元增长至 2015 年的 9750 亿元，仅一年时间贷款余额也增长近三倍。而近期，无论是平均借款金额、借款期限、借款利率，也有逐渐走向平稳的趋势。对于无论是 P2P 网络借贷平台、投资者及借贷人，也都由野蛮草根向理性专业迈进的趋势。以借款利率为例，在 2011 年平均利率曾经达到 20.79% 的高峰，随着近几年来平台

---

① 数据来源：普华永道统计数据显示这两家共计贷款规模为 51 亿美元，当年总量为 55 亿美元。
② 资料来源：《2015 英国替代金融行业报告》。
③ 零壹研究所：《中国 P2P 借贷服务行业发展报告》，中国经济出版社 2016 年版，第 3 页。

大规模倒闭，唤醒投资者的风险意识，在 2015 年平均借款利率已经下滑至 10.83%。根据网贷之家最新公布的数据显示，2016 年 12 月，网贷行业综合收益率为 9.76%，环比上升了 15 个基点（1 个基点 =0.01%），同比下降了 269 个基点 ①。高投资回报率已经不是市场投资者首要关切的重点，只有能够确保风险是可控的，进而提供合理的借款利率，才能够获得市场青睐。在参与人数层面，2015 年我国 P2P 行业实际参与人数在 800 万人左右，较 2014 年增长 200% 以上 ②。

关于我国 P2P 行业的主要业务类型，目前已成熟开展的业务类型达十余种，例如信用贷款、房产、车辆、股权抵押贷款、供应链金融、委托贷款、资产证券化、融资租赁、票据、艺术品抵押等，门类众多，笔者在此不一一赘述。根据零壹研究所的调查显示，2015 年我国互联网金融在资产端最为热门的领域是消费金融与供应链金融，二者在资本方的独特青睐中经历着蓬勃发展。消费金融的垂直分类场景不断细化，形成了大学生消费分期、装修分期、教育分期、旅游分期、租房分期、汽车分期、农业分期七类主要细分场景类型。供应链金融在近年来呈现出了明显的企业自金融趋势，大型集团公司、上市企业自行投资或设立 P2P 平台，并采用了更为多样的融资手段，引入了存货质押融资、仓单质押融资等新形式。数据显示：2015 年主营业务分期消费金融的平台环比增长 4 倍左右，达到 50 余家；P2P 平台累计撮合分期消费贷款总额为 2014 年 50 倍之多，达 250 亿元左右；2015 年供应链金融业务成交额接近上年度 10 倍，达 300 亿元左右 ③。

（二）国内 P2P 平台的运作机制

在 P2P 网贷平台的中介作用下，借款者和投资者在互联网实现线上交易，投资者通常投资多个单位和个人、小微企业或已构建好的组合产品的贷款并承受潜在的相应违约风险。从微观层面而言，完成一次 P2P 借贷交易大致流程分为以下几步：

---

① 数据来源：网贷之家.http://shuju.wdzj.com/industry-list.html，最后检索时间：2017 年 2 月 8 日。
② 零壹研究所：《中国 P2P 借贷服务行业发展报告》，中国经济出版社 2016 年版，第 56 页。
③ 零壹研究所：《中国 P2P 借贷服务行业发展报告》，中国经济出版社 2016 年版，第 12 页。

第一步,贷款申请与信用评价。潜在的借款者通过网络渠道将个人及财务信息提交到 P2P 网络借贷平台来申请贷款。P2P 网络借贷平台通过打电话给借款者的雇主以核实信息等方式,进行事实核查来识别欺诈,筛除不合格的候选人。之后通过传统的信用得分和其他数据来综合评价合格借款者的信用水平,通常还会和个别企业的大数据资料匹配后修正信用评级,并重新被赋予信用得分。平台的评级系统通常有 5-6 个等级来反映不同的利率区间和相应风险水平。借款者的贷款利率包括平台认可的真实市场利率加上平台的服务费。如果借款者同意贷款合同条款,平台会上传借款者的包括信用得分、利率、借款者收入、贷款用途和其他非敏感信息在内的详细信息到线上交易市场,形成一个独立的信贷档案。

第二步,投资人投资。借款者和贷款信息被全部上传,投资者根据平台披露的借款信息(借款用途、借款人信用评级、借款标的风险系数)等信息,结合自身风险偏好自主选择投资项目标的,根据网站操作流程将投资人个人银行账户存款打入平台在银行设立的托管账户。一般情况下,平台鼓励投资者进行小额分散投资,即鼓励一名投资者将资金分成数份投资于不同项目。这样,同一投资者可以避免因投资过于集中而带来的风险,同时多个投资者可以投资于同一借款标的,一旦该项目出现违约则风险也会被分散。

第三步,借款人还款。按照借款约定,平台逐期或者到期一次性收回款项并转账到投资者个人银行账户,自此完成整个借贷环节。在此期间,平台向投资者收取一定数额的服务费。

(三)P2P 平台监管情况概览

域外情况来看,美国政府没有出台专门针对 P2P 监管的法律规范,采取的监管方式依赖于现有的金融监管体制,参与监管的主体涵盖联邦贸易委员会、消费者金融保护局等,但其核心在于由美国证券交易委员会(SEC)颁发 P2P 借贷平台的收益权证。与美国不同的是,英国主要采取政府监管与行业自律相结合的监管模式,并出台了全球首部 P2P 借贷行业监管法规——《关于网络众筹和其他方式发行不易变现证券的监管规则》以规范行业发展。

与域外情况形成鲜明对比的是,国内问题平台规模空前。其中,我国

P2P 行业在 2015 年出现了 P2P 问题平台的集中爆发。根据零壹研究所的统计显示，2015 年 1 月至 8 月出现的 P2P 问题平台数量均为 2014 年同期的 8 倍以上，从 2015 年 6 月起新增问题平台一度超过新上线平台①。长期处在监管"半真空状态"的 P2P 行业在 2015 年迎来了史无前例的诈骗危机，如 2015 年案发的 e 租宝事件，涉及百万投资人和 700 余亿元成交额，对社会造成广泛冲击，至此以后甚至出现了短时间内借贷平台"去 P2P 化"的风潮。

在经历过 P2P 乱象带来的阵痛期之后，自 2015 年始，我国政府对 P2P 平台的监管规范动作频频。2015 年 7 月 18 日央行等十部委印发《关于促进互联网金融健康发展的指导意见》，对互联网金融的业态作了明确划分，强调 P2P 平台的信息中介本质，提出金融监管要明确底线；2015 年 8 月 6 日最高法《关于审理民间借贷案件适用法律若干问题的规定》明确了 P2P 平台的担保责任以及民间借贷的利率问题；e 租宝事件后，国家各监管主体对互联网金融的态度更加趋向谨慎和严格，2015 年 12 月底北京等多地先后叫停 P2P 新平台注册；2016 年 1 月 19 日，新三板叫停类金融企业挂牌上市；2016 年 4 月 14 日，央行正式出台《互联网金融风险专项整治工作实施方案》，要求互联网 P2P 平台不得自融自保、不得承诺保本保息、不得期限错配、期限拆分等。

（四）当前 P2P 平台非法集资案件现状

P2P 平台非法集资案件高发区域集中在经济金融活跃区域，并呈现向郊区蔓延趋势。据统计，北京地区 P2P 案件中，案发量最多的仍然是拥有 CBD 等商务核心区的朝阳区。2018 年 6 月至 7 月，朝阳区的发案量占全市该类案件的 53.57%，东城区、海淀区次之占 14.29%，随后是丰台区。同时，涉 P2P 非法集资犯罪有向郊区蔓延的态势，如在昌平区亦有此类案件发生。

---

① 零壹研究所：《中国 P2P 借贷服务行业发展报告》，中国经济出版社 2016 年版，第 23 页。

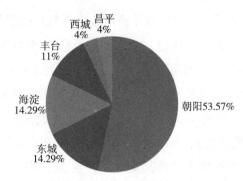

公安机关新立案涉 P2P 非法集资案件区域分布图

涉案金额大、涉及投资人多。P2P 案件单个案件涉案金额与涉案人数普遍较高。上述案件中，单个案件涉案金额动辄几千万、上亿元甚至几十亿元，单个案件的涉案嫌疑人人数多为十几人、二十几人，投资参与人人数也多为数百、数千，甚至上万。据统计，6 月至 8 月某区新立案的 P2P 案件，未兑付金额高约 142 亿余元；涉及的未兑付集资参与人总数约 29.7 万余人。最多的一个案件涉及 10 万名投资人，未兑付金额高达 33 亿余元。

涉案嫌疑人、被告人学历较高。2016 年至 2018 年 8 月，某基层院受理的利用 P2P 平台进行非法集资的涉案嫌疑人中，年龄分布情况较为集中，80 后、90 后占到了总数的 81%，学历情况大学本科及以上学历占到了 59.7%，这也与 P2P 平台的互联网属性密切相关，需要涉案人员紧跟时代发展，具备互联网基本常识。就 P2P 公司成立时间来看，2014 年、2015 年、2016 年成立的公司占到了 66.7%。

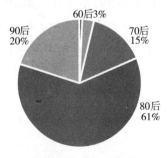

犯罪嫌疑人年龄分布情况

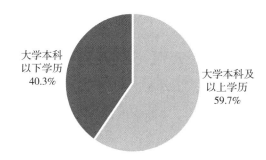

犯罪嫌疑人学历分布情况

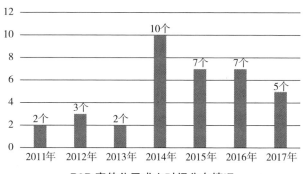

P2P 案件公司成立时间分布情况

截至 2018 年 12 月，问题平台已达 2597 个，运营平台 1089 个。[①] 问题类型可以归结为以下几种：一是单纯开设平台进行诈骗，二是跑路、失联，三是提现困难或是限制提现，四是暂停运营或是运营不善导致关闭。这些平台涉及问题资金动辄上千万，甚至高达几十亿元，给不计其数的金融消费者造成了巨大的资金损失。[②] 中国人民银行会同原银监会等部门多次召开会议，在各个场合明确了"不得非法集资"的发展"红线"。司法机关从 2013 年至今，加强了对网上非法集资类案件的打击力度。自 2015 年以来，北京市朝阳区作为 P2P 网贷运营集中地，检察机关查处的此类刑事犯罪案件主要体现为利用

---

① 参见"网贷之家网"，载 http://shuju.wangdaizhijia.com/industry-list.htmi，2018 年 12 月 28 日访问。

② 参见"网贷之家－数据平台"，载 http://shuju.wangdaizhijia.com/problem.html，2015 年 3 月 22 日访问。

虚构借款标、虚构融资项目等欺诈手段吸引用户投资，形成资金池后高额返利，甚至非法占有资金。①

（五）P2P非法集资案件的认定

根据银监会联合其他部门出台的《关于促进互联网金融健康发展的指导意见》（以下简称《指导意见》）、《网络借贷信息中介机构业务活动管理暂行办法》（以下简称《暂行办法》）和《P2P网络借贷风险专项整治工作实施方案》（以下简称《实施方案》），P2P网贷机构有十三种禁止性行为，但承诺保本保息、拆分期限、夸大宣传、线下营销等行为作为业务运营中的操作问题，多为不合规手段，可以通过整改实现合规，但涉嫌刑事犯罪的，则集中在下列问题：

---

① 案例一：犯罪手段：虚构借款标，发布不同理财产品，归集资金挪作他用，股东承诺担保却无实际财产可供执行。

被告人孙某某于2013年7月至2014年12月，伙同他人通过北京众旺易达网络科技有限公司，并以此成立"里外贷"P2P网络平台向社会公开宣传，以提供借贷双方的居间服务并承诺借款人一定期限内还本付息的方式，同时承诺公司股东为投资款项承担连带责任，从而吸引借款人投资。在实际操作过程中，孙某某虚构借款标的，将打入平台的投资人款项打入个人账户，用于投资业务、公司使用等。投资人并不知自己投资的具体去向。由于孙某某将平台归集的资金挪作他用，投资失败，最终导致资金链断裂；截至起诉，共计非法吸收491人投资，募集资金达2.5亿余元。

被告人孙某某因构成非法吸收公众存款罪被检察机关提起公诉，目前该案在法院审理阶段。

案例二：犯罪手段：虚构借款标，将投资钱款挪为个人使用后潜逃。

犯罪嫌疑人陈某某伙同他人，于2014年7月成立君业鼎盛（北京）投资管理有限公司，对外以"克克贷"P2P网贷平台的名义向社会公开宣传，并在平台上组合定期、活期、小微等多种理财产品吸引他人投资，该公司专门成立部门虚构借款人信息及借款标，犯罪嫌疑人陈某某等人将投资人用于个人使用，后期由于资金链断裂，犯罪嫌疑人关闭公司运营后潜逃。经初步审查，"克克贷"网站注册会员56000人，共吸引投资人约2万人，共计募集资金7000余万元。

犯罪嫌疑人陈某某等人因涉嫌合同诈骗罪北京警方立案侦查，经检察机关批准依法被公安机关逮捕，目前该案在检察机关审查起诉阶段。

案例三：犯罪手段：对外发布融资项目，包括房产抵押标的及个人信用卡标的项目等，募集资金后用于金融投资。

犯罪嫌疑人王某某于2009年成立英财金汇（北京）资产管理有限公司，以公司名下融资平台"速可贷"网贷平台的形式，在"速可贷"网站上发布房产、车辆抵押以及信用卡标的等项目，吸引社会公众融资投资人投资，借款人以房产、车辆或债权等作为抵押，承诺一定期限内返本付息，其中绝大部分项目系虚构。经初步审查，"速可贷"网贷平台共计募集1万余名投资人钱款约6.2亿余元。

被告人王某某因涉嫌非法吸收公众存款罪被检察机关提起公诉，目前该案在法院审理阶段。

1.资金池问题

《指导意见》中明确指出，P2P 网贷平台只能作为信息平台，为投资方与融资方提供交互信息，不能非法集资。故现有法律规定只支持单纯为投融资双方搭建标的平台的形式，而先从投资方处获得资金，归集至平台账户后，再去寻找融资方的方式；或先购买债权，再通过期限错配、资金错配等形式进行债权转让的模式，均易形成资金池，涉嫌非法集资，有构成非法吸收公众存款罪的风险。

（1）网络借贷平台中"资金池"的认定

网络借贷案件中判断是否非法吸收公众存款在于其是否违反了网络借贷行业监管，其中，是否形成"资金池"是判断其业务违规达到刑事追诉的重要标准。

"资金池"问题引起国内监管重视，最早可追溯于 2014 年互联网金融兴起，P2P 行业飞速发展时，国务院和人民银行出台的监管政策："四条红线"和"P2P 十项监管原则"，即"不得将归集资金搞资金池"和"P2P 机构不能持有投资者的资金，不能建立资金池"。此后，2015 年 12 月 28 日公布的《网络借贷信息中介机构业务活动管理暂行办法（征求意见稿）》和 2016 年 8 月 17 日发布并生效的《网络借贷信息中介机构业务活动管理暂行办法》，将网络借贷信息中介机构的"资金池"问题界定为"直接或间接接受、归集出借人的资金"。

"资金池"之所以成为网贷行业"雷区"，也是所有非金融机构的运营底线，是因为资金池的存在意味着网贷平台实质上充当了资金支付清算的角色，而这一功能，根据《商业银行法》的规定，是我国银行机构所独有的，是金融业务的实质。若形成资金池开展银行业务，则需要大比例的备付金且在监管上符合严格的规定。P2P 平台作为信息中介平台，作为借款人和出借人的资金流转平台，由于期限错配、金额错配等多种操作，或者被控制人刻意设计，则极易形成资金池，但这一资金池不必受银行类业务监管，从而导致存在巨额钱款灭失的风险，资金的归结意味着资金可能被挪用、被自融、被挥霍。因此，要防范 P2P 业务发生"异变"，防止其涉足金融业务，在监管层面将

"资金池"作为 P2P 发展不可触及的红线，并在监管措施中得以明确的体现。

因此，实务中，资金池是判断运营模式是否存在非法性的重要依据，进而分析其他三性来判断是否非法集资入刑。2017 年 2 月 23 日，银监会发布《网络借贷资金存管业务指引》，对网贷资金存管业务应遵循的基本规则和实施标准进行了明确，确定商业银行作为网贷平台的唯一存管机构，其意义在于通过银行对借款人和投资人分别开设独立的存管子账户，银行根据用户的指令进行资金交易，保证借款人资金和投资人资金相对应，从而避免平台资金池的产生，真正将平台资金和投资人资金隔离开来，确保平台作为信息中介的性质不改变。

通过规范的存管方式来反观违规操作，具体案件中资金池则主要表现为"借款项目未产生情形下，出借人资金向网贷平台预先归集"或"出借人资金在网贷平台中间账户、其他人为控制账户的预先归集与一定时间的资金留置"。目前结合全国各地个体网络借贷整改要点和办案实践来看，"资金池"情形在监管实践中的认定，可总结如下：

其一，通过投资人钱款投入账户判断。如以平台账户（公司公账户、第三方支付平台账户）接收、归集出借人资金；通过股东、高管、实际控制人及其近亲属、公司员工等接收、归集出借人的资金，即通过个人账户接收资金；客户资金未设立专门银行账户存储管理、与平台自有资金混用。这里要说明的是，具体案件中，许多网贷公司辩称将投资人钱款集中归入第三方支付平台，个人不接触资金，符合网贷监管要求。然而，第三方支付平台与网贷公司之间并非存管关系，第三方支付平台与网贷公司所控制的账户相关联，而第三方支付并非独立存管、只在投资人发起银行操作指令时进行资金转移；第三方支付可在网贷公司指令下进行资金转移且对资金不审核、不负责；因此，网贷平台在第三方支付平台沉淀的资金可在网贷公司的指令下打至银行账户，投资人的资金完全在网贷公司控制之下。第三方支付平台作为资金中介的情形将投资人资金至于风险之中，其模式具有违法性。此时应着重审查是否存在第三方支付平台的资金沉淀，是否可受公司负责人意志支配划转资金。

其二，资金是否被实际归集、使用。投资人资金用于自融、借用、投资、挪用等情形比比皆是，违法性非常明显。但在没有具体项目的情况下先行归集出借人资金的运作模式也可以考虑形成资金池。具体案件中，投资与借款大多是同时发生，难以区分先后，但需要网贷平台提供合理理由和线索，证明平台是为了匹配借款人的需求而吸收投资人钱款，或将主要负责人的债权进行转让。如在没有借款人或其他项目的情况下将资金现行进行归集，则极易形成资金池。因此，在进行定性分析时，也应对具体运行模式进行论证。

①期限错配导致资金池

期限错配就是将融资项目的期限进行拆分。借款人实际借款期限和出借人出借期限不匹配、不对应，包括长期借款被拆分成多个短期借款，或多个短期借款搭配成长期借款。从投资人的角度来说，为降低自身的风险，投资人趋向选择期限较短的投资项目；从借款人的角度来说，为了提高借入资金的利用率，借款人趋向选择期限较长的项目。投资人和借款人对期限的需求的矛盾引诱P2P网络借贷平台采用期限拆标的方式，也就是期限错配，将一个长期的借款标的拆分成多个短期的借款标的，以实现借短贷长，这会造成"发新还旧"。期限错配有着极大的法律风险，平台私自进行起先拆标，必然意味着对投资人隐瞒了借款人的真实借款需求。另外，如果下一期项目无法满标或者无法筹集到足够的资金，就可能无法及时对投资人进行偿付，平台若用自有资金对投资人偿付，在资金不够的情况下，平台就面临着倒闭的风险。为了实现期限错配，往往是平台自己先与借款人签订合同，承诺为其提供一笔借款，然后发布借款需求，归集投资人资金，与投资人签订合同，再把钱借给借款人，这就构建了资金池，涉嫌非法集资。

当然，若完全不允许期限错配，显然不符合正常经营所需，故法律也赋予一定情形下的豁免。如《清单》13的"除外"规定：即借款人实际借款期限和出借人借款出借期限匹配；或者在产品名称中标明持满一定时间方可转让、同时已充分向出借人提示流动性风险并由出借人事先书面确认。

②超级放贷人模式形成的资金池

超级放贷人模式也叫超级债权人模式。超级放贷人向借款人放款，取得相应债权，再把债权转让给投资人。这个时候，投资人就不是直接借款给借款人，而是通过购买债权（理财产品）的方式，获得债权。这种形式，P2P平台往往打造了类似理财产品形式的类资产证券化产品。"平台则通过对第三方个人债权进行金额拆分和期限错配，将其打包成类似于理财产品的债权包，供投资人选择。投资人可自主选择受让债权包，却不能自主选择借款人，具体借款人由平台在线下寻找并评估，投资人与借款人不是'一对一'的关系，而是'多对多'的关系。"① 超级放贷人通常是网贷平台或其合作机构了解并能实际控制的某个或某几个自然人，甚至是与网贷平台有关联关系的自然人，如其法定代表人或财务负责人等高管，很难规避自融的嫌疑。另外，通常超级放贷人将债权转让给投资人后，作为原始债权人的超级放贷人会在合同中规定，代投资人收取和管理借款人的还款，在收取相应费用（管理费、咨询费等）后，向投资人支付本金和事先约定的利息。也就是说，在债权转让完成后，借款人并不是直接将钱还给新债权人（也即网贷平台上的投资人），而是由超级放贷人预先代为收取和管理，然后再向投资人兑付本息。超级放贷人的账户成为中间账户，所有资金都必要在这个账户中流转，专业放贷人的账户（一定程度也即网贷平台的账户）在此流程中形成了资金池。

③类活期产品形成的资金池

P2P类活期理财最大的风险在平台可能通过归集用户资金进行项目投资，当平台的活期理财规模进一步扩大时，容易发展成资金池。借款肯定有期限，即使平台号称可以通过债权转让方式退出，但活期意味着随时赎回，所以必须有一个资金池用于垫付客户随时的赎回。2017年12月13日P2P网络接待风险专项整治工作领导小组办公室下发的《关于做好P2P网络借贷风险专项整治整改验收工作的通知》明确表示"以活期、定期理财产品的形式对接债权转让标的，由于可能造成资金和资产的期限错配，应当认定为违规"。《上海市网络借贷信息中介机构事实认定与整改工作指引表》将"向出借人提供各类活期产品，或承诺出借资金可以随时提取"列为限期整改行为之一。

---

① 刘宪权：《互联网金融平台的刑事风险及责任边界》，载《环球法律评论》2016年第5期。

④发假标自融形成资金池

网络借贷信息中介机构或其控制人，利用网络借贷平台发布虚假信息，非法建立资金池募集资金。所得资金若仍用于真实的投资或借贷等生产经营活动，则可能构成非法吸收公众存款罪；若所得资金大部分未用于生产经营活动，主要用于借新还旧和个人挥霍，无法归还所募资金数额巨大，则极可能认定为具有非法占有目的，以集资诈骗罪追究刑事责任。

如最高人民检察院第十批指导性案例收录的周某某集资诈骗案（检例第40号）：2011年2月，被告人周某某注册成立中宝投资公司，担任法定代表人。公司上线运营"中宝投资"网络平台，借款人（发标人）在网络平台注册、缴纳会费后，可发布各种招标信息，吸引投资人投资。投资人在网络平台注册成为会员后可参与投标，通过银行汇款、支付宝、财付通等方式将投资款汇至周某某公布在网站上的8个其个人账户或第三方支付平台账户。借款人可直接从周某某处取得所融资金。项目完成后，借款人返还资金，周某某将收益给予投标人。运行前期，周某某通过网络平台为13个借款人提供总金额约170万余元的融资服务，因部分借款人未能还清借款造成公司亏损。此后，周某某除用本人真实身份信息在公司网络平台注册2个会员外，自2011年5月至2013年12月陆续虚构34个借款人，并利用上述虚假身份自行发布大量虚假抵押标、宝石标等，以支付投资人约20%的年化收益率及额外奖励等为诱饵，向社会不特定公众募集资金。所募资金未进入公司账户，全部由周某某个人掌控和支配。除部分用于归还投资人到期的本金及收益外，其余主要用于购买房产、高档车辆、首饰等。这些资产绝大部分登记在周某某名下或供周某某个人使用。2011年5月至案发，周某某通过中宝投资网络平台累计向全国1586名不特定对象非法集资共计10.3亿余元，除支付本金及收益回报6.91亿余元外，尚有3.56亿余元无法归还。案发后，公安机关从周某某控制的银行账户内扣押现金1.80亿余元。

⑤无上线银行存管的资金池风险

银行存管主要是为了确保客户网络借贷资金和网络借贷信息中介机构自有资金分账管理，安全保护客户交易结算资金，一定程度上可以降低资金被挪用的风险。平台不仅要与银行签订存管协议，业务也要全部上线，另外，资金存管还要完全符合《网络借贷资金存管业务指引》(以下简称"指引")的规定，《指引》叫停了第三方联合存管，存管银行不应外包或由合作机构承担，不得委托网贷机构和第三方机构代开出借人和借款人交易结算资金账户，要求一定是与银行直联的存管方式。早期的P2P平台投资人的钱直接进入公司银行账户或第三方支付账户、法定代表人个人账户，目前上线银行存管的平台多了起来。

2018年9月，中国互联网金融协会登记披露服务平台披露了25家银行个体网络借贷资金存管系统通过测评的名单。此次通过测评的25家银行覆盖国有大行、股份制银行、城商行、农商行、民营银行、直销银行等各种类型的银行业金融机构，这意味着网贷行业合规发展又向前迈出了重要一步。首批网贷银行存管名单公布是网贷行业合规的一部分，意味着平台直接挪用的可能性变小，有助于银行存管的资金安全，在银行存管环节减少了出借人的投资风险。需要注意的是，银行存管并不能防范网络平台所有风险。早在2017年2月份，原中国银监会就发布了《关于印发网络借贷资金存管业务指引的通知》(以下简称《指引》)，明确了存管银行的免责条款。指出了存管银行不对网络借贷交易行为提供保证或担保，不承担借贷违约责任；存管银行不承担借款项目及借贷交易信息真实性的审核责任，不对网络借贷信息数据的真实性、准确性和完整性负责；存管银行不对网络借贷资金本金及收益予以保证或承诺，不承担资金运用风险；除必要的披露及监管要求外，网贷机构不得用存管银行做营销宣传。《指引》并未要求存管银行承担"共同受托"责任。根据监管规定，存管银行对出借人与借款人开立和使用资金账户进行管理和监督，并根据合同约定，对出借人与借款人的资金进行存管、划付、核算和监督。也就是说，存管银行对存管专用账户内的资金履行安全保管责任，承担实名开户和履行合同约定及借贷交易指令表面一致性的形式审核责任。网贷投资风险环节很多，出借人不能仅凭"名单"来判断风险，仍需多方位审视投资风险。

2018年10月19日，中国互联网金融协会首次披露了P2P银行存管信息。网站披露了招商银行、厦门银行、包商银行、华夏银行、中国建设银行等五家银行对接 P2P 网贷平台的存管信息。而此前中国互金协会信息披露平台中关于"资金存管"这一栏为空，此次系首次披露银行存管信息。可以看到，各个银行负责对接 P2P 网贷平台资金存管的所属部门并不相同。除披露银行对接的 P2P 平台关于签订存管协议时间、全量业务上线时间、存管名称、存管版本等信息之外，信披系统还公布了各个银行的支付结算服务能力。

2. 承诺保本保息的刑事风险点

《清单》规定了直接或变相向出借人提供担保或承诺保本保息的情形：直接承诺保本保息，包括在官网、APP 等对外宣传及相关合同协议中承诺由网贷机构自身保本保息、代偿逾期债权、回购债权等；变相承诺保本保息，包括在官网、APP 等对外宣传及相关合同协议中表示设立风险准备金、备付金、客户质保款等各类客户风险保障机制。

（1）平台自身承诺保本保息

虽然很多平台都采用格式化的协议，都有风险提示内容，如政策风险、市场风险、借款人信用风险、不可抗力等导致出借人资产损失，但是要注意其他宣传推广内容，如 2018 年 7 月爆雷的"聚有钱"，其在网站安全保障栏中公开列出"本息保障"，宣称"发起风险互助金，将在 7 天内对投资人所投逾期项目进行本息垫付""合作机构无条件回购，回购资金将足额对投资人进行本息赔付"。此外，根据《清单》，对收益水平或获利前景等使用"最佳、安全、风险较低"等误导性用语也被禁止。此外是广告，工商总局等十七部门《开展互联网金融广告及以投资理财名义从事金融活动风险专项整治工作实施方案》禁止"对未来效果、收益或者与其相关情况作出保证性承诺，明示或暗示保本、无风险或者保收益"。对此，平台应按照《清单》，对出借人进行风险提示、尽职评估、分类管理，要通过网贷机构 APP、官方网站、相关合同协议、风险提示书等出借人可获取的渠道向其揭示网贷风险和禁止性行为，而且字体要醒目、位置不能隐蔽，且提示要经出借人确认。

（2）风险备付金

这其实就是第四种资金池：用于投资者保障的风险准备"资金池"。《关于做好 P2P 网络借贷风险专项整治整改验收工作的通知》指出风险备付金与网贷机构的信息中介定位不符，禁止继续提取、新增风险备付金，对已提取的风险备付金应逐步消化，压缩规模。需要注意的是，不能换汤不换药，如仅仅更名为"质保服务专款""风险互助金"，如拍拍贷 2017 年 12 月 13 日表示将于 2018 年 1 月 1 日停止运营投资者保护基金。

（3）与平台为同一实际控制人的担保机构或保险公司合作提供担保或承诺保本付息

这是北京 2017 年发布的《网络借贷信息中介机构事实认定及整改要求》中所禁止的，2018 年 8 月份的《清单》并没提这一条。但笔者认为这也是一种"变相自保"。这一形式虽然从形式上实现了第三人担保，但实质上仍属于第一种情形下的平台自我承诺保本付息，故在刑事规制中仍属于利诱性的表现。

3. 与借款人串通融资的风险点

虽然不是自融或变相自融，形式上是为借款人融资，但如果存在以下情形，则其性质仍然类似于自融和变相自融，可能涉嫌非法集资的共犯。

（1）中介机构与借款人合谋或者明知借款人存在违规情形，仍为其非法吸收公众存款提供服务的；

（2）中介机构与借款人合谋，采取向出借人提供信用担保、通过电子渠道以外的物理场所开展借贷业务等违规方式向社会公众吸收资金的；

（3）双方合谋通过拆分融资项目期限、实行债权转让等方式为借款人吸收资金的。

当然，此类情形中，在对中介机构、借款人进行追诉时，应根据各自在非法集资中的地位、作用确定其刑事责任。中介机构虽然没有直接吸收资金，但是通过大肆组织借款人开展非法集资并从中收取费用数额巨大、情节严重的，仍有可能认定为主犯。

4. 混业经营的刑事风险点

网贷机构不能混业经营，销售其他理财产品，且金融是特许经营行业，不得无证经营或超范围经营，否则可能涉嫌非法经营罪、非法吸收公众存款罪等。网贷机构应避免代售各类理财产品、保险产品、信托产品、基金产品、券商资管产品等；未经许可发行销售各类资产管理产品，未经许可为其他机构的金融产品开放链接端口、进行广告宣传。比如2016年底，陆金所宣布拆分出陆金服，独立做P2P网贷，陆金所彻底转型为金融理财信息服务平台，主要代销银行理财、券商资管、基金、保险等金融产品。P2P不能发售股权众筹产品或以"股权众筹"名义开展业务宣传、推介等。《股权众筹试点管理办法》已列入证监会2018年立法工作计划，但按照相关规定网贷是无缘这一业务的。

（六）P2P行业的其他法律风险

由于网贷行业业务模式各异、资产类型众多，学界对于网贷行业的风险提出了诸多见解和应对之策，由于篇幅所限，在此不再一一赘述。笔者仅从平台、投资人、借款人三个维度对该行业涉及的主要法律风险进行披露。

1. P2P平台的法律风险

P2P借贷平台在运营过程中容易涉及的罪名主要有洗钱罪，非法经营罪，擅自发行股票、公司、企业债券罪，非法吸收公众存款罪和集资诈骗罪等。

（1）洗钱犯罪的刑事风险

由于受成本限制，网贷平台在投资者资金来源的审核中显得力不从心，只能通过填写身份信息、关联实名银行卡和绑定手机的方式对借款者身份进行表面的实名认证。网贷平台交易的虚拟化特性，也为洗钱者提供了天然的保护屏障，因P2P平台的交易还存在一定的匿名性和隐蔽性，有不法分子将赃款转入P2P借贷平台，将大额犯罪所得通过分散购买的方式拆分到平台下各个借贷项目中，完成洗钱的行为。绝大多数网贷平台在第三方支付设立托管账户，由于第三方支付平台与银行存在的信息不对称，阻断了银行对资金流向的监控，也形成了反洗钱监管的"黑箱"。从投资者角度，洗钱者完全可以借用他人身份将犯罪非法所得投资于平台的债权，从而达到洗钱的目的；从平台角度，平台可以通过虚构借款者的方式进行洗钱活动；从借款者角度，洗钱者可以假扮借款者，从平台进行融资，然后将犯罪所得以偿还贷款的方式返还到投资者手中，以实现对犯罪收益的清洗。

（2）非法经营的刑事风险

2015 年 7 月 18 日央行等十部委印发《关于促进互联网金融健康发展的指导意见》，对互联网金融的业态作了明确划分，强调 P2P 平台的信息中介本质。个别平台设立资金池吸储放贷收取利差的行为，实质上是平台利用自身信用做背书分担风险获取收益，使 P2P 网络借贷平台本身从原本的信息中介演化为信用中介，这就是违规。在现实中这类违法操作一般来说会设立资金池即平台的中间账户，并出现先借后贷或者先贷后借的情况，即统一借款再统一放款、或者统一放款再统一借款。在平台统一借款和统一放款的过程中，平台吸收资金的方式是多样的：可能是向投资者发放理财产品吸收资金再将所吸收的资金汇入资金池，最后借贷给投资者。也可能是将自有资金或者债权转让模式中专业放贷人的资金先行垫付给借款者，然后将债权转让给投资者。在这"一吸一吐"的过程中，平台就具有了吸储和放贷的功能，由信息中介转变为信用中介，具有了金融机构的属性。对于这一类行为，依照《关于审理非法集资刑事案件具体应用法律若干问题的解释》第 7 条规定，符合《刑法》第 225 条"未经国家有关主管部门批准非法经营证券、期货、保险业务的，或者非法从事资金支付结算业务的"的情形，可以认定为非法经营罪。

（3）擅自发行股票、公司、企业债券的刑事风险

发行股票和债券是现代经济中最为重要和常见的融资手段，股票和债券的发行不仅关系到发行主体的生存和发展，更影响了不特定的社会公众的利益与生活状态，在整个国家的金融秩序中占有举足轻重的地位，对整个社会的稳定、发展也具有重大的意义。因此，国家对股票、债券的发行通过配套的法律、法规做了严格的规制，除了需要具备特殊的主体资格，还需要符合一定的发行条件、遵守相应的发行程序。我国《证券法》第 10 条界定了公开发行的定义，公开发行是指向不特定的社会公众广泛地发售证券，或者向特定对象累计超过 200 人发售证券的行为。P2P 网贷的投资标的就是个人债或企业债，企业通过开放性的互联网平台向不特定多数人发放债券进行融资的行为没有经过专业程序的审批和备案，监管部门也未对企业的盈利情况和还款能力进行事先的审核，符合擅自发行股票、公司、企业债券罪的四个构成要件。

2.投资人涉及的法律风险

对于投资者而言，P2P网络借贷拓宽了投资者的投资渠道，而且还可以为投资者"量身定做"，以满足不同投资者对期限、风险和利率的不同偏好。现实中不少投资者还缺乏基本的投资知识，其风险认识能力和风险承受能力较低，"风险自担"的投资理念还未深入人心，容易盲目跟风引发羊群风险[①]，投资者的短期投机心理还容易引发斯德哥尔摩风险[②]。

除此之外，洗钱犯罪和高利转贷罪是投资人最容易涉及的刑事风险。尽管国内许多P2P网络借贷平台制定了相关的客户身份识别措施，但由于其非面对面的业务性质，使其身份认证存在缺陷和风险，加之本身借贷业务的资金流转主要是通过支付宝之类的第三方支付的虚拟账户来实现的，屏蔽了对资金流向的有效监控，使其容易成为洗钱犯罪的有力抓手。法律法规的空白，业务监管的真空以及商家资质的良莠不齐极大地增加了洗钱犯罪诱发的可能性。

我国刑法中的高利转贷罪，是指以转贷牟利为目的，套取金融机构信贷资金高利转贷他人，违法所得数额较大的行为。在P2P网络借贷中，由于无法识别投资者资金来源，使得投资者用虚假的理由骗取银行等金融机构的贷款进而投资P2P网贷赚取高额利息的行为成为可能，从而引发高利转贷的刑事法律风险。

3.借款人涉及的法律风险

借款人在P2P行业中也面临着一定的法律风险，P2P网络借贷是互联网

---

① 羊群行为是指在信息不充分的情况下，人们在采取决策和行动的时候通常偏向于选择模仿他人的行为。非理性的羊群行为则是放弃了自身的分析，仅凭对他人行为的观察来采取行动。在P2P网贷投资中，非理性羊群行为更多地表现在没有提供本金担保的平台中，由于害怕自己投资资金的损失，往往投资者采取先观察后投资的行为，往往青睐于那些满标速度快、多人推荐的标的。

② 斯德哥尔摩效应，是指犯罪的被害者对于犯罪者产生情感，甚至反过来帮助犯罪者的一种情结。这个情感造成被害人对加害人产生好感、依赖心、甚至协助加害人。他们与劫持者共命运，把劫持者的前途当成自己的前途，把劫持者的安危视为自己的安危。P2P网贷投资者往往在受害后也会形成类似的效应，在明知道犯罪分子从事非法集资的情况下，依旧选择相信，相信犯罪分子可以骗到更多的钱，并且自身可以在泡沫破灭之前逃出骗局。主要表现为在投资前期，打击犯罪平台是最佳时机，但由于投资者不理解，考虑利益最大化，阻挠经侦开展工作，甚至采用极端的上访等方式干预司法独立，而当诈骗泡沫破碎时又因血本无归而干扰司法部门工作。

技术日趋成熟后发展起来的新型融资模式。但在中国，大部分P2P网络借贷平台则是由过去的民间金融机构转化而来的。这类机构不但借助平台降低了信息传播的成本，触及了过去无法触及的贷款人群，还披上了金融创新的外衣。借款人虚构借款项目标的，通过平台向不特定多数人借款的行为容易涉嫌合同诈骗罪或非法吸收公众存款罪。此外，根据借款使用情况和借款者的主观意图进行分析，借款人的客观行为符合关于"非法占有的"法定推定情形[①]，则极容易认定为集资诈骗罪。

五、第三方支付平台涉嫌非法集资的司法认定与研究

（一）第三方支付的概念

所谓第三方支付，就是通过与产品所在国家以及国外各大银行签约、由具备一定实力和信誉保障的第三方独立机构提供的交易支持平台[②]。还有学者在狭义上将第三方支付定义为一种"客户与银行支付结算系统之间的电子支付模式"[③]。通俗地说，就是指一个为商户和消费者提供的支付服务的独立平台，接买卖双方、电子商务平台和银行，以中介身份最终实现网上交易的资金划拨。除了便捷高效、交易成本低、安全可靠外，中介身份是第三方支付平台最显著的特征，体现在第三方支付平台在互联网金融中起到重要的桥梁作用，扮演着支付中介、技术中介、信用保证以及提供个性化增值服务的角色。

首先对中国传统金融机构形成冲击的是第三方支付。近年来，电子商务

---

① 《最高人民法院关于审理非法集资刑事案件具体应用法律若干问题的解释》第四条："以非法占有为目的，使用诈骗方法实施本解释第二条规定所列行为的，应当依照刑法第一百九十二条的规定，以集资诈骗罪定罪处罚。使用诈骗方法非法集资，具有下列情形之一的，可以认定为'以非法占有为目的'：（一）集资后不用于生产经营活动或者用于生产经营活动与筹集资金规模明显不成比例，致使集资款不能返还的；（二）肆意挥霍集资款，致使集资款不能返还的；（三）携带集资款逃匿的；（四）将集资款用于违法犯罪活动的；（五）抽逃、转移资金、隐匿财产，逃避返还资金的；（六）隐匿、销毁账目，或者搞假破产、假倒闭，逃避返还资金的；（七）拒不交代资金去向，逃避返还资金的；（八）其他可以认定非法占有目的的情形。"

② 许伟、王明明、李倩：《互联网金融概论》，中国人民大学出版社2016年版，第42页。

③ 郭华：《互联网金融犯罪概说》，法律出版社2015年版，第26页。

行业随着互联网基础设施的逐步建设快速发展，处在互联网金融快车道的第三方支付平台规模数年来成倍增长，发展之迅速有目共睹，深刻地改变着人们的生产和生活方式。被称作互联网金融"弄潮儿"的第三方支付平台对于互联网金融具有关键意义，经过了十余年的完善，现已成为我国金融支付体系中的重要组成部分。

（二）第三方支付的发展历程

1. 域外情况

国外第三方支付平台的起源略早于我国，广义的第三方支付起源于20世纪80年代美国的独立销售组织制度，而互联网支付则可追溯至20世纪90年代初期通过互联网进行的信用卡支付。全球最知名的第三方电子支付公司Paypal成立于1998年12月。在20世纪80年代美国电子商务的崛起期间，当时商户要接受信用卡等支付工具必须首先申请一个商业账户，因而，为很多无法顺利申请商业账户的商家提供安全、便捷、廉价的支付服务商便应运而生。涌现了如Yahoo!、PayPal、Amazon Payments、Google Checkouts等诸多第三方支付平台，而其中又以PayPal最具代表性。至今，美国PayPal成为全球最大、最成功的第三方支付平台之一，并在世界上190个国家和地区开展相关业务，支持币种24种①。

2. 域内情况

得益于由北京市政府与中国人民银行、原国家信息产业部、原国家内贸局等共同发起的首都电子商务工程正式启动，国内第一家第三方支付公司一首信易支付平台诞生于1999年，其属于早期的互联网支付网关企业，首信易二级结算模式开创了中国的在线支付的先河②。付佳（2015）等将我国的第三方支付市场发展划分为四个阶段，分别是1998—2004年的早期发展期、2005—2006年的快速发展期、2007—2010年的深度发展期和2011年以后的加速分工与融合期。2003年后，伴随着中国电子商务的高速发展，以支付宝

---

① 许伟、王明明、李倩：《互联网金融概论》，中国人民大学出版社2016年版，第47页。

② 徐显峰：《我国第三方支付发展研究——基于产业分工与融合的视角》，西南财经大学2013年博士学位论文。

为代表的一批支付组织迅速发展。自 2005 年始，支付宝创始人之一马云提出了"电子支付元年"口号，快马加鞭地将淘宝的业务范围渗透到支付领域。经过十年左右的发展，随着移动互联网、智能移动设备等技术的普及，为第三方支付机构的业务创新提供了新动力。例如，支付宝率先推出的快捷支付模式不仅使用起来更加方便，而且成功率非常高。龙头支付平台也显示出了"强者更强"的马太效应。阿里巴巴的支付宝和腾讯的财付通在近十年的支付浪潮里脱颖而出，分别占据着市场 46.57% 和 19.29%[1]。仅 2013 年，第三方互联网支付的格局继续保持稳定，支付宝、财付通与银联网上支付占据着前三位，占有市场 80% 左右的份额。

在我国的政策走向层面，2010 年 9 月，中国人民银行发布了《非金融机构支付服务管理办法》，2013 年 6 月中国人民银行颁布了《支付机构客户备付金存管办法》，该《办法》规定了任何单位和个人不得擅自挪用、占用、借用客户备付金、备付金必须全额缴存至支付机构专用存款账户和风险准备金的相关制度，标志着中国非金融机构支付市场全面进入规范化发展的监管时代。2014 年央行下发了《支付机构网络支付业务管理办法》及《手机支付业务发展指导意见（征求意见草案）》，对个人支付账户转账单笔金额等方面做出了规范，反映出了央行在此方面的审慎态度，进一步指出了第三方支付行业的发展动向。2015 年 7 月，央行颁布《非银行支付机构网络支付业务管理办法（征求意见稿）》，由于明确规定了第三方互联网支付的认证要求、业务范围和支付限额，被业内称为"史上最严政策"。继而在 2015 年 12 月 28 日发布了该《意见稿》的最终版，比此前的《意见稿》采取了较为宽松的修订，将原有的综合类支付账户和消费类支付账户分类改成 I 类账户，II 类账户和 III 类账户，体现了努力寻求支付效率与支付安全的平衡的政策导向。

（三）第三方支付的运营模式与交易流程

学界对第三方支付运营模式的分类方式大同小异，如贺斌（2014）、许伟（2016）等一批学者将其运营模式分为信用中介类型的第三方支付和支付网关

---

① 付佳、张燕:《互联网金融弄潮儿——第三方支付》，电子工业出版社 2015 年版，第 11 页。

类型的第三方支付；谭卡吉将其表述为网关转接第三方支付类型、担保第三方支付类型和独立第三方支付类型独立支付。笔者认为，可以将第三方支付分类为独立第三方支付和有交易平台的担保支付。独立的第三方支付是指第三方支付平台完全独立于电子商务网站，为用户提供支付服务作为其最主要的功能。这类平台前端联系着各种支付办法供使用者选择，后端连接着众多银行，平台同时负责各银行之间的账务清算。在互联网这个多元化的市场，这类平台运营模式有利于满足不同用户之间的个性化支付需求。有交易平台的担保支付是指第三方支付平台捆绑着大型电子商务网站，凭借公司实力和信誉充当支付中介，在商家与客户之间搭建安全快捷的支付通道。这类支付平台对用户流量提出较高要求，需要庞大用户群以便其打造优良的信任环境。

第三方支付的交易流程可以概括为：在电子商务的交易达成后，付款方选定相关的第三方支付机构，并对其发出付款授权，此时第三方支付平台即将付款人银行账户余额或平台内注册的账户余额划拨归置于暂管账户，待付款人确认收货（或服务）之后给予平台确认付款指令，而后平台即将相应款项转移到收款人（发货方）账户。至此卖家收到货款，买家拥有了商品或享受了服务，交易支付完成。同时，在出现不满意商家提供的商品或服务时也可以在支付平台上选择进行退货、退款选项。当商品／服务被退回并经检查不会影响二次销售时，经发货方确认，该笔货款重新退回付款方账户。

（四）第三方支付业务实务处理中存在的难点问题

1.无证开展第三方支付业务非法经营罪中"国家规定"的认定困境

（1）无第三方支付牌照从事资金支付结算。根据《非金融机构支付服务管理办法》第2条的规定，非金融机构支付服务包括四个方面：①网络支付，即依托公共网络或专用网络在收付款人之间转移货币资金的行为，包括货币汇兑、互联网支付、移动电话支付、固定电话支付、数字电视支付等；②预付卡的发行与受理；③银行卡收单，即通过销售点（POS）终端等为银行卡特约商户代收货币资金的行为；④中国人民银行确定的其他支付服务。未经中国人民银行批准获得第三方支付牌照的机构，从事上述四部分支付服务行为的，属于非法从事资金支付结算行为。根据我国刑法第225条第（三）项的规定"未经国家有关主管部门批准非法经营证券、期货、保险业务，或者非法从事资金支付结算业务的"，扰乱市场秩序，情节严重的，构成非法经营罪。非法从事资金结算业务 200 万元以上，应予刑事立案。

看似无证经营支付行为可以适用刑法关于非法经营罪的规定。然而，这类行为却存在适用刑法第 225 条的"硬性障碍"。非法经营罪的构罪前提是违法行为必须"违反国家规定"，而对于"国家规定"的认定和把握问题，我国刑法第 96 条，以及《最高人民法院关于准确理解和适用刑法中"国家规定"的有关问题的通知》（法发〔2011〕155 号）中明确指出，刑法中的"国家规定"是指，全国人民代表大会及其常务委员会制定的法律和决定，国务院制定的行政法规、规定的行政措施、发布的决定和命令。其中，"国务院规定的行政措施"应当由国务院决定，通常以行政法规或者国务院制发文件的形式加以规定。各级人民法院在刑事审判工作中，对有关案件所涉及的"违反国家规定"的认定，要依照相关法律、行政法规及司法解释的规定准确把握；同时明确指出"对于违反地方性法规、部门规章的行为，不得认定为'违反国家规定'"。由于《非金融机构支付服务管理办法》系中国人民银行制定，属于部门规章，而非刑法意义中的"国家规定"。因此，违反《非金融机构支付服务管理办法》的无证经营支付行为，不能认定其构成非法经营罪。

然而，无证经营支付业务对金融管理秩序、客户资金危害之大，成为第三方支付行业整顿重点，在 2016 年的专项打击工作中，更是清查了一大批上述违法违规机构。由于存在认定上述行为构成非法经营犯罪的适用法律障碍，许多地方公安机关立案之后，无法审查起诉或判决，难以惩治上述违法行为，并造成不良社会影响，互联网金融专项整治行动效果大打折扣。而目前，对于这些无证经营支付业务目前只能通过行政处罚予以规范，或者在客户资金被挪用、卷跑后果发生时进行刑事司法程序，最后以挪用资金罪或者诈骗罪等罪名处罚，导致公安机关只能在无证经营支付机构陷入重大资金问题时才能介入，不能有效防范资金风险的发生，陷入两难困境。

2. "二清"公司的危害与处罚

近年来，由于支付牌照的发放逐渐收紧，一批没有支付牌照但是通过支付公司进行业务拓展的"二清"公司愈演愈烈，其至成为第三方支付机构拓展业务的创新方式。所谓"二清"公司，是针对"一清"机构而言。传统的"一清"和"二清"一般属于POS机收单业务范畴，"一清"机构的POS机一般通过银联、银行或者第三方支付公司直接清算，商户的交易结算款会直接划转至商户的收款账户。而"二清"公司的POS机需进行二次清算，即结算资金经过一次清算后，先转至"二清"公司开立的第三方账户，经由该第三方账户处理后，再结算至商户的收款账户。简单地说，"二清"公司的业务未获得央行支付业务许可，却在持牌收单机构下实际从事支付业务。① 由于"二清"公司规避监管，存在巨大隐患：一是隐含信用卡套现风险，目前市场上申请"二清"机的主要是想从事信用卡套现的个人或小商户，由于申请、布放、审核等环节一般不会按照监管要求认真执行相关管理规定，给信用卡行业发展带来了巨大隐患；二是清算资金存在巨大风险，客户资金从"一清"账户结算到"二清"账户，该账户完全脱离监管，并处于公司的自行控制之下，由此，"二清"账户中客户资金存在被卷跑、挪用等风险，直接损害客户利益。

"二清"公司的违规之处主要存在于其并通过合法支付机构直接清算，但其开展业务却是挂靠在持牌支付机构下进行，因此，不能认定其未经国家批准非法从事资金支付结算业务，而是在资金支付结算业务中违规操作，这时，应从"二清"带来的直接危害后果来认定其是否构成犯罪。"二清"账户中资金若发生被挪用、侵吞、"跑路"的后果，则按照具体犯罪手段、犯罪主体不同等可认定其构成挪用资金罪、职务侵占罪、诈骗罪等。

六、利用互联网理财平台非法集资的司法认定与研究

（一）我国关于互联网理财交易平台概述

1. 互联网理财的概念

互联网理财是指投资者通过互联网获取商家提供的理财服务和金融资讯，

---

① 载 http://news.163.com/15/1009/09/B5FOTR1A00014AED.html，2016年10月30日浏览。

根据外界条件的变化不断调整其剩余资产的存在形态，以实现个人或家庭资产收益最大化的一系列活动。主要是指网上理财信息查询、理财信息分析、个性化理财方案设计等服务。从狭义上讲，只有与基金管理、保险、信托公司等合作，以实现资金增值为目的，通过互联网实现交易的理财产品才称为互联网理财产品。

2. 互联网理财交易平台类别

根据资金实际管理者与第三方支付平台的关系，可将互联网理财平台分为四种类型：一是集支付、收益、资金周转于一身的理财产品，如阿里巴巴蚂蚁财富；二是基金公司与知名互联网公司合作开发的属于中介性质的理财产品，如腾讯微信理财通；三是基金公司在自己的直销平台上推广的理财产品，如汇添富基金；四是银行金融机构自己发行的网上理财产品，现基本商业银行都实现了银行理财产品的平台化呈现。上述大型的互联网理财交易平台的产品愈加丰富，基本上涵盖了公募基金、定投产品、互联网保险、其他证券产品等，并实现了自有第三方支付平台作为支付途径，从而有利于优化客户体验，便捷资金之间的结算。

3. 监管情况

目前我国已将互联网理财纳入现有的监管框架内，从理财产品的划分上看，当前我国互联网金融理财产品的监管主体主要有两家：中国银保监会负责信托投资计划和商业银行个人理财产品的监管，如银行类互联网金融理财产品就属于银保监会的管辖；证券公司的证券投资基金、货币市场资金、证券投资咨询业务由中国证监会承担监管，如蚂蚁金服的余额宝、微信的理财通则由证监会来管辖；而2014年3月26日阿里巴巴携手国华人寿保险发布"娱乐宝"，这类附加有理财功能的人身保险产品的监管是由中国银保监会来负责。

从互联网金融理财产品背后的机构性质划分来看，我国互联网金融理财产品的监管主体可以分为主要的两类：第一，与第三方支付平台合作的基金管理公司被置于证监会的监管之下。针对基金理财产品在互联网上的销售，在销售过程中需要第三方支付机构提供资金支付结算服务，中国证监会对为基金销售机构提供支付结算服务的第三方支付机构实施行政许可，并于2013年3月15日颁布了《证券投资基金销售机构通过第三方电子商务平台开展业务管理暂行规定》。针对证券投资基金理财产品通过第三方电子商务平台进行销售的活动，要求第三方电子商务平台须满足相关的资质要求，并且要求为基金销售机构提供第三方电子商务平台服务的第三方电子商务平台及时向中国证监会备案；而银监会则监管商业银行及其发行的互联网金融理财产品。

从上述监管情况也可看出，我国金融监管属于分业监管，根据金融业态的不同从而归口于不同的监管机构，但互联网理财交易平台由于汇集了不同类型的金融产品，呈现出混业经营的特点，由此在分业监管体系下，极易产生监管不全面、监管"真空"的情形，从而引发相关的法律风险。

针对互联网理财交易平台可能出现的未经许可，擅自发行资产管理产品等违规行为，2018年3月，互联网金融风险专项整治工作领导小组印发的《关于加大通过互联网开展资产管理业务整治力度及开展验收工作的通知》（也即"29号文"）指出，未经许可，依托互联网以发行销售各类资产管理产品（包括但不限于"定向委托计划""定向融资计划""理财计划""资产管理计划""收益权转让"）等方式公开募集资金的行为，应当明确为非法金融活动，具体可能构成非法集资、非法吸收公众存款、非法发行证券等。

（二）非法互联网理财交易平台的犯罪认定

1. 可能存在的刑事法律风险

（1）平台未经许可从事销售资产管理产品行为涉嫌非法经营罪

通过互联网开展资产管理业务的本质是资产管理业务。资产管理业务作为金融业务，属于特许经营行业，须纳入金融监管。依托互联网平台销售资产管理产品的本质不会发生变化，依托互联网公开发行、销售资产管理产品，须取得中央金融管理部门颁发的资产管理业务牌照或资产管理产品代销牌照。为此，未经许可从事上述行为，因资产管理产品属于证券类产品，其行为符合我国刑法第225条第（三）项未经国家有关主管部门批准非法经营证券业务，扰乱市场秩序，情节严重的，应以非法经营罪定罪处罚。

（2）平台涉嫌非法募集资金犯罪帮助行为之法律责任

互联网理财交易平台由于是一个代销平台，金融消费者购买相关产品之后实质上是与发行产品的金融机构（或违法从事金融业务的机构）形成了对应的法律关系。为此，相关产品出现了问题，法律义务的承担方是发行机构而非平台。但当产品发行方涉嫌违规操作，甚至涉嫌非法募集资金构成刑事犯罪时，如何认定平台的法律责任？

不可否认，平台实际起到了代为宣传和销售的作用，因此，对于产品发行方的金融从业资质以及产品本身的合规性与否应当具有审核的义务，至少应当对形式上的合法性如金融牌照、资质证明文件的审查承担责任，但对发行方的实质运行模式是否存在违规之处，不能也不应要求平台进行全程的持续性跟踪审查。但根据平台对于形式审查是否存在故意或过失，应分以下两种情况进行处理。

一是平台若明知产品发行方存在违规之处仍不进行下架等处理，甚至有证据证明其明知其涉嫌非法集资等犯罪不采取制止措施，甚至为其提供广告支持、第三方支付结算接入的，可以考虑对平台与产品发行方认定为构成共同犯罪，可以论证其构成非法吸收公众存款罪或帮助信息网络犯罪活动罪等。

二是如果平台有证据证明其履行了审核义务，但在审核过程中存在重大过失，从而导致非法发布和代售违法产品，造成了金融消费者的损失，此时可以考虑追究其民事责任，承担追回损失或代偿的义务；同时行政管理部门可对平台予以罚款、清理产品等处罚。

（3）防止非法经营罪沦为处罚新型互联网理财产品的"口袋罪"

近年来，我国司法实践以非法经营罪处置非法金融或金融中介业务活动在司法实务中呈扩张并泛化的趋势。大量新型金融案件，被纳入非法经营罪予以调整，拓宽了司法实务对非法经营罪的认知空间，为司法部门调整和规制这些新型犯罪奠定了法律基础。然而，少数司法机关甚至将非法经营罪作为调整新型金融犯罪的"以不变应万变"的法宝，在处置非法金融活动过程中非法经营罪第四项兜底条款被任意解释引发了大量争议。学界一直诟病非法经营罪兜底条款的无规律、无上限、无底线的适用背离了"罪刑法定"的规定，形成了新的口袋罪。①

通常情况下，非法经营罪具有行政和刑事的双重违法性，对于某一行为是否是刑法评价的非法经营行为，应结合"国家规定"和刑法共同分析认定。作为国民经济命脉的一个重要领域，金融业在我国一直被作为国家特许经营的行业而存在，因此，一旦行为人未经国家有关主管部门的批准，就属于违反行政管理法规，如果情节严重，就可能因触犯我国刑法第225条关于非法经营罪的规定而被追究刑事责任。我国刑事司法部门对于从事类似证券公司和基金管理公司资产管理业务的集合理财行为，在实践中往往是适用该项刑法条文来进行最终判决的。②互联网金融理财是在传统金融理财的基础上，通过互联网媒介实现的金融活动，其本身是一种综合性的金融服务，即由专业理财人员通过评估客户各个方面的财务状况、明确其理财目标，最终帮助其设计出合理、可操作的金融理财方案。此种综合性的金融服务，在当前我国分业经营、分业管理的监管模式下，本身即处于金融监管的空白地带。加上以互联网络作为支撑，形成新的理财渠道，此项业务往往处于监管者缺位的境地，无法及时取得相应的经营资格。一旦具备了较为严重的情节，适用刑罚制裁在理论上是完全成立的。

但将非法经营罪发挥"口袋罪"作用的做法与当下中国金融市场日趋自由化的态势是不相符合的。对于金融活动中自发产生的以互联网为介质通过集合多人资金的方式来进行受托理财的行为，如果一律贴上"非法经营"的标签，那结果就很有可能导致金融活跃度的缺乏。

金融创新为市场主体突破刑法的规范而实施金融犯罪提供了更多的可能性和更多的形式选择。以"非法经营罪"规范调整各种互联网的创新理财行为，固然可以以相对稳定的刑法规则来应对无限的金融工具的变化空间，但兜底条款终究是刑法立法因能力的不足而迫不得已作出的"下策"，所以不能

---

① 马春晓:《非法经营罪的"口袋化"困境和规范解释路径——基于司法实务的分析立场》，载《中国刑事法杂志》2013年第6期。

② 黄韬:《刑法完不成的任务——治理非法集资刑事司法实践的现实制度困境》，载《中国刑事法杂志》2011年第11期。

以兜底条款的模糊性作为肆意扩张刑罚权的根据。①

尽管互联网理财的发展蕴含一定的风险，但不容否认的是，互联网理财有其固有的社会价值，对于人们投资观念的改变、投资方式的转型等，都产生了巨大的正面影响和评价。那么，刑法如果以存在无限兜底可能的"非法经营罪"来规范不断产生的互联网理财产品，这无疑是背离公众的一般理性的，将导致社会公众评价与刑法的规范性评价之间的冲突。事实上，唯有能够唤醒公众内心对规范的确认并且在外在上可以被普遍遵守的法律制度才具有权威性。

七、互联网众筹型非法集资的司法认定及研究

（一）众筹的概念与分类

1. 众筹的定义

众筹译自英文 crowdfunding，即向众人筹集资金之义②，具有低门槛、多样性、依靠大众力量、注重创意的特征。美国学者迈克尔·萨利文（2006）第一次用到众筹一词，将其定义为群体性合作事项，即人们通过互联网筹集资金，来支持他人发起的项目的行为。我国香港特区将其译为"群众集资"，我国台湾地区译作"群众募资"，虽然叫法有所不同，但一般大众都能够从其字面含义探嗅到其向大众募集资金的行为属性。就众筹一词的定义表述而言，目前主流的观点认为，众筹是一种人们在互联网上的合作行为，是通过互联网上的众筹平台向不确定的公众募集项目资金的一种融资方式。和传统的融资方式相比，众筹最显著的特征就在于小额和大量，在于低门槛和大众性，打破了以往银行对融资的独占地位，成为小微企业开辟资金来源的全新路径。

---

① 石聚航：《刑法谦抑性是如何被搁浅的？——基于定罪实践的反思性观察》，载《法制与社会发展》2014 年第 1 期。

② 资料来源：百度百科"众筹"，载 http://baike.baidu.com/link?url=WC9igpmDZg1KC4UmRYhFKIsX7aaCDYklzu74BcSJMA4jZymG4y6o8s90GlKhw3xVvNjWu6xw_QqtXyDmINTFrCFSpg-YLGLlvz9ha7bDcvK]。

2. 众筹的发展历程

国外最著名的早期众筹案例是 1885 年美国自由女神像的众筹成功案例，美国政府成功募集到了 16 万个捐助者的小额捐款，用于自由女神像的安建；2001 年美国 ArtistShare 的上线被认为是第一个成功的众筹网站，第一次真正实现了通过互联网实现众筹融资；真正使互联网众筹进入大众视野的是 2008 年开始的 IndieGoGo 和 Kickstarter 的分别上线，通过这两家平台支持的得以把资金预先支付给融资者，以期优先得到产品或其他收益。随着 2012 年美国《促进创业企业融资法案》和 2015 年 10 月对该法案第三章的通过，为股权众筹扫清了障碍，也为中小投资者降低了股权众筹的入门门槛。

我国最早的互联网众筹平台诞生于 2011 年，2012 年 10 月和 2013 年 1 月，朱江通过微博在淘宝网上公开出售公司股权，为其创立的美微传媒筹集到近 400 万元的创业资本，成为早期的股权众筹案例。经过短期的震荡发展，2014 年李克强总理在国务院常务会议上提出"建立资本市场小额再融资快速机制，开展股权众筹融资试点，鼓励互联网金融等更好地向小微企业提供规范服务"，由此获得国务院的支持与鼓励，于是 2014 年也被称作中国众筹元年。得益于一系列政策支持，到 2015 年 1 月，原始会、人人投、天使街等 8 家股权众筹平台成为中国证券业协会会员。2015 年 7 月十部委联合发布的《关于促进互联网金融健康发展的指导意见》指出股权众筹融资必须通过中介机构平台进行。同年 12 月 25 日，证监会副主席方星海在国务院新闻办吹风会上首次确认了 2016 年将开展股权众筹融资试点。截至 2015 年 12 月 31 日，我国拥有独立域名的众筹平台已有 300 多家，众筹行业呈现出百花齐放的繁荣态势[①]。

3. 众筹的分类

众筹项目分类繁多，一般大众往往理解为在新产品研发、新公司成立等商业项目阶段出现，实际上它的使用空间一直在不断被拓展当中，包括科学研究、政府民生工程、赈灾救援、艺术设计和政治运动中，众筹一直在逐渐

---

① 袁毅、杨勇、陈亮：《中国众筹行业发展报告》，上海人民出版社 2016 年版，第 3 页。

崭露头角。按照众筹项目类别的不同，我国目前已形成了一定规模的各类互联网众筹格局，例如国内知名的创意众筹有点名时间、点梦时刻等；专注于微电影众筹的代表网站有淘梦网；创业股权式众筹平台有大家投、天使汇、大家咖啡等。我国的众筹模式很大程度借鉴于英美国家的实践经验，从众筹的回报类型分类视角下在现实中可以细分为：权益众筹、股权众筹、公益众筹、债权众筹和收益权众筹。

（1）权益众筹，或称回报众筹、产品众筹、实物众筹等，根据Massolution（2012）在"众筹行业报告"中的表述定义为：投资者在前期对项目或公司进行投资，获得产品或者服务作为回报的一种众筹模式。在权益众筹中，出资者的主要目的是获得新发布的产品、纪念品等，而不是以现金收益作为投资目的。国内典型的权益众筹平台有京东众筹、淘宝众筹、青橘众筹等。

（2）收益众筹（Royalty-based Crowdfunding），是指投资人对企业或者项目进行投资，回报以不持有企业的股份，但享有股份收益，通过企业经营而获得可能的经济利益的一种众筹方式。通俗地说，就是一旦未来项目产生了销售收入，项目发起人需要向投资人提供一定比例的销售收入作为汇报的众筹模式①。值得一提的是，对于收益众筹和股权众筹，我国业内存在一定程度的混淆，有些平台宣传自己是收益权众筹的平台，但实际回报模式却并不一定是收益权众筹。收益权和公司的所有权无关，收益权是从未来总销售收入中扣除的，而股权则是从利润中获得的；在收益权众筹中，意味着无论将来公司盈利与否，经营者都要支付给投资者一定收入的回报。如果项目一直处于虚拟阶段，而没有产生任何销售收入，那么投资者就将颗粒无收。由于此类众筹模式在国内尚处在萌芽和探索阶段，典型的国内收益众筹项目尚难觅寻，在国外较为成熟的收益权众筹平台有美国的Quirky、TubeStatr、AppsFunder等。

（3）债权众筹（Lending-basde Crowdfunding），是指投资者对项目或者公

---

① 袁毅、杨勇、陈亮：《中国众筹行业发展报告》，上海人民出版社2016年版，第9页。

司进行投资，获得一定比例的债权，未来获得利息收益并收回本金。有学者认为债权众筹就是P2P网络借贷，该观点具有一定的道理，因为目前来说债权众筹的主要模式就是P2P（Peer to peer），译为人与人的借贷。然而严谨地说，除了P2P网络借贷，现实中还发展出了P2B（Peer to Business）这一类新模式，即为个人对企业的一种贷款模式，以解决中小企业的融资需要，从P2B互联网投融资服务的操作原理上分析，即投资人基于对P2B平台的信任，通过P2B平台进行投资，获取固定投资收益回报。目前P2B网贷平台数量近两年在国内迅速增长，迄今比较活跃的有350家左右。

（4）捐赠类众筹，或称公益众筹（Donation-based Crowdfunding），是指通过互联网方式发布公益项目以获得资金的方式。这类众筹不同于回报类型众筹，通常项目是由个人或者工艺组织发起的融资项目，以修建学校、修葺教堂、赞助大学、扶贫助老、医疗救助等。公益众筹的出现时间较其余模式早，早期的自由女神像众筹就是典型的公益众筹。目前国内典型的公益众筹平台有创意鼓、腾讯乐捐等。

（5）股权众筹，是指股权众筹融资者"出让一定比例股份，利用互联网和SNS（Social Network Software）传播的特性向普通投资者募集资金，投资者通过投资入股公司以获得未来收益的一种互联网融资模式"。[1]股权众筹的组成对象有筹资者、投资者和平台三部分。对于筹资者而言，其发布项目需要通过平台方的审核，审核通过的情况下在规定期限内完成募集的项目，并出让一部分股权即可取得该笔资金。对于投资者而言，可以通过互联网金融门户网站浏览当前在募集状态中的项目，并结合自己的风险承担能力与经济能力，选择感兴趣的项目出纳资金，以期获得相应股权，等待投资收益。考虑到相当大规模的投资人并不具备相关行业的投资经历，因此，一些互联网股权众筹平台都选择通过平台审核的天使投资人作为领头人，领投人制度的设立带来了一种全新的投资模式，即"领投人＋跟投人"（Leading Investor + Following Investor）模式，具体是指将参与众筹的投资者分为普通投资人和合

规投资人，合规投资人中还分为对某个领域非常了解的专业投资人，以及相对而言专业方面差些、但是对风险控制方面有丰富经验的投资人。领投就是由专业投资者进行尽职调查，决定投资，其他人跟着投入资金。

股权众筹并非近年来的新生事物，早在几年前就已有成形的众筹项目浮出水面。2011年11月11日，天使汇上线，这是中国首家股权众筹网络平台。2012年，"嘀嘀打车"在这一平台上完成了1500万元融资①。据天使汇网站数据显示，截至2013年10月，天使汇平台上总共完成了70个项目，2.5亿人民币的融资。在天使汇平台上注册的创业项目达到8000个，通过审核挂牌的企业超过1000家，创业者会员超过22000位。除此之外，国内股权众筹平台还有原始会、好投网、人人投、我爱创等。

在股权众筹的发展历程中，2013年初美微传媒在淘宝上卖原始股权的事件是股权众筹走进学者和大众视野的标志性事件。其通过在淘宝店"美微会员卡在线直营店"出售类似于股票性质的会员卡，单位凭证为1.2元，最低认购单位为100股，很快吸引了千余人参与认购，筹集到近400万元的创业资本。但是其在首轮不久便被证监会叫停，理由是其涉嫌非法发行证券，我国《证券法》第10条规定："公开发行证券，必须符合法律、行政法规规定的条件，并依法报经国务院证券监督管理机构或者国务院授权的部门核准；未经依法核准，任何单位和个人不得公开发行证券。"美微公司的行为未事先获得审批，且为"有限责任公司"，不具备公开募股的主体条件。2013年12月，王德敬在其朋友圈内完成了"互联网金融第一筹"，并通过"买产品、送股权"的方式规避了监管，从而筹集到了共计925万元人民币的资金。

应该看到，受法律规定或准入门槛的限制，股权众筹在我国目前尚不存在生存的空间，有学者称其为"所有涉及其中的企业都如履薄冰"②但这并不意味着股权众筹从此在我国销声匿迹，刘宪权（2015）③认为股权众筹以另一

---

① 王晓洁、冯璐：《天使汇：网络股权众筹扮演创业"红娘"》，载《经济参考报》2013年10月25日第21版。

② 李钰：《众筹业务法律解读》，载《金融理论与实践》2014年第11期，第74页。

③ 刘宪权：《互联网金融股权众筹行为刑法规制论》，载《法商研究》2015年第6期，第62页。

种更巧妙的方式出现在我国，并催生了新型的股权众筹模式：有限合伙型股权众筹模式。有限合伙型股权众筹，是指项目发起人在互联网上发布项目，根据投资人认购的顺序、份额的大小得以确定排在最前的人作为"有限合伙人"，继而订立有限合伙协议，成立有限合伙企业。这种股权众筹模式开创性地不但实现了对潜在合伙人的寻觅，而且巧妙地使用了"有限合伙"的招牌规避了擅自发行股票的雷池，只要将投资人总数控制在 50 人即可，可谓"在禁区中开辟夹缝并在夹缝中生存"。

（二）众筹的法律风险分析

众筹平台是作为一种创新的经营模式，在诞生之初就一直伴随当前我国众筹行业面临着几大共性问题，例如监管及行业规范的缺失、国内征信体系的不健全、信息披露不完整、知识产权保护不力等问题①。由此带来的刑事法律风险已得到诸多学者的关注，下面将对这些问题一一探讨。

1.擅自发行股票、公司、企业债券的刑事风险

我国证券法将向不特定对象发行证券和向特定对象发行证券累计超过 200 人的行为视为公开发行，由于众筹平台在募集资金的过程中，面向社会不特定对象募集资金的公众性特征明显，人数也往往轻易能够达到 200 人，在运营过程中极易触犯擅自发行股票、公司、企业债券罪。在实践操作中，为了规避这一法律风险，各类众筹模式都采取了相应的变通手段。在股权众筹模式中，如上文提到的改为成立有限合伙型企业方式；在回报类型众筹中，众筹平台将投资行为演变成团购、预购行为，不采取以现金回馈的方式，从而规避相关法律风险。为了更好地解决行政法和刑法的衔接问题，笔者结合我国现行法律、法规和司法解释，对于擅自发行股权行为的行刑衔接问题，进行了梳理。对于未经国家审批非公开发行股权的行为，只要发行的范围小于 30 人且金额小于 50 万元的，并在事发后能够清偿或者清退的行政法不予处罚。对于针对不特定对象公开发行股权的行为，只要购买的人数小于 30 人且金额小于 50 万元的，并在事发后能够清偿或者清退的行为，由行政法处

---

① 袁毅、杨勇、陈亮：《中国众筹行业发展报告》，上海人民出版社 2016 年版，第 289—293 页。

罚，刑法不予追究。对于公开发行股权且满足以下三个条件其中之一的：发行人数大于等于 30 人；发行金额大于等于 50 万元的；在事后未能清偿或者清退的，以擅自发行股票、公司、企业债券罪定罪处罚。

2. 非法吸收公众存款和集资诈骗的刑事风险

在当前的金融管制大背景下，由于民间融资渠道不畅，非法集资以各种形态频繁发生，互联网众筹平台中也是非法集资犯罪的敏感源。根据《最高人民法院关于审理非法集资刑事案件具体应用法律若干问题的解释》第 1 条，非法集资应同时满足四个条件，即：①未经有关部门依法批准或借用合法经营的形式吸收资金；②通过媒体、推介会、传单、收集短信等途径向社会公开宣传；③承诺在一定期限内以货币、实物、股权等方式还本付息或给付回报；④向社会公众即社会不特定对象吸收资金。初看不难发现，无论是股权众筹、权益众筹（除捐赠类众筹外）均是以物质、股权或资金形式回馈投资者，亦满足向社会不特定对象吸收资金的条件，似乎从法条出发，众筹行为符合非法集资犯罪的构成要件。但我们不能单纯从法条理解，还应考虑法律背后的立法精神、法律价值追求等要素。上文中《解释》出台的目的是"为惩治非法吸收公众存款、集资诈骗等非法集资犯罪活动"，可见，上述法条适用的前提条件是涉及的经济行为会对我国市场经济秩序产生严重危害。反观众筹我们深谙，合规、良性的众筹平台和项目是响应鼓励创新、充分调动民间资本活力的金融创新之举，所以在界定行为性质时，不应笼统地认为众筹一定会涉及非法集资犯罪。但是对于一些众筹平台在未获得吸收资金的资格情况下，擅自设置资金池，或通过变相宣传的方式对投资人谎称已获得审批，以虚假宣传甚至欺诈的方式瞒报项目风险虚构投资预期收益，骗取项目支持者和出资人资金的行为，就应坚决予以打击。

3. 侵犯知识产权犯罪的刑事风险

多数回报型众筹平台项目的卖点就在于项目的新颖性和创意性，鼓励投资者看到新生事物的潜在投资价值，通过投资的方式扶植孵化小微创新企业。但是，在项目发布的初期，很多众筹项目都还处在创意的雏形或中期状态，换句话说，多数创意还未来得及做出成品以申报国家专利，获得专利法对知识产权的保护，这也就给了不法分子剽窃、盗用创意的空间。并且在项目展示阶段项目发起人还面临着信息披露与知识产权保护的博弈，即从保护知识产权的角度出发，平台或项目发起人确实应该对项目创意的细节作一定隐瞒；但从投资者的角度出发，如果只能看到众筹创意的边缘信息，而无法一窥全貌，势必会造成投资项目的信息不对称，影响投资热情，从而造成了"好项目不众筹、坏项目众筹难"的两难的局面。

八、利用非法期货交易进行非法集资的司法认定

（一）我国关于期货交易的监管规定

近年来，违法犯罪分子以"炒黄金""炒贵金属"、进行国际大盘指数操作等为名，搭建各种交易平台或发展"操盘手"进行非法集资，甚至进行大规模的诈骗活动。这些行为利用了社会公众对于现货、期货交易知识的缺乏，对于设立交易所行为规范的不了解，从而将期货交易蒙上了"面纱"，掩盖了非法期货交易行为的非法性。

根据 2011 年《中国人民银行等部门关于加强黄金交易所或从事黄金交易平台管理的通知》，上海黄金交易所和上海期货交易所是经国务院批准或同意的开展黄金交易的交易所，两家交易所已能满足国内投资者的黄金现货或期货投资需求。任何地方、机构或个人均不得设立黄金交易所（交易中心），也不得在其他交易场所（交易中心）内设立黄金交易平台。

2007 年 3 月发布实施、2012 年 10 月修改的《期货交易管理条例》对期货交易的定性、期货交易所的设立等有十分明确的规定，即设立期货交易所应由国务院期货监督管理机构审批，未经批准，任何单位或个人不得设立期货交易场所或以任何形式组织期货交易及其相关活动；且期货交易应当在经依法批准的交易场所进行，禁止在经依法批准成立的交易场所之外进行期货交易。该条例同时对成立期货公司的条件、法律责任的承担等进行了规定。该条例系国务院制定并发布，属于部门规章的法律性质。

（二）非法从事期货交易平台的犯罪认定问题

1. 案件特点

存在非法经营罪、非法吸收公众存款罪等多种罪名竞合情形。非法从事期货交易行为，根据我国刑法第 225 条的规定，未经国家有关主管部门批准非法经营期货业务，扰乱市场秩序，情节严重的，构成非法经营罪。但非法期货交易行为往往呈现出不同的手段，有的交易平台系虚构，交易指数可人为操控，主要犯罪分子对非法募集的资金用于自融或个人使用等，涉嫌集资诈骗罪或诈骗罪。然而在具体办案实践中，此类案件涉及的资金体量往往巨大，而平台资金管理并不规范，导致资金去向大部分难以查清，由于证据等问题难以认定其具有非法占有目的，所以退而求其次将其认定为非法吸收公众存款罪。

许多非法金融交易平台在具体运营过程中，为了规避法律风险，自行设计运作模式，由此导致许多犯罪手段兼具夸大宣传力度、非法募集资金和层层发展形成传销性质等特点，犯罪形态的竞合致使罪名认定存在难点，也为侦查行为带来挑战。

通过全国范围招收代理商的方式进行发展，资金募集规模与速度急剧增长。非法期货交易平台多采用了区域代理、"操盘手"的灰色手段，通过发放巨额佣金激励代理寻找投资人，且通过 QQ、微信等互联网通讯群组进行点对点联系，以指导为名，诱惑投资人参与非法期货交易。通过大量发展代理商，从而使得投资规模呈几何倍数增长。大部分非法期货交易平台资金超过亿元，十亿、百亿元的体量也不在少数。如北京市朝阳区人民检察院自 2012 年以来，先后受理"中天黄金"代理商涉嫌非法经营的案件 8 件 10 人次。2009 年 4 月以来，以郭某某（香港籍）为首的家族式犯罪团伙，未经国务院期货监督管理机构批准，以香港金银业贸易成员单位中天黄金交易中心有限公司（即"中天黄金"）的名义，通过电话营销、网络营销等方式招揽客户通过 MT4 软件炒黄金期货，向全国各地发展公司代理和个人代理 6000 多个，在全国 31 个省市区和香港特区发展客户达 4 万余人，累计收取保证金达 15 亿余元，非法期货交易涉案金额达 8000 余亿元。

非法设立平台进行交易与合法平台违规操作相互交织。非法设立期货交易平台开展经营是司法机关打击重点，随着金融法律知识的普及，社会公众对此类违法犯罪有了一定的警惕性；但对于一些合法平台开展的违规操作最易失去辨别能力。如上海黄金交易所和上海期货交易所的网站上，也能查到某些会员单位进行"炒伦敦金"业务，涉嫌非法经营等犯罪。由于平台的合法性，刑事手段难以介入，此类披着合法外衣行违法之实的平台具有更强的危害性，为此，监管部门的行政打击和处罚成为市场清理的重要手段。

以地方交易所为名开展的非法期货交易层出不穷。2011、2012 年国务院就出台了《关于清理整顿各类交易场所的实施意见》《关于清理整顿各类交易场所切实防范金融风险的决定》，对地方交易所业务开展进行了规范，在此基础上，截至 2017 年 1 月，地方交易所已经历了三次大规模的清理整顿，但交易所的数量却有不降反增之势，且问题集中在部分贵金属、原油类商品交易场所。

近年来，新闻媒体曝光出许多非法期货交易行为，如部分白银交易平台存在夸大宣传欺骗投资者、高额回扣发展代理网络等行为，吸引投资者投入大量金钱进行现货交易。又如泛亚有色金属交易所号称"创新模式打造稀有金属国际话语权"，违规销售理财产品，因涉嫌非法吸收公众存款被刑事追究。

2. 典型案例分析：李某某非法经营案（非法搭建贵金属交易平台）

（1）基本案情

被告人李某某伙同他人于 2011 年 5 月成立大唐善德（北京）贵金属经营有限公司（以下简称大唐善德），经营地位于北京市朝阳区东三环中路 59 号楼 23 层 2705 房间。被告人李某某为该公司的实际控制人。2013 年 4 月该公司的一般经营项目增加"收购黄金制品""网上经营黄金制品、白银制品""电子支付"等。2012 年 3 月至 2014 年，被告人李某某以大唐善德名义在互联网上利用"大唐善德订货回购系统"以预售购金银制品的形式非法组织黄金、白银期货交易，涉及投资人 1.7 万余元，经营数额共计 37 亿元。

被告人李某某未经国家有关主管部门批准，非法经营期货业务，扰乱市场秩序，情节特别严重，构成非法经营罪，判处有期徒刑13年，罚金300万元。

（2）定性

本案被告人李某某辩解自己从事的是现货交易，且提供了贵金属买卖的实体店铺经营证据，但其实体经营黄金制品仅为表面宣传，其实体经营的数额不过几百万元。其利用网上"大唐善德订货回购系统"的行为被中国人民银行营业管理部书面认定："大唐善德非上海黄金交易所或上海期货交易所会员，也非中国证监会或北京证监局批准设立和负责监管的期货经营机构，不具备经营期货业务资格。大唐善德在'预售购'交易方式中，利用'大唐善德回购系统'，采用集中交易方式，组织投资人进行标准化黄金合约交易，且实行了保证金制度，上述黄金交易行为属于非法组织黄金期货交易活动。"

中国人民银行的答复从期货行为特点和期货交易平台应经依法批准必须具备业务资格的角度，十分完备地认定了涉案公司的非法经营的行为性质，从而为本案定性提供了十分有力的行政认定支持。

3. 存在的刑法规制难点及认定

（1）行政认定对案件定性的影响

上述案例中由于中国人民银行的行政认定为一件疑难复杂案件带来了重大利好，但往往多数案件中，相关行政监管部门基于种种原因不予出具此类行政认定。对于此类较为专业的金融犯罪案件，缺少行政认定对于整体的刑事定性有多少影响？

我国刑法中第三章破坏社会主义市场经济制度罪中多数的罪名认定前提是"经有关主管部门批准"，或"违反国家规定"，因此行政机关出具的相关证明、性质认定、数额认定等均是关键性证据，如生产、销售伪劣商品罪，侵犯知识产权罪等。对于是否经过行政部门审批需要进行行政查询或答复，但是对于行为本身是否必须经过行政部门认定？如对假药的认定，对某种商品的认定，以及对某种金融行为的认定等。对此，司法解释中并没有统一的认定，司法实践中也存在不同观点。但在2014年3月"两高一部"《关于办理非法集资刑事案件适用法律若干问题的意见》中提出，行政部门对于非法集资的性质认定，不是非法集资刑事案件进入刑事诉讼程序的必经程序。行政部门未对非法集资作出性质认定的，不影响非法集资刑事案件的侦查、起诉和审判。公安机关、人民检察院、人民法院应当依法认定案件事实的性质，对于案情复杂、性质认定疑难的案件，可参考有关部门的认定意见，根据案件事实和法律规定作出性质认定。虽然此司法解释仅是针对非法集资刑事案件，但也从中反映出对行政认定地位的态度，即有则辅助，无则根据案件具体事实由司法机关进行独立判断。

因此，笔者认为，非法期货交易平台虽然大多最终认定为非法经营罪，但其仍具有向社会不特定公众非法募集资金的行为特点，因此，此类案件也可参照《关于办理非法集资刑事案件适用法律若干问题的意见》的规定，行政认定不能成为刑事案件认定的必经程序、前置程序。对于是否为金融活动，是否定义为期货，这是对客观事实的理解和评价，甚至不能成为规范性认识。因此，在缺少行政认定的情况下，需要司法工作人员根据行为特点自行作出判断，如因专业性过强造成认定困难，则可采用专家咨询、案例借鉴等多种手段来强化内心确信；在具备行政认定的情况，也不能完全轻信结论，而应依据案件事实审查，作出独立判断。如王某某非法经营案中（以北京中夏融通国际教育咨询有限公司为平台，未经批准经营外汇、黄金业务），对所在公司的业务性质，侦查机关和检察机关花费大量精力后未能取得行政机关的性质认定，在缺乏这一证据的情况下，对于此种行为能否判定为期货，检察机关和审判机关经过了深入的研讨，以非法经营罪提起公诉后获得了法院的支持判决。

（2）非法期货交易平台代理商的打击难点及影响

第一，刑事定性和证据认定存在难点。上述特点中提到非法期货交易平台代理商通过网上通讯群组等多种手段大量宣传和发展投资人，成为非法期货交易平台资金体量特别巨大的重要原因。代理商行为恶劣，严重扰乱市场秩序，其行为具有可罚性。但此类行为认定为非法经营罪或其他刑事犯罪存在定性和证据方面的难点。定性上，对于依托于某公司开展的代理，由于公司本身未经国家有关主管部门批准而从事期货代理业务，具有非法性可以认定非法经营罪。如上述案例中，大唐善德公司委托北京乾冲投资担保有限公司代理黄金期货交易，该公司收取了巨额的佣金，后将公司负责人张某某、矫某某追诉到案，并以非法经营罪判处刑罚。但是对于不依托于某个单位的自然人，个人代理客户进行操作，可能在交易平台和客户两端均收取一定的"手续费"，此类行为与客户之间形成了代理关系，难以认定从事某种业务，因此，大量的个人代理难以被刑事认定。证据上，个人代理多通过网络通讯工具发展客户，往往不使用真名，难以查找到本人；通过网络支付获利，难以查找到银行账目从而认定数额。

第二，难以打击造成追赃挽损难、涉众型信访风险高。基于上述定性和证据上的难题，许多代理商未被刑事处罚，甚至也没有进行行政处罚，但这部分佣金却是案件资金的重要去向。如在上述的大唐善德案件中，经审计，除投资人的出金外，流向不明个人账户的资金达6亿元之多，占到整个资金总额的六分之一，而这部分正是赃款的主要去向，也是投资人的亏损所在。但由于这些个人账户分散在全国各地，也无法对应到某个人，甚至代理商使用的并非本人的账户，导致侦查线索石沉大海，难以进行追赃挽损，从而不能弥补投资人损失，成为引发此类案件信访率高发的重要原因。

（3）打击非法金融交易平台犯罪的"行刑衔接"

目前我国整个行政处罚和刑事司法衔接机制运行所依据的法律规范文件缺乏体系性、普遍效力和约束力，无法发挥统领整个行政处罚和刑事司法衔接机制运行的作用。对于互联网金融案件的相关行刑衔接问题，更是缺少相应的专门规范，法律依据较为混乱。因而，在立法层面上，首先应协调行政法与刑法条款的冲突，既要避免出现行政法条款与刑法条款矛盾的情况，同时也要有利于两法的衔接；其次，应当及时针对行刑衔接制度出台较高位阶的法律规范，统一衔接标准，规范案件衔接程序及证据衔接规则，明晰相应权责，完善法律监督。对于互联网金融犯罪行刑衔接制度在实践层面上的其他问题，则有必要在完善现有相关机制的同时，针对互联网金融犯罪主要特点，结合新金融监管策略及大数据等新技术的应用，探索新的衔接辅助机制来有效解决。

九、高息借贷类型非法集资的司法认定

（一）高息借贷类刑事犯罪的研究背景

民商事领域的高息借贷称谓源起于民间借贷。如何认定高息，一直以来民间借贷和法律实务中均没有明确的标准。2002年1月，《中国人民银行关于取缔地下钱庄及打击高利贷行为的通知》出台，其中第2条为"高息借贷"作出了明确的定义，即超过人民银行同期贷款利率4倍的借贷。自此，我国大多数学者从法律角度根据中国人民银行的通知以及其他司法解释等规定，将高息借贷界定为利息高于同期银行贷款利息4倍的借贷。由于这种定义具有较强的可操作性，因此实务界也多采取这种界定。[①] 2015年8月，最高人民法院出台《关于审理民间借贷案件适用法律若干问题的规定》，其中对于民间借贷年利率超过24%的部分明确规定为不予支持。

民商事领域为了界定法律保护的范围从而明确了借贷利率的高低。而在刑法范畴内，是否为高息借贷是认定犯罪手段的一个方面，或者仅是此类犯罪较为明显的一个诱发性特征。因此，认定是否高息应参照特定地域民间借贷的习惯，参照当前利率市场，以及投资人的主观认识。

近年来，囿于各类投资理财的局限性，借贷、理财的投资方式由于对投资主体并无适格性要求，且相对于股票、基金、期货和房产投资等方式，门槛低、灵活性高，吸引了许多社会闲置零散资金。一时间，许多公司打着高息借贷的旗号利诱社会不特定公众，从而非法吸收资金。因此类公司并无合法集资资质，且在运营中缺乏监管，导致许多普通百姓的资金遭受损失，不仅带来了经济问题、法律问题，而且引发群体性上访事件，对国家金融市场秩序乃至整个社会秩序都造成了恶劣影响。

这些案件中，多数公司向社会公众以"借款"方式募集资金，或是以投资人宣称投资项目可获得高额利息回报的方式出现。在借贷募集和投资理财两种方式中，投资人屡中"陷阱"的主要原因是返本付息的承诺，而大多数犯罪分子承诺的"高息"，均超过银行贷款利率或是一般投资理财的利率，从

---

① 李森:《我国高息借贷法律规制研究》，西南政法大学2012年硕士学位论文，第3页。

而利诱投资人放弃银行存款等保险稳健的投资方式，选择了"保本付高息"，从而陷入了非法集资的困境。

综上，笔者所讨论的高息借贷类刑事犯罪，是指具有以高息借贷或高息理财为主要形式、被害人（投资人）为获取高额利息特征的刑事犯罪。基于此类犯罪社会危害性大、司法认定难度大等原因，为保障精准打击、处理好惩治犯罪过程中的各种问题，研究此类犯罪的突出法律实务问题十分有必要且意义重大。

（二）当前高息借贷类刑事案件办理的问题

1. 刑民交叉案件中程序适用困惑

高息借贷类刑事案件中，犯罪分子通常以与投资人签订投资协议、借款协议或者上述协议的变相形式作为主要犯罪手段，投资人依据相关协议主张财产利益，有的通过民事程序向法院提起诉讼，有的选择刑事程序向公安机关报案。在债权债务关系特征明显的高息借贷类刑事案件中，刑民交叉问题较为突出，同一个案件中，投资人或者被害人选择权利救济的途径各不相同。如何适用刑民程序成为此类案件的一个重要问题。司法解释赋予该类案件的当事人民事、刑事等多种救济途径，但当事人诉求的差异导致路径选择的差异，进而导致当事人最终权益保障的不同。但对于先刑后民、先民后刑、刑民能否并行等问题，实践中仍有诸多争议，处理不当则极易引发涉检涉法产缠访缠诉。

2. 高息借贷类犯罪与合法的民事借贷难以界分

高息借贷类刑事案件涉及多种罪名，其中有"以借为名，行骗之实"的诈骗、合同诈骗罪的传统罪名，更多的是近年来不断涌现的以非法集资为主要手段的涉众型经济犯罪，如非法吸收公众存款罪、集资诈骗罪等。涉嫌非法集资的犯罪分子往往辩解与投资人（借款人）签订的合同为民事借贷合同，并非刑事犯罪；一些投资人也基于各种原因，提出撤销刑事案件、通过民事诉讼挽回损失的诉求。而假借新兴的互联网金融创新等名义的私募、P2P等高息借贷方式大有席卷之势，更因其与互联网的结合，衍生出更为复杂的法律关系，为司法认定增添了新的难题。

3. 非法占有的目的认定

2010 年最高法《关于审理非法集资刑事案件具体应用法律若干问题的解释》中对于推定具有非法占有目的有以下几种规定：集资后不用于生产经营活动或者用于生产经营活动与筹集资金规模明显不成比例，致使集资款不能返还的；肆意挥霍；携带集资款潜逃；将其用于违法犯罪活动；抽逃、转移资金、隐匿财产、逃避返还资金的；拒不交代资金去向，逃避返还资金的；以及其他。在上述八种情形中，肆意挥霍和携款潜逃是认定诈骗的常见表现形式，对于其他情形，非法集资类少有适用。其主要原因有三点：一是集资诈骗罪一般涉案金额巨大，犯罪嫌疑人一般要被判处 10 年以上有期徒刑甚至无期徒刑，较高的刑期让承办人更加慎重处理；二是犯罪嫌疑人反侦查能力日益增强，非法占有目的证据难以取证，而司法认定中对主观上诈骗的证明标准要求较高，一般难以认定为集资诈骗，退而求其次认定非法吸收公众存款罪；三是公安机关未将较高标准要求的诈骗作为取证方向，因认定非法吸收公众存款罪，犯罪分子同样承担对投资人的赔偿责任，不定性为集资诈骗罪还可以避免认定投资人为被害人，从而避免带来的权利告知、阅卷等繁琐的程序性工作，因此，公安机关存在调查取证阶段就以较低证明标准侦查，从而导致一些可以认定为集资诈骗的证据在后期处理时难以补正，导致难以认定。

（三）解决路径探析

1. 法律适用层面的司法认定思路建议

（1）刑民交叉案件程序的适用

司法实践中对于刑民交叉案件有三种处理方式：先刑后民、先民后刑和刑民并行。审理案件类型不同，则审理适用程序不同。对于一些刑事案件的认定以民事法律关系的确定为前提的案件，应当先民后刑，如诈骗案件中对犯罪嫌疑人财产权益的确认，故意毁坏财物案对被害人财产权益的确认，特定经济犯罪中对知识产权、股权的确认等。对于刑事事实与民事事实具有一定的牵连性但处理结果互不影响的案件，一般按照刑民并行原则处理。若处理的并不是同一事实且认定的结论可以并行不悖，那刑民程序根据各自规律，各自认定。对于同一事实引发的"竞合性"刑民交叉案件，目前大多数司法实践均按照先刑后民处理。因为刑事诉讼在获取证据能力上优于民事诉讼，审理时要求证据标准较高，追求还原客观事实和案件真相，而民事诉讼则遵循优势证据原则，达到高度盖然性证明标准即可。刑事审理中确认的案件事实可以作为民事审判的事实依据，反之则不可。

高息借贷类刑事犯罪案件类型较为复杂，如诈骗、合同诈骗案件可能存在先民后刑的情况，如民间借贷纠纷与非法集资犯罪存在一定关联但不是同一事实，应当刑民并行，将犯罪线索移送，民事诉讼继续审理。但近年来较为典型、社会危害较大的非法集资类案件，即笔者重点讨论的民间借贷行为本身涉及非法集资犯罪的案件，其处理原则一般都是先刑后民。此类案件中，在出现刑民交叉问题时，应根据不同的情形对案件作出不同的处理。

①民事诉讼中发现涉嫌刑事犯罪

2015 年 9 月正式施行的《最高人民法院关于审理民间借贷案件适用法律若干问题的规定》（以下简称《规定》）对审理民间借贷案件的民事诉讼涉及刑事犯罪时的处理作出了明确规定，其中，第 5 条指出，人民法院立案后，发现民间借贷行为本身涉嫌非法集资犯罪的，应当裁定驳回起诉，并将涉嫌非法集资犯罪的线索、材料移送公安或者检察机关。第 7 条规定，民间借贷的基本案件事实必须以刑事案件审理结果为依据，而该刑事案件尚未审结的，人民法院应当裁定中止诉讼。因此，非法集资类案件的投资人向人民法院提起民事诉讼时，如此案已经进入刑事诉讼阶段，则人民法院应驳回起诉或者终止诉讼。对此，2014 年 4 月"两高一部"出台的《关于办理非法集资刑事案件适用法律若干问题的意见》（以下简称《意见》）做出了同样的规定。但根据最高法的《规定》，公安或者检察机关不予立案，或者立案侦查后撤销案件，或者检察机关作出不起诉决定，或者经人民法院生效判决认定不构成非法集资犯罪，即未进入刑事诉讼阶段的，当事人又以同一事实向人民法院提起诉讼的，人民法院应予受理。

②刑事诉讼中发现民事诉讼

由于具有涉众特点的高息借贷类刑事犯罪涉及地域广、人员多，难以掌握投资人的诉讼途径和各地司法机关的处理情况，因此，具有管辖权的司法机关对刑事犯罪进行审查时，经常会遇到其他投资人向人民法院提起民事诉讼的情况，有的投资人甚至将向公安机关刑事报案和提起民事诉讼同时进行。此时的处理应分为两种情形：一是民事案件正在审理时，应将刑事立案及处理情况通报人民法院民庭，建议其驳回起诉；二是民事案件已经审结，已有生效民事判决对于部分借贷关系进行了确认，由于民事判决程序上违背了《规定》，进入民事执行程序后会导致部分债权人优先受偿，损害了其他投资人的平等受偿权利，因此，建议将相关线索移送民事检察部门，启动抗诉、再审程序。

（2）刑事诉讼结束后的民事权利主张问题

主要涉及以下四个方面的问题：第一，在刑事判决生效后，投资人向法院提起民事诉讼，主张投资或者借款利息的，或者主张借贷合同中他人承担担保责任的，是否支持？应该说，涉嫌刑事犯罪的民事合同并不必然无效，根据我国合同法第 52 条的规定，合同无效的情形有 5 种，即一方以欺诈、胁迫的手段订立合同，损害国家利益；恶意串通，损害国家、集体或者第三方利益；以合法形式掩盖非法目的；损害社会公共利益；违反法律、行政法规的强制性规定。最高法关于审理民间借贷的《规定》则认定下列民间借贷合同无效：套取金融机构信贷资金又高利转贷给借款人，且借款人事先知道或者应当知道的；以向其他企业借贷或者向本单位职工集资取得的资金又转贷给借款人牟利，且借款人事先知道或者应当知道的；出借人事先知道或者应当知道借款人借款用于违法犯罪活动仍然提供借款的；违背社会公序良俗的；其他违反法律、行政法规效力性强制性规定的。上述法律及司法解释确立了民间借贷合同效力的认定标准。

综上，若犯罪分子以欺诈手段与被害人签订协议，则可能涉嫌诈骗、合同诈骗、集资诈骗等罪名，此类案件中，被害人并非出于真实意思表示签订合同；犯罪分子以合法形式掩盖非法目的，但被害人并不具有非法目的，因此应注重保障被害人权利，被害人可以有权对合同进行撤销和变更；而对于非法吸收公众存款案件而言，单个借贷合同并未触犯刑法，是由于对不特定多数人的公开募集，导致扰乱了金融管理秩序，构成了犯罪，但是其中单个的借贷合同却依然有效。因此，高息借贷类刑事犯罪案件在刑事诉讼程序结束后，案件的投资人或者说债权人仍有权向人民法院就索要利息、主张他人履行担保责任等提起民事诉讼。

第二，投资人在刑事案发之前已经获得本息的，是否可以追缴利息？投资人在刑事案发前获得的利息，一般而言来源于犯罪分子的募集款，应属于违法所得，按照刑事处理规则应当予以追缴。但根据上文分析的结论，投资人对于利息部分具有民事追偿的权利，因此，投资人被追缴的利息，可以通过民事诉讼予以追偿，法院对于年利率24%以内的部分予以支持。

第三，用于项目投资、偿还债务等民事行为支出的集资款项是否追缴？"两高一部"的《意见》对此做出了明确的规定，有下列情形之一的，应当依法追缴：他人明知是上述资金及财物而收取的；他人无偿取得上述资金及财物的；他人以明显低于市场的价格取得上述资金及财物的；他人取得上述资金及财物系源于非法债务或者违法犯罪活动的；其他依法应当追缴的情形。因此，民事相对方若不符合上述情形的，其获得的款项不应被追缴，这同时也符合民法上关于善意第三人的规定。

第四，刑事程序中不报案的投资人在程序结束后又单独提起民事诉讼的，法院是否受理？在高息借贷类刑事犯罪案件中，由于有些投资人选择不去公安机关报案，有些投资人错过了报案的时间，或者报案材料出现遗漏等情形，导致生效的刑事判决中并没有附这些未报案投资人的名字，从而不能与已报案投资人一起参与财产执行分配。此时，投资人应采用何种途径追回损失呢？笔者认为，应分为以下两种情形：一是司法机关仅将已报案的金额认定为犯罪事实，则可在刑事诉讼的任何阶段报案，从而追加起诉，或在此阶段刑事诉讼结束后，再要求公安机关就此犯罪分子的其他犯罪事实单独立案，重新走一遍刑事诉讼；二是法院已将犯罪分子以单位名义进行的全部犯罪事实进行判决，且仅将已报案的投资人名单附后，此时由于不存在遗漏的犯罪事实，故无法追加起诉或者重新刑事立案，投资人（借款人）可以通过民事诉讼向犯罪分子主张权利。但值得思考的是，通过上述两种途径，投资人（借款人）的权利虽然可以得到一定的救济，但是无法成为刑事判决执行的参与人，从而无法就刑事案件扣押的赃款与已报案的投资人同等受偿。

2. 高息借贷类犯罪与一般民事借贷的界分

（1）区分的基本原则

把握高息借贷类犯罪与一般民事借贷的区分原则是司法实践中认定罪与非罪的重点。由于高息借贷类刑事犯罪近年来的典型表现为非法集资，故在确定区分原则时参考借鉴 2010 年最高法《关于审理非法集资刑事案件具体应用法律若干问题的解释》（以下简称《解释》）中对于非法吸收公众存款罪的认定标准。

第一，是否经有关部门依法审批。民事借贷系借贷双方自愿达成合意，民事行为只要没有违反国家法律规定则不须经过任何部门的批准。但高息借贷类刑事犯罪中，行为人向社会不特定对象公开宣传，以借款等名义募集资金，承诺在一定期限内以货币、实物、股权等方式返本付息，一般以货币方式承诺居多，此种情况下，犯罪分子其实充当了"银行"的角色，接受储户存款同时给予利息回报。违反了《银行业监督管理法》《商业银行法》等法律的相关规定，具有非法性。但该非法性的认定基础是其从事的业务是"金融业务活动"的。故需进一步进行分析其行为本质。

第二，是否具有公开性。一般民事借贷往往都发展熟人之间，其信用或者借贷能力基本通过口口相传，没有特定的宣传方式；而高息借贷类非法集资则通过媒体、推介会、传单、网络社交方式等途径向社会公开宣传，除了熟人之间相互介绍、口口相传之外，还有广泛的公开宣传方式。近年来，许多以投资或者借款为由开展的非法集资，最为典型的是网络借贷，纷纷通过自媒体，甚至各大媒体进行广告性营销，这是与仅存在借贷双方的非公开协议的不同之处。

第三，是否具有涉众性。一个人向另一个人，或者特定几个人借款属于民事关系中的双方合意，只要双方自愿，不违法法律的强制性规定，则可以自行协商或者通过民事法律关系调整；但当一个人或者一个单位，向一群人，且是不特定的社会公众借款时，由于关系到社会公众的权益，涉及了整个经济秩序、社会秩序，则性质发生了根本的变化，已经超越了民事法律调整的范畴，需要刑事强制力量的介入了。"吴英案"就是借贷关系从量变走向了质变的典型。吴英本是通过民间借贷方式筹集资金缓解手头资金压力，后逐渐发展到不可控制，非法筹集近百人的资金来维持公司运营、用于个人使用。因此，是否涉众是区分刑事与民事的关键原则。

涉众性与公开性往往是密切相关的。实践中，行为人往往辩解仅向亲朋好友借款募集资金，没有公开宣传，更没有针对不特定公众。对此，笔者认为，应着重审查以下方面：首先，对于口口相传的方式，应审查主观上行为人是否对集资行为有主动的明示，即是否要求不能超出亲友范围进行扩散；其次，对于发现通过口口相传，已经开始超越一定范围，并有向不特定公众倾向时，是否对于亲友的"公开宣传"行为进行制止；再次，对于介绍项目、帮助宣传的人，是否给予提成、佣金等奖励。佣金层级制度的存在，通常可以作为推定行为人鼓励向更多的人进行宣传，且受众已经是不特定的多数人的重要依据之一；复次，是否控制了"亲友"的范围。对"亲友"的范围，学界和实务界有不同意见，但基本均认可刑法上的"近亲属"可以认定为亲友。此外，笔者认为，如五代以内的亲属以及姻亲，可以考虑作为亲属的特定对象，但在确定关系的基础上还应考虑日常联系是否紧密、彼此了解程度等。对于关系较远的亲戚，若平时基本没有联系，彼此甚至不熟知，则不宜认定为特定对象；对于"朋友"的范围，应从严把握，现代社会对朋友的认定非常宽泛，未曾谋面的网友甚至都可以称为朋友，因此，应综合考虑朋友关系的交往基础、借款的目的是基于投资获利还是情谊帮扶等情况进行综合考量。对于因介绍认识的"熟人""听说过""见过"的所谓朋友，受到高息利诱而投资的，不能认定在特定对象范围内募集资金。最后，对于通过"口口相传"途径介绍来的资金是否进行甄别，即对于不是特定亲友的资金也予以接受的，其实就是超越了特定对象的犯罪，主观上也主动追求公开的方式，可以认定具有"公开性"和"不特定性"。

（2）非法委托理财、私募基金、股权众筹等进行非法集资与合法金融的界限

随着"普惠金融"概念的推广，近年来，网络借贷、私募基金、股权众

筹等金融形式方兴未艾。这些理财手段不仅名目多样，令人眼花缭乱，有些以签订借款协议掩盖非法集资事实，甚至用国家政策导向来迷惑投资者，导致近年来非法集资案件"井喷式"多发，投资人损失巨大。判断金融行为的合法性是厘清变相非法集资与合法金融理财行为的关键。第一，收益的合理性，合法的金融理财一般会告知投资风险，不承诺返本付息，且利息会在一定范围内，若存在保证收益、利息畸高的情形则存在非法集资风险；协议上的不承诺返本付息的明文约定并不能阻碍其在实际宣传中业务员对投资者进行承诺；第二，合法金融行为符合行业监管的要求，如网络借贷不能形成"资金池"；私募基金只能在特定范围发行，不得向不特定公众进行宣传；股权众筹不得超过一定人数限制。一般而言，未经金融监管机构（"一行三会"：中国人民银行、证监会、银监会、保监会）审批核准的公司、企业等不得从事金融行业的具体业务。在审理此类案件过程中，除应严格按照刑法罪名的要件对案件事实进行认定外，还应掌握该金融领域的具体监管规则，包括对法律规定、行政法规和部门规章的了解，涉嫌犯罪的行为，同样也触犯了监管红线；且在审查案件时，可以强化与金融监管部门的沟通，有些案件可以出具行政认定，同时可以获得监管部门的专业协助。

2014 年"两高一部"出具的《关于办理非法集资刑事案件适用法律若干问题的意见》中也明确提出，行政认定并非非法集资刑事案件进入刑事诉讼程序的必经程序，司法机关对于性质认定疑难的案件，可以参考行政部门的认定意见。有些案件犯罪嫌疑人辩称公司或具体产品在行业协会进行了备案，也通过了政府金融办等单位的检查等，从而在主观上否认明知从事的项目具有违法性，然而，作为从事金融行业的公司、企业，应尽到清楚行业监管并符合行业规定的义务，行业协会作为自律组织并不具有行政监管的权力，其备案和认定并不代表符合行业审批条件，政府金融办也并非对口的监管部门；纵然有行政认定也并不意味着不构成刑事犯罪。因此，缺乏违法性认识并不阻却刑事犯罪。

十、利用区块链技术非法集资的法律问题研究

（一）当前区块链应用领域存在的问题

1. 当前 ICO 的发展速度和规模远超区块链技术的现有应用价值

随着数字货币和区块链研究的热潮，结合了 IPO 和 VC 的 ICO，募资效率高、流通性好、信息披露要求低、投资者门槛低，迅速成为当下最热门的融资方式之一。金融科技分析研究机构 Autonomous NEXT 统计显示，2017 年上半年全球 ICO 融资额接近 12 亿美元，而仅在 2017 年 6 月的融资额就达到 6 亿美元，远超区块链公司和比特币公司的风险资本投资总额。[①] 国家互联网金融安全技术专家委员会发布的《2017 上半年国内 ICO 发展情况报告》显示，2017 年上半年，面向国内提供 ICO 服务的相关平台 43 家，国内已完成的 ICO 项目共 65 个，融资规模折合人民币达 26.16 亿元，参与人次达 10.5 万。[②] Autonomous NEXT 统计称，中国参与 ICO 的人数至少为 200 万。[③] ICO 融资规模和用户参与程度也呈加速上升趋势。但区块链的家喻户晓，不是热在拿技术解决现实问题，而是热在集资圈钱、炒作估值，尤其是热炒的绝大部分 ICO 实质上都是集资工具创新，跟技术创新无关。众多投资者似乎并不在意企业、项目如何，都在不停地投资项目、持币、升值后卖出。而与 ICO 的急剧火爆相对应的，却是区块链技术尚处于初始发展阶段，离成熟还有一定的差距，主要是缺少能够有效满足不同用户应用需求、扩容性强、可靠稳定、方便易用的商用平台。[④] 故现阶段技术标准、基础设施都不够完善，很多应用还不具备落地条件，很多区块链应用项目还处于"概念验证"和"尝试

---

① 参见田跃清：《详解虚拟货币的三大非法行为路径：圈钱、传销、非法集资》，载 http://www.jpm.cn/article-40279-1.html，最后访问时间：2018 年 5 月 4 日。

② 参见欧阳晓红：《99 号文与公告是一回事！央行等七部委这样取缔 ICO》，载 http://www.eeo.com.cn/2017/0905/312188.shtml，最后访问时间：2018 年 5 月 6 日。

③ 参见熊剑辉：《打个盹就赚北广上一套房，这是新传销还是财富新浪潮》，载 https://mp.weixin.qq.com/s/hkww09iEIMOlh97iw6zwJg，最后访问时间：2018 年 5 月 13 日。

④ 参见夏旭田：《全国政协委员徐晓兰：区块链应纳入国家科技重大专项》，载 http://www.5bite.com/post/4019.html，最后访问时间：2018 年 5 月 8 日。

应用"阶段，缺少直观可用的成熟产品。[①]此外，区块链技术很有发展前景，但本身也不是毫无缺点的，也存在着 51% 可被攻击的安全隐患、工作效率问题、资源消耗问题、区块间博弈和冲突等缺陷亟待解决。故现有的技术尚不具备支撑起当前庞大火爆的 ICO 的融资规模的价值基础。

2. ICO 规避法律监管隐患多

ICO 通过区块链来组织金融活动，绕开了一些法律规定和正规银行、证券、保险等金融机构监管，规避了烦琐的审核过程，筹集资金更加方便，投资门槛更低，每个人都可以通过区块链从事金融活动，更加剧了社会金融的混乱无序。即使是有实际区块链项目支持的 ICO，也往往因其运作模式缺乏信息披露，资金筹集与使用缺乏监管，加之对投资者没有适当性提示，极易诱发资金断链，以及卷款跑路等风险。美国 SEC 直接叫停了 4 家 ICO 发行，认为这里面存在欺诈，利用新兴技术进行诱惑，从而将投资人或者潜在投资人的钱投入骗局中。[②]美国证监会曾发出警告：那些声称拥有 ICO 技术的公司，可能存在"拉高出货"和"市场操纵"两种欺诈可能。就国内 ICO 市场的现状来看，由于处在发展的早期阶段，更是鱼龙混杂。一些自由行、婚恋等并不存在区块链应用场景的项目也涌入 ICO 市场，部分商业模式不清晰、没有经过验证、不被主流天使或 VC 投资人看好的项目也在通过 ICO 募资。还有部分 ICO 项目没有实际产品支持，仅凭一个天花乱坠的"白皮书"就过来圈钱。[③]还有的 ICO 项目通过代币转让将风险击鼓传花，发行与代投已成为集资炒作新手段。相关人士认为"90% 的 ICO 项目涉嫌非法集资和主观故意诈骗，真正募集资金用作项目投资的 ICO，其实连 1% 都不到"。[④]

[①] 参见罗惠娜：《由"叫停代币发行融资"引发的关于虚拟货币的法律思考》，载《法制与社会》2017 年第 36 期。

[②] 参见王军晖：《10 万人一夜套牢：ICO 暴利超贩毒 要被定性涉嫌非法集资》，载 http://www.cs.com.cn/xwzx/201709/t20170904_5454722.html，最后访问时间：2018 年 5 月 19 日。

[③] 参见陈岩、史建平：《为什么虚拟货币难成大器？》，载《金融理论与实践》2014 年第 12 期。

[④] 参见王军晖：《10 万人一夜套牢：ICO 暴利超贩毒 要被定性涉嫌非法集资》，载 http://www.cs.com.cn/xwzx/201709/t20170904_5454722.html，最后访问时间：2018 年 5 月 23 日。

（二）当前代币发行融资的法律风险点分析

如前所述，因 ICO 的运行模式和当前现状，使得在筹集资金环节产生极大的法律风险。许多项目名为应用区块链，实为金融伪创新，给金融秩序乃至社会安定带来了极大的不稳定因素。从当前的政策规定来看，在我国境内开展 ICO 的行为被定义为非法融资，部分行为还可能被认定为刑事犯罪。

1. 涉嫌非法吸收公众存款罪

案例一：在郭某某非法吸收公众存款一案［（2017）粤 0203 刑初 72 号］中，世界通用元被称为由迪拜世通元公司发行的虚拟货币，宣传称世通元已经获得第三方国际支付认可牌照，可以用于投资和在指定地区（迪拜、中国香港、中国澳门等地）购物、消费及提现，还能跟美元、欧元、人民币等多个币种进行兑换。迪拜世通元公司和阿尔达亚公司合作推出了"迪拜基金"销售世通元用于投资。投资世通元后投资人不仅每天可以收到以世通元支付的分红，而且每拉一个人投资还可以获利 10%。被告人郭某某在韶关以投资"世通元"基金为幌子，以播放视频、发放宣传书籍、画册及吃饭聚会等方式，大肆公开宣传"世通元"基金是无风险、高回报的投资项目，吸引韶关地区公众投资"世通元"，投资者参与投资后，均获得由郭某某发给的"世通元"网站个人登录帐户、密码。涉案公司还组织投资人到迪拜和中国香港旅游，专门体验世通元的购物功能，投资人看到世通元真的能通用，于是就积极介绍亲朋好友发展下线进行投资。2015 年 1 月世通元价格突然暴跌，且网站无法提现，6 月网站瘫痪，账户里的世通元都无法看到。后被告人郭某某被公司机关抓获。2017 年 12 月 12 日广东省韶关市武江区人民法院以非法吸收公众存款罪依法判处有期徒刑 1 年 5 个月，并处罚金人民币 3 万元。①

在以上案例中，世通元的发行直接面向了没有相应风险意识和承受能力的社会公众，这种向不特定公众募集资金的行为具有非法性、公开性、利诱性、社会性，极有可能扰乱金融秩序，构成了非法吸收公众存款罪。国务院

---

① 中国裁判文书网，载 http://wenshu.court.gov.cn/content/content?DocID=4d4d4aa6-f61c-469d-bc2c-a8a300ac9adb&KeyWord=%E9%83%AD%E5%AE%BE%E9%9D%9E%E6%B3%95%E5%90%B8%E6%94%B6%E5%85%AC%E4%BC%97%E5%AD%98%E6%AC%BE，最后访问时间：2018 年 5 月 6 日。

8月24日发布的《处置非法集资条例（征求意见稿）》规定，未经法律许可或者违反国家有关规定，"以发行或者转让股权、募集基金、销售保险，或者以从事理财及其他资产管理类活动、虚拟货币、融资租赁、信用合作、资金互助等名义筹集资金的"，应该进行非法集资行政调查。[①]该《征求意见稿》并没有将以虚拟货币名义筹集资金的行为一棒打死，但也不允许ICO无序发展，而是规定要进行非法集资行政调查，即在原基础上增加一道审批流程。

2. 涉嫌组织、领导传销活动罪

案例二：以刘某某、陈某某、吴某某组织、领导传销活动一案为例[（2017）粤2071刑初1414号]，2016年3月份开始，刘某某、陈某某、吴某某等人以中山市东区荣瑞贸易有限公司为窝点，对外虚构投资"维卡币"的盈利前景，隐瞒"维卡币"无法自由兑换现实货币的事实，引诱他人购买"条码"注册会员账号，以此获得加入和发展其他人员加入的资格，并要求被发展人员继续发展其他人员加入，按照发展顺序形成上下线关系，以下线直接或者间接发展人员的数量作为计酬和返利的依据，牟取非法利益。其间，被告人刘某某、陈某某、吴某某负责在上述窝点内接待投资者，帮助注册账号，授课宣传推广"维卡币"活动，共同发展下线，后被抓获。2017年10月12日广东省中山市第一人民法院以组织、领导传销活动罪依法判处被告人刘某某有期徒刑1年4个月，并处罚金人民币10万元，判处被告人陈某某有期徒刑1年4个月，并处罚金人民币10万元，判处被告人吴某某有期徒刑1年3个月，并处罚金人民币10万元。[②]

在上述案例中，本质上"传销"行为只是实施诈骗的一种手段，其目的仍是以高利率、高回报为诱饵吸引社会公众的投资，从而将非法得来的资金据为己有。实践中很多币根本不能到交易所上市，为了回笼资金，赚取收益，

[①] 参见许继璋、常森、颜颖：《处置非法集资条例（征求意见稿）》，载 http://stock.jrj.com.cn/2017/08/24172922995289.shtml，最后访问时间：2018年5月16日。

[②] 中国裁判文书网，载 http://wenshu.court.gov.cn/content/content?DocID=686c63de-b6d3-415c-80e8-a82400af7d47&KeyWord=%E5%88%98%E5%9B%BD%E5%85%B5%E3%80%81%E9%99%88%E9%86%92%E7%AB%AF，最后访问时间：2018年5月6日。

在我国境内寻找代理商，逐级分销，最终将代币售卖给普通金融消费者。在国内进行分销代币的过程中，为了尽快打开销路，获得更多投资人，通常通过QQ群、微信群、熟人介绍、推介会等进行广泛传播，采取是"人传人"的策略，制定传递激励机制，让公司员工销售给消费者，则员工获得提成若干，如果消费者再销售给亲朋好友等人，则员工与消费者都能获得提成若干。根据我国法律规定刑法224条的规定这种模式涉嫌传销。如果在传销组织中，是组织者、领导者、骨干成员，甚至是其中的讲师，那么，可能会构成刑法第224条之一的组织领导传销罪。

3. 涉嫌集资诈骗罪

案例三：在张某某集资诈骗一案［（2017）浙0212刑初1041号］中，被告人张某某在山东省青岛市通过互联网非法设立"风雨同舟"虚拟币交易平台，以高回报为诱饵，通过QQ向社会公众宣传该平台的"风雨同舟币""瑞克币""摇钱积分币"3种虚拟币的买卖、兑换等业务，要求投资人通过银行转账、支付宝转账等方式向其指定的账户充值，开展上述业务，以此向社会公众非法集资。被告人张某某两个月后关闭该虚拟币交易平台、解散QQ群，携款逃匿。2017年10月16日浙江省宁波市鄞州区人民法院以集资诈骗罪依法判处有期徒刑6年6个月，并处罚金人民币20万元。①

在上述案例中，被告人以非法占有的目的，违反了有关金融法律法规的规定，使用诈骗方法进行非法集资，扰乱了国家正常的金融秩序，侵犯了公私财产所有权。目前市场上宣传的境内外ICO项目质量良莠不齐，对象直接面向没有相应风险意识和承受能力的社会不特定公众。这些投资者被比特币的暴涨示范作用和天花乱坠的宣传所蛊惑，尽管对于采用的技术、含义、用途、盈利前景、收益率一无所知，仍草率冲动地投入养老钱、买房钱、血汗钱。一旦项目方发行方跑路，投资人损失巨大。

---

① 中国裁判文书网，载 http://wenshu.court.gov.cn/content/content?DocID=e74984e3-edba-4dc6-af62-a84700b270ce&KeyWord=%E9%A3%8E%E9%9B%A8%E5%90%8C%E8%88%9F%E5%B8%81，最后访问时间：2018年6月2日。

4. 涉嫌非法经营罪

案例四：在袁某甲、袁某乙非法经营一案〔（2016）吉 0605 刑初 77 号〕中，被告人袁某甲、袁某乙于 2015 年期间，在吉林省白山市江源区城墙街道经营博羲互联网络信息服务中心，违反国家规定，对外宣称炒股不持股，劝说多名受害人注册会员并购买虚拟币，在 HFTAG 高频交易互联网网站（非法网站）上兑换并使用虚拟币投资炒股。袁某甲与袁某乙利用互联网高频网站，对外宣称炒股并从中收益，其二人行为属于证券业务调整范围，并且该行为超出了所经营的博羲互联网服务中心的经营范围，未经国家有关主管部门批准，擅自非法经营证券业务，违反了证券法的相关规定，属于非法经营行为。2016 年 12 月 8 日吉林省白山市江源区人民法院依法判处被告人袁某甲犯非法经营罪，判处有期徒刑 1 年，并处罚金人民币 50 万元。被告人袁某乙犯非法经营罪，判处有期徒刑 1 年，并处罚金人民币 50 万元。对被告人袁某甲、袁某乙犯罪所得依法予以追缴，返还被害人。[①]

如上述案例，非法经营罪被称之为现有法律环境下区块链创业的红线。非法经营罪进行和从事非法的经营业务，往往具有长期性、稳定性和公开性，非法吸收公众存款只是其中的部分行为，还包括非法的金融服务形式行为、非法放贷等其他与之相关的行为。非法经营罪第三项规定，"未经国家有关主管部门批准非法经营证券、期货、保险业务的，或者非法从事资金支付结算业务的"，可构成非法经营罪。要注意的是，非法经营外汇也在非法经营罪规制范围内。在持牌机构之外，进行人民币与外国法币的兑换，达到一定金额即构成非法经营罪。在实践中代币具有实际的价值，多数情况下就是投资人用人民币进行兑换的，在这种情况下换取外国法币，极有可能被认定为非法

---

① 中国裁判文书网，载 http://wenshu.court.gov.cn/content/content?DocID=7bcd18eb-4719-4075-bca4-3e23ccc86ca1&KeyWord=%E8%99%9A%E6%8B%9F%E5%B8%81，最后访问时间：2018 年 5 月 26 日。

经营。① 即使币币交易也可能会被理解为"其他严重扰乱市场秩序的非法经营行为"而触犯刑法第 225 条第 4 款的相关规定。

（三）代币发行融资的法律适用分析

1. 虚拟货币的特征

发行流通不受第三方监管。比特币的发行上限为 2100 万枚。比特币的发行方式全靠一种特殊计算方法（哈希值算法）自然生成于互联网，任何人都可以参与到比特币"挖掘"中来，只要有一台接入互联网的电脑，即可在任何地方挖掘、购买和出售或者收取比特币。虽然比特币具有发行上限，但因其一枚比特币可以无限切分到小数点后 8 位，依然能够充分满足消费者的使用需要，发行任意的同时能够避免通货膨胀。

匿名交易。比特币存在于某一个或者多个不记名地址中，通过两套私钥和一套公钥加密解密，因其加密算法完美，使得对其交易信息进行破译在理论上是不可能的。也就是说，比特币的交易各方可以通过随意变化的收款地址来隐藏自己的真实身份，完全匿名且无法追查。

全球流通、支付快捷。2013 年 6 月，德国成为首个承认比特币为"记账单位"的国家，相继美国、中国、俄罗斯、日本、韩国等也建立了比特币交易节点，有的还设置了比特币 ATM。在拥有比特币节点的国家，只需一台可以上网的手机或者电脑，以及一个比特币钱包，即可使用比特币购买商品和服务。中国目前也已经建立了多家比特币交易机构，最大的三家比特币交易所为火币网、币行和比特币中国。

当下各种新兴的互联网金融等金融创新模式层出不穷，由于创新早于规范先行，导致司法实践中出现很多新情况，各地区各部门对于在代币发行融资中所涉及的罪与非罪、罪轻罪重、此罪彼罪、打击处理范围等问题，缺乏

---

① 参见肖飒 Lawyer 微信公众号：《区块链创业"红线"是什么？》（附解药），载 https://mp.weixin.qq.com/s?__biz=MzA3NTYyNTkyMA==&mid=2651113740&idx=1&sn=ed95b46e1b646512806deb911676fb53&chksm=849dcda3b3ea44b5713c334da0af7483a79842eb5dbdb80991ccfb95aee59fae4b0910c1daf2&mpshare=1&scene=1&srcid=05252HJCPXWY3brwIOXet55I&pass_ticket=prbjgDGRbZn60BUyaAXpaWxfr9DdzaA%2FjrP1BscnLbfaVe0%2FB0anHfGmjNILQfcT#rd，最后访问时间：2018 年 5 月 6 日。

统一的认识和研究梳理，在实践中适用较为混乱，本节通过对代币发行融资中的一些相关法律适用问题进行分析梳理，来尽可能为相关政策的制定和出台提供便利。

2.虚拟货币的财产属性在民刑事案件中的认定

对于比特币等虚拟货币属性的认定，在司法实践中的认识和适用并不统一，也存在这不同的判例。2016年12月28日，台州市中级人民法院在武某某盗窃罪一案二审刑事裁定书［（2016）浙10刑终1043号］中指出，被害人金某某付出对价后得到比特币，不仅是一种特定的虚拟商品，也代表着被害人在现实生活中实际享有的财产，应当受刑法保护。被告人武某某通过互联网窃取了被害人金某某的比特币后，再将其售出所得款项计人民币20余万元转到了其个人的银行账户，其行为已构成盗窃罪。该案例中，法院肯定了比特币的虚拟商品财产属性及持有人受法律保护的权利。[1] 而在2017年10月27日，南京市江宁区人民法院在高某某与包某某委托合同纠纷一案的一审判决书［（2017）苏0115民初11833号］中指出，根据中国人民银行等六部门于2013年12月3日出具的《关于防范比特币风险的通知》，比特币应当是一种特定的虚拟商品，不具有与货币等同的法律地位，不能且不应作为货币在市场上流通使用。蒂克币类似于比特币，属于虚拟货币，虚拟货币的交易目前不受法律保护，因虚拟货币交易产生的债务属于非法债务，故不受法律保护。[2] 目前，虚拟货币、加密货币、电子货币、代币、游戏币、购物币等新兴事物层出不穷的，它们在民事行为中和刑事犯罪中的法律地位亟待厘清并加以说明，尤其在司法实务中更应当进行统一适用，从而实现同案同判，维护司法公正性权威性。

---

① 中国裁判文书网，载 http://wenshu.court.gov.cn/content/content?DocID=efdc04ab-4059-4681-98e2-a73d0149d518&KeyWord=［2016］%E6%B5%9910%E5%88%91%E7%BB%881043%E5%8F%B7，最后访问时间：2018年5月17日。

② 中国裁判文书网，载 http://wenshu.court.gov.cn/content/content?DocID=42fe6842-d6eb-4ee6-baa6-a82400fd405b&KeyWord=［2017］%E8%8B%8F0115%E6%B0%91%E5%88%9D11833%E5%8F%B7，最后访问时间：2018年5月3日。

3.区块链发币行为是否一定违反金融法规

许多区块链创业团队本身真的有实实在在的好的项目，想要运用区块链技术来解决金融服务、慈善公益、商品运营、监管打假等很多领域的问题，想通过"币"来促使客户积极参与项目进程的推动，或者通过各种币来尽快融资占领国内外市场。有真技术好项目，不以非法占有为目的来进行区块链发币是否就一定合法，这要分情况来讨论。

如果不以融资、炒作币值为目的，发币行为本身是中性的。2013年，我国将比特币认定为特殊的虚拟商品。2017年10月1日，我国《民法总则》正式生效，对数据和网络虚拟财产持保护态度，占有这一虚拟商品即取得所有权。各种各样的系统内币，实质上是一种"积分"，用积分兑换商品，兑换打折券，这是被允许的。我国法律并不反对虚拟商品的发售，甚至预售，也不反对以促销为目的的推广行为。区块链的某项应用在一个电商体系之内，或者在一个游戏、制作途径等的范围内，用称为"币"的东西，来进行客户积分、会员服务等，是合法合规的。[①] 如迅雷玩客云和流量矿石，360路由器、极路由等智能路由器玩家都加入了区块链＋共享计算的市场中。但是如果超出内部流通范畴，让这种积分进行流通到社会上成为被炒作的工具，那么会被定性为融资主体的一种融资行为，属于违法甚至犯罪。此前迅雷因为区块链概念股价一度暴涨，因为在玩客云中引入玩客币而引发公司内乱，最终迅雷玩客币不得不更名为"链克"并禁止转账，才避免变相ICO的嫌疑。BAT、蚂蚁金服对于区块链的技术的探索都十分低调，且非常忌讳被外界与ICO、数字货币等同，针对相关的错误报道，阿里云、腾讯等都曾做过声明。阿里云就曾辟谣称绝不会发行任何比特币之类的虚拟货币，也不会提供任何所谓的"挖矿平台"。腾讯在声明中说腾讯区块链从未以任何形式参与代币发行或交易相关活动，也未与任何机构展开此方面的合作。BAT、蚂蚁金服如此谨慎是由于当前环境下，区块链技术很容易被别有用心的人利用，借助于巨头

---

① 参见肖飒 Lawyer 微信公众号：《区块链项目 100% 不能发币吗？》，载 http://article.chinalawinfo.com/ArticleFullText.aspx?ArticleId=102874，最后访问时间：2018 年 5 月 12 日。

的背书来行不法之事。[①]2018 年 1 月 16 日深交所、上交所发布公告表示将强化区块链概念炒作监管，对于利用区块链概念进行炒作和误导投资者的违规行为，将及时采取纪律处分措施，涉嫌违法的，报证监会查处。[②] 由此可见，区块链概念公司应当防范被炒作，及时出具"说明""律师函"等，阻止社会公众和炒作团体来炒作冲击。

4.非法吸收公众存款罪的罪名如何适用

在目前的司法实践中，非法吸收公众存款罪成为了非法集资案件的"口袋罪"，一些难以认定为集资诈骗罪、组织领导传销组织罪、非法经营罪的涉众型经济案件，最终都被认定为非法吸收公众存款罪。绝大多数关于代币发行融资的案件最终也都以非法吸收公众存款罪进行定罪量刑。ICO 是不是构成非吸，理论上存有相当大的争议。反对者主要集中在以下几点：一是参与的投资者是否不特定存在争议，目前的 ICO 仍大部集中的代币爱好者的圈内。二是非法吸收公众存款罪，《刑法》及最高院《解释》均将非法吸收"资金"作为认定要素之一，虚拟货币到底是"资金"还是"商品"？在市场上常见的 ICO 项目中，发行方多向投资者募集数字加密货币，因此 ICO 项目所募虚拟货币是否构成刑事犯罪中的"资金"，影响着相关罪名的认定。根据2013 年《关于防范比特币风险的通知》，比特币被认定为是一种虚拟商品而非货币；但 2017 年《关于防范比特币风险的通知》，已将融资主体通过代币的违规发售、流通，向投资者筹集比特币、以太币等虚拟货币，认定为本质上是一种未经批准非法公开融资的行为，并指出该行为涉嫌非法发售代币票券、非法发行证券以及非法集资、金融诈骗、传销等违法犯罪活动。在 ICO 中虚拟货币是在以"商品"之名行"资金"之实。[③]实践中应如何认定尚且缺乏统一的标准和解释。很多投资人以比特币或其他代币参与投资，比特币的价格

---

① 参见罗超：《ICO 已死、区块链永生，科技巨头的担子还很重？》，载 http: //36kr.com/p/5119120.html?from=guess，最后访问时间：2018 年 5 月 6 日。

② 东方财富网：《沪深交易所重拳强化区块链炒作监管，龙头股再次被停牌冷却》，载 http: //finance.eastmoney.com/news/1345, 20180116822613287.html?qrqm=cjdd，最后访问时间：2018 年 4 月 6 日。

③ 参见李威：《论网络虚拟货币的财产属性》，载《河北法学》2015 年第 8 期。

变动幅度之大与传统意义上的人民币资金有很大区别，投资金额犯罪金额较难认定。① 三是是否"承诺在一定期限内以货币、实物、股权等方式还本付息或者给付回报"难认定。特定 ICO 项目所发代币及项目运营形式仅为向投资者出售代币使用权，并不附加收益权或承诺任何形式的回报，毕竟这是一种代币的投资，而与普通意义上的项目投资或资金回报有区别，即不承诺任何利润，代币仅代表产品的使用权。虽然 ICO 发售给广大持币人的代币从广义上讲也是债权的一种，但并不是严格意义上的还本付息，而是一种浮动的基于区块链团队发展和交易所炒作各方作用的结果。若是 ICO 的项目有实质产品，代币仅是产品的使用权，而不代表未来回报，这种情况则很难进行认定。

5. 代币发行中的凭证能否解释为股票债券

ICO 能不能构成擅自发行股票、公司、企业债券罪，也存有较大的争议。在司法实务中，目前已判决的代币发行融资刑事案件，还没有以擅自发行股票、公司、企业债券罪进行处理的。刑法第 179 条规定："未经国家有关主管部门批准，擅自发行股票或者公司、企业债券，数额巨大、后果严重或者有其他严重情节的，处五年以下有期徒刑或者拘役，并处或者单处非法募集资金金额百分之一以上百分之五以下罚金。"我国《公司法》第 125 条对于"股票"和"债券"给出了确切的规定：公司的股份采取股票的形式。股票是公司签发的证明股东所持有股份的凭证。也就是说，我国法律项下的"股票"指的是某人持有某一公司的股份的一种证明。ICO 中的 coins 并非一种股份的证明，也许是使用权凭证，从这个意义上说，很难定性为擅自发行股票行为。同时，根据《公司法》第 153 条的规定，本法所称公司债券，是指公司依照法定程序发行、约定在一定期限还本付息的有价证券，但 ICO 发售并不是严格意义上的还本付息，因此，从以上角度看很难将 ICO 认定为构成擅自发行股票、公司、企业债券罪。

ICO 在美国等国家通过豪威测试后，大多数 Coins、Tokens 已经被认定为

---

① 参见陈一稀、魏博文：《ICO 新政影响、本质问题和政策建议》，载《金融发展评论》2017 年第 10 期。

"证券"。根据我国《证券法》的规定，在中华人民共和国境内，公开发行股票、公司债券和国务院依法认定的其他证券的发行和交易，需适用《证券法》及相关证券监管规定；其中，向不特定对象发行或向特定对象发行累计超过200的，视为公开发行行为。在我国，"证券"的定义主要采用列举式的方式表述。从ICO项目发行的代币及相关权益形式角度来看，其不直接属于股票、公司债券或目前国务院明确认定的其他证券，但从ICO发行代币可能涉及的分红权、收益权、投票权等具体权益种类角度，不排除在具体案件中，将特定类型的ICO项目的性质认定为证券的发行。如果我国《证券法》将证券的解释范围扩大，ICO发行的Coins或Tokens等有价证券、使用权凭证，也被认定为证券的一种，把发币看成一种企业发行类股票的有价证券进行融资，那么刑法第179条适用于ICO代币发行方面。[1] 目前，由于《证券法》尚未修改，也没有相关解释出台，因为该罪名是否在当下适用于对代币发行融资的处置中还尚未可知。

6. 集资诈骗罪中主观的非法占有目的如何识别

集资诈骗罪在进行"非法占有目的"的推知的时候，要结合各种因素进行考量，不能单纯地以资金流向作为定案的依据。常见的如项目发起方，除了代投协议并没有任何约束条款，投资者被比特币的暴涨示范作用和天花乱坠的宣传所蛊惑进行投资。部分发起人先通过"预挖矿"预留5%—10%的虚拟货币，然后通过"炒作"等行为抬高价格，最后以高价抛售虚拟货币。这种行为与"恶意操控股价"行为类似，只是借用了区块链和虚拟货币的外衣，使投资者和监管者难以识别。更有炒作者借着区块链的名义发行ICO，但是将募集来的钱挪作他用，这就很容易构成集资诈骗罪。故笔者认为，判断ICO项目的实际运作情况及集资目的将成为认定相关主体是否构成集资诈骗罪的重要依据。实践中需要综合考虑团队成员的专业技术能力、项目是否已经落地、融资金额多少百分比花在项目和经营上等问题。故如果特定ICO项

---

[1]　参见肖飒：《区块链创业者，你"不小心"犯法了吗》，载 http://www.8btc.com/lawyerxiaosa，最后访问时间：2018年5月6日。

目以项目开发名义吸收投资者资金，但实无对应的区块链技术开发内容，或开发者知晓项目并不具有可实现性或实际价值，则项目发行的对应代币亦不具有实际价值；或者将募资资金用于项目白皮书所述用途之外的其他用途、肆意挥霍所募资金、隐匿资金或账目、携带集资款逃匿等。则代币发行方极有可能被认定为以非法占有为目的发行代币集资诈骗。

7. 在境外代币发行融资刑法能否进行规制

代币交易平台在国内关停服务器后，主场转移到了国外的平台。比如OKcoin、火币网关闭了国内服务器和人民币结算交易后，都将主要力量转移到了国外服务器和美元结算交易上。这种海外发币的行为具体分为以下几种情形：

第一种：在我国境内有"实质经营行为"，侵犯我国国家和公民利益。目前，部分ICO项目绕道国外继续经营，其机构的设立以及代币的发行与交易名义上在国外，但是实际上的项目、责任人和投资人都在国内，这就属于在我国境内有"实质经营行为"。如果实际控制人是中国的自然人或组织，通过其所控制的海外区块链项目主体，在海外发行ICO，售卖给中国自然人的行为，这被形象地称之为"ICO的出口转内销"。实际发行人为中国籍公民，则根据属人管辖原则，只要不是最高刑期3年以下有期徒刑的，则其在海外所做的犯罪行为也要被追究。如果ICO发行方是外国自然人或是法人机构，在境外设立区块链公司进行虚拟货币的发行，但是在我国境内进行了境内宣传工作、进行了人员组织安排，进行了实质经营行为，涉嫌诈骗我国国民，侵犯到我国国家和公民利益的，根据保护管辖原则，我国刑法具有确定的管辖权，根据案件实际情况按我国刑法第176条非法吸收公众存款罪，第179条擅自发行股票债券罪，第192条集资诈骗罪，第224条组织、领导传销活动罪，第225条非法经营罪，第266条诈骗罪等进行处理。但是发行方是外国自然人或是法人机构的，如果当地法律不认为该行为是犯罪，当地刑法不制裁该种行为，例如我国刑法第176条的非法吸收公众存款罪，在美国等国家则不属于刑法规制的范围，那么我国刑法则不能制裁。

第二种：在我国境内无"实质经营行为"，未侵犯我国国家和公民利益。

此种情形要看在国外实施的行为是否触犯所在地的刑法。如果在海外发行ICO并未触犯行为地国刑法，就不宜因其行为违反了我国刑法而被处以刑罚。但是在海外发币并非就不受监管。例如在美国，金融监管十分严格。虽然并无我国刑法第225条非法经营罪这种"兜底"型法条，却有着更为严厉的"欺诈"（诈骗）。因此，在美国进行ICO活动，项目必须真实，要有证据证明项目已经开启且落地执行良好，否则很容易被定性为诈骗。[1]即使在对虚拟货币十分友好的日本，虽然虚拟货币交易所在日本是合法的，设立比特币交易所，只要取得当事国经营牌照即可，但是由于日本在行政法规中也会规定一些行为属于犯罪，因此，若要发币，还必须注意日本行政法规的调整和规定。俄罗斯政府禁止私人购买ICO发行的数字货币。[2]虚拟币的去监管化特性，也使得大量洗钱和恐怖融资等违法活动利用该点规避监管。故目前越来越多的国家在代币发行和交易等环节严加监管。

（四）保护创新与打击犯罪并举，完善区块链监管

我们需要将保护区块链创新与打击ICO犯罪并举结合起来，一方面要紧跟创新性技术革命，加强对区块链理论及技术的前瞻性研究，抓住区块链发展机遇；另一方面要主动介入区块链监管，完善对该领域的专门立法，严厉打击区块链相关犯罪，遏制ICO非法集资热潮，引导民众理性投资。

1. 紧跟科技发展，抓住区块链发展机遇

区块链与生俱来的难以篡改、共享账本、分布式的特性，更易于监管介入，获得更加全面实时的监管数据，这意味着广泛应用区块链技术将能极大降低信息价值传输成本。[3]区块链技术对社会生产力有着巨大的促进作用，应当高度重视区块链技术的创新与应用，根据我国区块链技术和应用发展情况，及时出台区块链技术和产业发展扶持政策。国务院发布的《"十三五"国家信

---

[1]　参见网易新闻：《ICO在美国也被监管了，美证交会严厉打击违规行为》，载http://dy.163.com/v2/article/detail/CVJL6JDF05198LHD.html，最后访问时间：2018年5月8日。

[2]　参见曹泽熙：《又一主要国家表态！英国发布ICO和数字货币风险警告》，载http://stock.qq.com/a/20170912/095422.htm，最后访问时间：2018年5月17日。

[3]　王观：《三问区块链》，载《人民日报》2018年2月26日第17版。

息化规划》中明确提出需加强区块链等新技术的创新、试验和应用，以抢占新一代信息技术主导权。[1]2017年10月，国务院在印发的《关于积极推进供应链创新与应用的指导意见》中也指出，研究利用区块链、人工智能等新兴技术，建立基于供应链的信用评价机制，提高质量安全追溯能力等。[2]正如《中国区块链技术和应用发展白皮书2016》[3]中所言，各级政府主管部门应当借鉴发达国家和地区的先进做法，结合我国区块链技术和应用发展情况，及时出台区块链技术和产业发展扶持政策，重点支持关键技术攻关、重大示范工程、"双创"平台建设、系统解决方案研发和公共服务平台建设等。同时国内重点企业、科研、高校和用户单位应加强联合，加快共识机制、可编程合约、分布式存储、数字签名等核心关键技术攻关。区块链的核心技术尚存在优化和完善的空间，处理效率还难以达到现实中一些高频度应用环境的要求。目前主流的区块链技术平台均发源于国外，国内的区块链技术服务商要耐心地从底层开发做起，做到技术自主可控，争取引领全球区块链技术发展。拥有区块链应用场景的企业，要积极拥抱新事物，同时科学评估上链需求，不能为了区块链而区块链。知识产权产业媒体IPRdaily发布的"2017全球区块链企业专利排行榜"显示，中美巨头都在加码区块链技术布局，中国入榜企业和机构占比49%，超过美国，其中阿里巴巴以49件排名第一，这些专利全部出自蚂蚁金服技术实验室，主要负责研发底层前沿技术，其中区块链团队的技术方向主要是研发生产级基础设施底层技术，如共识机制、平台架构、隐私保护和智能合约等。以蚂蚁金服区块链为例，其应用的一个典型场景是商品正品溯源，瞄准进口奶粉等假货集中的领域，在2017年11月上线了区块链溯源产品，实现了澳洲、新西兰26大品牌奶粉的区块链溯源落地，如雅培、爱他美、惠氏、贝拉米等品牌全部上链，用户可以通过扫码获得每一罐

---

[1] 中华人民共和国中央人民政府官网"国务院关于印发'十三五'国家信息化规划的通知"，载 http://www.gov.cn/zhengce/content/2016-12/27/content_5153411.htm，最后访问时间：2018年5月20日。

[2] 新浪财经：《国务院办公厅关于积极推进供应链创新与应用的指导意见》，载 http://finance.sina.com.cn/roll/2018-03-07/doc-ifxsicen3473408.shtml，最后访问时间：2018年4月3日。

[3] 未央网：《工信部发布〈中国区块链技术和应用发展白皮书（2016）〉》，载 http://www.weiyangx.com/213889.html，最后访问时间：2018年5月13日。

奶粉的生产、海关质检、中国仓库存储等各种信息，这些信息都被记录在区块链上，有着公正、独立、不可抵赖的特性。这个应用即将应用到被假货问题困扰的茅台，最终有望复制到食品、奢侈品、艺术品等领域。腾讯则推出了自主研发的区块链底层技术，致力于构建区块链开放服务平台，用以解决商业企业间的信任问题。可以看到，虽然几大巨头都在探索布局，但目前区块链技术距离普及还有不小的距离，除了标杆应用尚未出现外，还有一些技术瓶颈，特别是性能和规模间的矛盾、零知识证明、跨平台多链互联等，而这些都还需要去突破。①

2. 加快刑事立法，打击区块链集资犯罪

近年来一些机构打着区块链技术的幌子大行其道，利用各种媒体、社交平台、培训等渠道，公开诱导没有风险识别能力和承受能力的普通金融消费者投资各类假区块链、伪区块链项目。更有甚者，随着国内监管日趋完备，进一步演变为跨境集资、跨境洗钱、跨境金融诈骗、跨境传销等犯罪行为倾向。

要实现整体的金融稳定，防范系统性风险，法律法规必不可少。我国目前还没有针对区块链的专门立法，主要依靠金融相关部门的单独或联合的监管措施。针对代币的海外 ICO 及交易，应开展国际合作，建立国际协同机制，在最大可联合的范围内取缔代币 ICO 及其交易平台。②要勒令禁止国内资本通过国外服务器继续开展业务，同时严厉打击"代购员"等中间代理渠道。对于顶风作案的地下交易平台以及海外交易平台追本溯源，锁定实际控制人，提交上升到刑事层面处罚。加快相关立法工作，通过立法层面的配合，将各类代币的挖掘矿机列为违禁品，禁止生产、出售、流通和运行。要注意传统法律和互联网法律在区块链领域的适用，针对立法空白和区块链自身的特点，建立区块链领域的专门立法。在明确加密代币管理相关法律适用性的基础上尽快制定加密代币管理法律法规，提高处罚标准和惩戒力度。以较低位阶的

---

①　参见罗超:《ICO 已死、区块链永生，科技巨头的担子还很重》，载 http: //36kr.com/p/5119120. html?from=guess，最后访问时间: 2018 年 6 月 6 日。

②　参见薛恒、孙诗:《ICO 行为定性与监管建议》，载《法制博览》2018 年第 1 期。

规范性文件满足近期、突发状况治理的需求，同时积极、主动探索、归纳较高位阶的行政法规和法律规范。要全面禁止代币 ICO 及交易，严厉打击代币的海外交易、地下交易，注意分辨代币的变异品种，及时进行扼杀。对于区块链应用的鉴定、认证和备案类牌照的管理，以及知识产权认定等问题制定详细规则。明确对违反安全管理规范、泄露个人信息和隐私、违法交易数据、虚假宣传等违法犯罪行为的惩戒措施，使得从业者严格遵守法律法规，正确利用区块链技术，开发有真实场景的区块链应用，不参与 ICO 或者变相 ICO。

3. 建立大金融监管，防范系统性金融风险

区块链确实能解决很多领域的痛点难点，但区块链不是万能的，也有很多适用条件。当前区块链的核心技术、基础设施、行业监管尚不完善，不仅要靠监管手段的提升与完善，更要通过市场教育，营造更加公平开放的环境，让更多的投资者了解区块链的风险与价值。区块链技术还不太成熟，可应用场景比较有限，要警惕概念炒作，一些投机公司并没有真正开展业务，只是企图到资本市场捞一笔就走，要谨防由此出现"劣币驱逐良币"。

对于目前的区块链热，监管部门应更主动地介入，形成联动协调配合机制，中央与地方联手，地区与地区协作，共同打击 ICO 集资热潮，防范金融风险。从全球来看，越来越多的主流国家已经将 ICO 和其中的代币纳入监管框架。2017 年 7 月 25 日，美国 SEC 强调，任何在美国买卖证券的行为，无论是真实货币购买还是用区块链技术分发的代币，都必须符合美国证券法。[1] 新加坡金融管理局（MAS）也坚持对 ICO 项目进行逐案评估的原则。我国应结合技术治理手段，对于区块链应用进行鉴定、认证和备案，进行类牌照的管理。协同鼓励政府组织、有公信力的专家、行业参与者与公众共同普及相关信息，区分辨别技术创新还是集资创新。[2] 我国应建立对区块链应用的检测和认证制度，在区块链技术标准的基础上，建立对区块链应用的检测和认证制度。由于区块链所采用的技术复杂高端，一般群众不具备辨别能力，所

---

[1] 腾讯证券：《证监会人士称 ICO 将被纳入监管，但尚未确定谁来管》，载 http://stock.qq.com/a/20170829/015650.htm，最后访问时间：2018 年 5 月 20 日。

[2] 参见邓建鹏：《ICO 的风险与监管路径》，载《中国金融》2017 年第 18 期。

以应该由权威机构进行检测、鉴别和认证，以确认其区块链产品的身份。在法律法规暂不健全时，应组建区块链行业联盟，建立行业自治规范，制定行业公约建立健全区块链行业自治体系，充分发挥行业自治的作用。在治理的过程当中，应当注意收集整理相关证据，当达到相应的立案标准时，移交到刑事层面处理，同时继续完善基础设施。对于与实体经济无关的伪金融创新不应予以支持，应多措并举，综合采取电价、土地、税收和环保等措施，引导相关企业有序退出。工信部、互金协会、全国整治办和各地整治办应加强监测，深入研究虚拟货币市场形态变化，特别是要摸排是否存在境内集中形态的商业实体。对于注册在当地的"场外"集中虚拟货币交易场所（包括采取所谓"出海"形式继续为国内用户提供虚拟货币投机炒作服务网站平台的）、为集中交易提供担保和清结算服务的所谓"钱包"服务商、以群主或管理员名义为集中交易提供做市商服务的个人或机构，应坚决取缔。对一些打着"高大上"旗号、花样百出、没有可持续盈利模式的"庞氏骗局"，要果断处置、坚决打击。对于国内"场外"集中虚拟货币交易的网站平台，或是为国内用户提供虚拟货币集中交易服务的境外网站平台，也应由全国整治办、各地整治办提请网信部门和工信部门按职责分工依法屏蔽其网站平台和关闭移动APP。借助技术手段，加强信息监测，组织大型社交软件提供商开展监测工作，排查、发现、清理和解散加密代币交易群组和公众号。[1] 多管齐下，协作配合，全面遏制区块链名义下的集资创新。虚拟货币挖矿产业与实体经济并无关系，耗能较大，一些企业存在安全隐患，应在当地政府的引导下采取相应措施整顿。为防止风险积聚，对于集中交易和有做市商机制的"出海"平台和场外交易平台仍需加强关注。行业组织应发布风险提示，加大对投资者的教育工作。并严厉查处违反支付规定的支付机构，打击交易的资金链条。

4. 加大宣传力度，引导消费者理性投资

如同北京市金融工作局副巡视员邹世斌所言，市场主体应配合政府做好

---

[1] 参见王信：《【重磅】央行官员署名文章阐述虚拟货币、加密代币及互联网积分的定义，警示虚拟货币投机风险》，载 http://chuansong.me/n/2286644053043，最后访问时间：2018年5月6日。

清理 ICO 的工作，各级政府、相关监管组织要加强对新型违法违规金融活动的风险提示，加大对虚拟货币 ICO 风险的提示，引导群众配合政府做好清理非法 ICO 的工作。[①] 要扩大宣传，利用微信公众号、微博平台、地铁宣传片、社区展板等普遍广泛的方式来科普虚拟货币常识，促使广大金融消费者需要充分认清"虚拟货币"、ICO、"虚拟数字资产"交易及相关业务本质，增强金融风险防范意识。同时金融投资者也应充分了解相关国家法律、法规、政策，理性评估投资风险，不参与各种形式的非法集资、洗钱、诈骗、传销、非法交易行为。严厉禁止各大媒体、自媒体大 V、社交平台、培训等相关机构人士为打着区块链技术创新幌子的金融欺诈行为站台呐喊。要加大举报奖励制度宣传和实施力度，充分发动群众，建立线上线下相结合、常态化的风险排查机制，加强动态监测。

十一、小贷公司金融机构的司法认定

小额贷款公司是经中国银行业监督管理委员会以及中国人民银行授权的省级政府主管部门批准依法成立的、不吸收公众存款，经营小额贷款业务的有限责任公司或股份有限公司。近年来，小贷公司在业务开展过程中引发了许多社会热点问题，在依法查处相关犯罪时，司法机关能否认定小贷公司为金融机构引发了争议。我国刑法第 3 章第 4 节中高利转贷罪、违法发放贷款罪、骗取贷款罪等罪名的适用，都需要以认定小贷公司为金融机构为构成要件，因此，如何认定小贷公司的性质在检法之间、各地之间都存在广泛争议。

以北京市某区的一起违法发放贷款案为例。

2013 年 9 月和 10 月，被告人万某某在任北京市某小额贷款股份有限公司总经理期间，伙同李某某、丁某某等人，在明知上述人员不具备借款主体资质的情况下，违反规定向二人发放贷款共计人民币 600 万元，至今无法追回，给公司造成了重大经济损失。

---

① 参见刘思彤：《北京互金协会成立区块链反诈骗联盟，明确表态反对 ICO》，载 http://www.ec.com.cn/article/qyds/bj/201803/26676_1.html，最后访问时间：2018 年 5 月 6 日。

此案经检察院以被告人万某某构成违法发放贷款罪提起公诉，并获法院判决认可，被告人未上诉，判决已发生效力。

虽然，此案检法之间未发生分歧，但对于小额贷款公司能否成为金融机构还是存在广泛的分歧。

有观点认为，小额贷款公司是金融机构，理由如下：一是中国人民银行将小额贷款公司纳入了金融机构体系中，主要是依据 2009 年 11 月 30 日《中国人民银行关于印发〈金融机构编码规范〉的通知》规定："本规范规定了金融机构的编码对象，编码结构和表示形式……以适应金融机构信息系统建设和数据交换的需求。"同时，《金融机构编码规范》中规定 "Z- 其他 1- 小额贷款公司"，明确了小额贷款公司在中国人民银行主持编撰的金融机构编码规范中获得了明确的地位，可以视为在形式上获得了中国人民银行的认可。二是在实质上，小额贷款公司发挥了金融机构的作用。金融机构不仅包括银行业金融机构还包括非银行业金融机构，按照中国银监会《金融许可证管理办理》规定：非银行业金融机构除了金融资产管理公司、企业集团财务公司、金融租赁公司、消费金融公司等。小额贷款公司具有与上列机构类似的经营范围和职能作用，应视为具有相同的法律性质，即也是非银行业金融机构之一。虽然小额贷款公司没有明确包含在金融机构之内，但小额贷款公司虽然没有取得金融许可证，但其从事的贷款业务是经过中国人民银行和银监会批准进行的，且处在国家金融监管机构的监管范围之内，其经营的小额贷款公司经营的小额贷款业务属于金融业务。尤其近年来小额贷款公司存在问题较多，将其纳入金融机构严格监管，将有利于行业发展。

有观点认为，小额贷款公司是为解决中小企业的融资难问题，推动地方建立的公司，其牌照由省级以上主管部门发放，并非直接由中国人民银行发放；其接受监管的程度也不同于其他金融机构，并不能在法律上获得金融机构的同等地位；其虽有发放贷款的资质，但业务范围与银行业相比，具有很大的限缩性；《金融机构编码规范》是中国人民银行内部为了方便管理进行的编码，而且是机构内部适用文件，并不意味着对其金融机构地位的认可。

现上海基本上均认可小额贷款公司的非银行业金融管理机构的地位，而在全国其他地区尚有争议。基于小额贷款公司实质上行使了发放贷款的典型金融机构职能，该职能系中国人民银行授权省级政府主管部门批准行使，由此也能体现形式上小额贷款公司一定程度上受央行监管；且考虑到将其纳入金融机构可以强化对其体系化的行政监管，更有利于规范其健康稳定发展，也防范资产流失，预防恶性手段催债等社会负面事件的发生，所以，我们也基本上认可小额贷款公司为非银行金融管理机构，应当对其运作进一步加大规范管理的力度。

第五章　信用卡类犯罪的认定及司法研究

一、伪造、变造金融票证罪（刑法第 177 条）

（一）犯罪构成

1. 客体方面

本罪侵犯客体为金融管理正常秩序。

2. 客观方面

本罪在客观方面表现为：（1）伪造、变造本票、支票、汇票；（2）伪造、变造委托收款凭证、汇款凭证、银行存单等其他银行结算凭证；（3）伪造、变造信用证或者随附的单据文件；（4）伪造信用卡的。

根据《立案追诉标准的规定（二）》第 29 条的规定，伪造、变造金融票证，涉嫌下列情形之一的，应予立案追诉：（1）伪造、变造汇票、本票、支票，或者伪造、变造委托收款凭证、汇款凭证、银行存单等其他银行结算凭证，或者伪造、变造信用证或者附随的单据、文件，总面额在 1 万元以上或者数量在 10 张以上的；（2）伪造信用卡 1 张以上，或者伪造空白信用卡 10 张以上的。

3. 主体方面

本罪的主体是一般主体，凡是达到刑事责任年龄且具有刑事责任能力的自然人都可以构成本罪主体。

单位可以构成本罪主体。

4. 主观方面

本罪在主观方面只能由故意构成。过失不构成本罪。

（二）伪造、变造金融票证罪认定中应当注意的问题

1. 本罪中的金融票证应当以客观存在性为基础

如果行为人伪造、变造我国金融体系并不存在的金融票证，用以实施骗取金钱和财物的活动，则不能构成伪造、变造金融票证罪，如果数额较大的，可以以诈骗罪论处。因为这一行为实际上未侵害客观实际存在的金融票证的信用和效能。

2. 金融票证是否能够以假乱真不影响本罪成立

本罪属于行为犯，只要求法定的犯罪行为实施完毕即可，不以实际造成危害结果发生为条件。只要行为人伪造金融票证的行为已经完成，就应当认定本罪的既遂，至于其所伪造的金融票证客观上是否达到了以假乱真的程度在所不问。

（三）伪造、变造金融票证罪与相关金融诈骗犯罪的界定

在司法实践中，伪造、变造金融票证的行为多为行为人实施金融凭证诈骗、票据诈骗、合同诈骗等目的的手段。伪造、变造金融票证后用以诈骗数额较大财物的行为符合牵连犯的特征，应该按照牵连犯的规定定罪处罚，从一重罪处断。

具体情形如下：行为人伪造、变造金融票证以后用以诈骗财物，数额较大的行为。在伪造、变造金融票证罪和诈骗罪均既遂的情况下，由于票据诈骗罪、诈骗罪、信用证诈骗罪以及信用卡诈骗罪的最高法定刑为无期徒刑，而伪造、变造金融票证罪的最高刑法定刑也为无期徒刑，且量刑档次相同，对方法行为和目的行为最高刑法定刑和量刑档次相同的，应该以目的行为定罪处罚，即以诈骗罪论处。在伪造、变造金融票证罪既遂而诈骗罪未遂的情况下，两者相比较，前者的罪责比后者大，所以刑罚也重，所以要按照伪造、变造金融票证罪论处。

二、妨害信用卡管理罪（刑法第 177 条之一第 1 款）

（一）犯罪构成

1. 客体方面

本罪侵犯客体为信用卡管理秩序。

2. 客观方面

本罪客观方面表现为以下四种情形：（1）明知是伪造的信用卡而持有、运输的，或者明知是伪造的空白信用卡而持有、运输，数量较大的；（2）非法持有他人信用卡，数量较大的；（3）使用虚假的身份证明骗领信用卡的；（4）出售、购买、为他人提供伪造的信用卡或者以虚假的身份证明骗领信用卡的。

根据《立案追诉标准的规定（二）》第 30 条的规定，妨害信用卡管理，涉嫌下列情形之一的，应予立案追诉：（1）明知是伪造的信用卡而持有、运输的；（2）明知是伪造的空白信用卡而持有、运输，数量累计在 10 张以上的；（3）非法持有他人信用卡，数量累计在 5 张以上的；（4）使用虚假的身份证明骗领信用卡的；（5）出售、购买、为他人提供伪造的信用卡或者以虚假的身份证明骗领的信用卡的。

3. 主体方面

本罪的主体是一般主体，凡是达到刑事责任年龄且具有刑事责任能力的自然人都可以构成本罪主体。

单位不构成本罪主体。

4. 主观方面

本罪在主观方面只能由故意构成。过失不构成本罪。

（二）妨害信用卡管理罪认定中应当注意的问题

1. 虚假身份骗领信用卡的认定

违背他人意愿，使用其居民身份证、军官证、士兵证、港澳居民往来内地通行证、台湾居民来往大陆通行证、护照等身份证明申领信用卡的，或者使用伪造、变造的身份证明申领信用卡的，应当认定为"使用虚假的身份证明骗领信用卡"。

2. 明知的认定

明知包括知道或者应当知道信用卡系伪造或虚假骗领所得。

三、窃取、收买、非法提供信用卡信息罪（刑法第 177 条之一第 2 款）

（一）犯罪构成

1. 客体方面

本罪侵犯客体为信用卡管理秩序。

2. 客观方面

本罪的客观方面表现为，窃取、收买或者非法提供他人信用卡信息资料，足以伪造可进行交易的信用卡，或者足以使他人以信用卡持卡人名义进行交易。

根据《立案追诉标准的规定（二）》第 31 条的规定，上述行为涉及信用卡 1 张以上的，应予立案追诉。

3. 主体方面

本罪的主体是一般主体，凡是达到刑事责任年龄且具有刑事责任能力的自然人都可以构成本罪主体。但对于银行或其他金融机构工作人员利用职务上的便利实施本罪行为的，从重处罚。

单位不构成本罪主体。

4. 主观方面

本罪在主观方面只能由故意构成。过失不构成本罪。

（二）罪与非罪

1. 窃取、收买、非法提供的认定

"窃取"是指行为人以秘密的方法取得他人信用卡信息资料；"收买"是指行为人以有偿的方式获得他人出卖的信用卡信息；"非法提供"是指将通过非法或者合法手段获取的他人的信用卡信息资料转让他人，不要求具有有偿性。

2. 信用卡信息资料的认定

本罪要求信用卡信息资料必须足以伪造可进行交易的信用卡，或者足以使他人以信用卡持卡人进行交易。如果以上两点均不具备，则不能构成本罪。

四、信用卡诈骗罪（刑法第 196 条）

（一）犯罪构成

1. 客体方面

本罪侵犯的客体是信用卡管理制度和公私财产所有权。

2. 客观方面

本罪客观方面表现为，行为人有下列情形，进行信用卡诈骗活动，数额较大的：（1）使用伪造的信用卡，或者使用以虚假的身份证明骗领的信用卡的；（2）使用作废的信用卡的；（3）冒用他人信用卡的；（4）恶意透支的。

"冒用他人信用卡"包括以下情形：（1）拾得他人信用卡并使用的；（2）骗取他人信用卡并使用的；（3）窃取、收买、骗取或者以其他非法方式获取他人信用卡信息资料，并通过互联网、通信终端等使用的；（4）其他冒用他人信用卡的情形。

根据《立案追诉标准的规定（二）》第 54 条的规定，进行信用卡诈骗活动，涉嫌下列情形之一的，应予以立案追诉：（1）使用伪造的信用卡，或者使用以虚假的身份证明骗领的信用卡，或者使用作废的信用卡或者冒用他人信用卡，进行信用卡诈骗活动，数额在 5000 元以上的；（2）恶意透支数额在 1 万元以上的。本条规定的"恶意透支"，是指持卡人以非法占有为目的，超过规定限额或者规定期限透支，并且经发卡银行两次催收后超过 3 个月仍不归还的。（恶意透支数额在 1 万元以上不满 10 万元的，在公安机关立案前已偿还全部透支款息，情节显著轻微的可以不依法追究刑事责任。）

3. 主体方面

本罪的主体是一般主体，自然人可成为本罪的犯罪主体。

单位不构成本罪主体。

4. 主观方面

本罪在主观方面只能由故意构成，同时行为人主观上必须具有非法占有公私财物的目的，且知道或应当知道信用卡系伪造、作废、他人所有、骗领所得。

（二）信用卡诈骗罪认定中应当注意的问题

1. "非法占有目的"的认定

与所有诈骗类案件相似，"非法占有目的"的认定恶意透支型信用卡诈骗案件中最困扰司法官的焦点之一。实践中，对于客观上存在超过限额或者规定期限透支，并且发卡银行两次催收后超过3个月仍不归还的行为，是否就能直接推定其主观上具有非法占有目的，是"欠钱不还"还是"恶意透支"的民刑之争越来越激烈。"两高"《关于办理妨害信用卡管理刑事案件具体应用法律若干问题的解释》（以下简称《解释》）中对应当认定为刑法第196条第2款规定的"以非法占有为目的"的推定适用明确列举了六种情形，在一定程度上明晰了这一争议，但同时也引发了司法实践中部分司法官客观归罪的倾向。对该解释各情形如何理解和适用，司法官之间、公检法各机关之间也存在不同认识。

目前，争议焦点基本集中于行为人属于客观上的还款不能还是主观上的不愿还款。比如，持卡人辩解称因失业、突发重大疾病、家庭变故等客观原因，而没有能力还款的；持卡人的信用卡透支款项主要用于公司经营使用，因经营不善导致欠款无法归还的；持卡人系在与银行进行还款沟通、协商过程中，银行报案由公安机关将其抓获的；持卡人没有拒不归还的意思表示，与发卡行之间联系畅通，积极与发卡行沟通、寻求解决方案的，但确实很长时间内无法或者客观上不能还款的，能否认定持卡人具有"非法占有的目的"。此外，实践中还存在有的持卡人的多个银行信用卡均有欠款，高达几十万元，法定刑应在5年以上的情形，但持卡人有房有车，辩解称因为资金周转不灵，或资金用于投资没有按预期回款从而导致欠款较长时间不还，其手机能保持畅通，也与银行进行协商，但符合"两次有效催收后超过3个月拒不归还"的客观要件。

在司法办案过程中，可以参考以下司法认定的思路：

（1）认定的原则和前提——避免客观归罪

避免客观归罪，是认定"以非法占有为目的"的原则和前提，仅凭透支数额较大不能返还的结果不能直接推定行为人具有非法占有目的。在办案时，应认真审查行为人提出的辩解理由，综合考虑行为人申领时有无弄虚作假、透支款项的方式和用途、开卡使用后资产收入变化、曾经偿还的款项数额及次数等因素。确因客观原因导致无法还款的，不宜认定为非法占有目的，不能核实的应当综合全案慎重定性。

（2）可以认定"以非法占有为目的"的情形

具有下列情形的，可以适用相关司法解释的规定，推定行为人具有非法占有的目的。①行为人没有相对固定资产或收入来源，使用虚假的证明材料申领信用卡，大量透支后无法归还的；同一时间段内申领多张信用卡，后以透支信用卡为生活来源，无正常收入，无法归还信用卡欠款的；同时或先后在多家银行申领信用卡，利用"拆东墙补西墙"的形式进行恶意透支的，属于《解释》第6条第2款第（一）项规定的"明知没有还款能力而大量透支，无法归还的"情形。②行为人多次进行明显与自己的收入水平不符的大额消费，导致无法归还的，属于《解释》第6条第2款第（二）项规定的"肆意挥霍透支的资金，无法归还的"情形。③行为人申领信用卡后或透支后变更电话、住址等通信方式，且未向银行履行告知义务，属于《解释》第6条第2款第（三）项规定的"透支后逃匿、改变联系方式，逃避银行催收的"情形。④透支时及透支后均具有还款能力，被催收后仅履行低于最低还款额还款；或经催收后无任何还款，继续进行透支的，属于《解释》第6条第2款第（六）项规定的"其他非法占有资金，拒不归还的"情形。

（3）不能认定行为人"以非法占有为目的"的情形

具有下列情形之一，且不符合《解释》第6条第2款规定的六种情形的，不应推定行为人具有非法占有目的。

①持卡人原有正常、稳定收入来源，曾有持续还款行为且无大额拖欠，后因失业、突发重大疾病、家庭变故等客观原因导致经济状况严重恶化，无力还款，且未继续透支的；或虽继续透支，但系为维持日常生活的正常开支。如，丁某某信用卡诈骗案：丁某某自2007年5月至2013年3月11日间办卡使用消费、还款正常，于2013年2月8日最后一次消费，2013年3月11日最后一次还款。于2013年2月26日在北京医院住院治疗，2013年3月4日

出院确诊患有慢性粒细胞白血病，每月药费24000元左右。截至案发，共欠款人民币本金12777.84元。丁某某在银行电话催缴过程中，多次表示现患白血病，生活困难无力还款。2013年9月27日经北京市劳动能力鉴定委员会鉴定确认：丁某某已达到完全丧失劳动能力鉴定标准。本案中，现有证据虽然可以证明持卡人透支信用卡，经过银行两次催收后超过3个月仍未归还的事实，但持卡人系因突发重大疾病而导致经济状态严重恶化，无力还款且未继续透支，应认定其没有"以非法占有为目的"恶意透支的主观故意，不构成信用卡诈骗罪。最终，检察机关以丁某某不具有"非法占有目的"，作出法定不起诉决定。

②资金用于生产经营活动，后因资金周转迟缓或不灵导致无法继续还款，曾有持续还款行为，且未继续透支的。如，薛某某信用卡诈骗案：薛某某系北京某公司法定代表人，自2013年8月15日第一次消费至2013年10月16日，薛某某持卡消费共计人民币2015863.68元，其中1545500元为支付其供货商上海某公司的货款。截至2014年4月29日，薛某某已还款1778100元，欠款本金为237763.68元。后银行多次打电话催收还款，薛某某于2014年4月29日与银行签订了还款承诺书，约定2015年5月6日前还清全部款息。因公司资金周转不开，薛某某在4月29日还款8万元后再无还款行为。2014年12月5日银行报案，同日公安机关立案并将薛某某抓获。本案中，现有证据证明持卡人薛某某持卡消费共计人民币2015863.68元，其中1545500元为支付其供货商上海驼鑫实业有限公司的货款。同时其未变更联系方式，后因公司资金周转不开，导致还款不能。且其与银行的还款协议期限也未到。故最终以现有证据不足以证明其主观上存在"非法占有目的"，依法作出法定不起诉决定。

③有证据能够证明行为人有主动还款的意愿和积极还款的客观行为，不宜直接以客观上符合经多次催收，超过3个月仍未还款来推定其主观上具有非法占有目的。如，李某某信用卡诈骗案：被告人李某某系应银行工作人员电话，为与银行商量还款事宜到达与银行约定还款的地点某银行，且当场给其男友打电话还款，其男友委托合伙人通过"缴费易"还款，但交易没有成功。银行报

警后，李某某当场被赶来的民警抓获。但本案中李某某确有还款的行为，仅因客观原因（"缴费易"需要一段时间才能进入银行账）钱没有马上到账，应当认定其主观上具有还款意愿，抓捕当时并不符合信用卡诈骗罪的主观构成要件。该案件也提示检察机关在审查该类案件中要谨慎，特别注重主观故意证据的审查。

④其他情形。实践中常见的以下情形也不宜认定行为人具有非法占有目的：一是持卡人透支消费未明显超过其收入水平，虽未完全清偿，但有持续的超过最低还款额的还款行为，已偿还的数额超过了未偿还金额。二是持卡人仅对欠款数额或还款方式有异议，无拒不归还欠款的意思表示，与发卡行之间联系畅通，积极与发卡行沟通、寻求解决方案的。

（4）审查重点

在判断持卡人是否具有"以非法占有为目的"时，应重点审查以下证据：①必须听取犯罪嫌疑人对信用卡透支欠款的辩解。钱款用途、收入情况、还款情况、无法正常还款的原因、是否与银行达成还款协议、未达成还款协议的原因、是否变更联系方式并及时通知银行等。②对透支钱款用途重点审核。结合消费明细及犯罪嫌疑人供述、家属等核实犯罪嫌疑人是否具有"肆意挥霍的行为"、生产经营的行为。③对于持卡人辩解因生病、家庭变故、工作变故等客观原因导致无力还款的情况，需调取相关证据予以核实，如诊断证明，工作单位出具的情况说明，父母、同事、朋友的证言等。

2. "催收"的认定

关于催收的认定，同样存在争议。一是两次以上的催收如何认定。即两次仅仅是绝对数量的两次以上，还是应当有所要求，比如在催收间隔、催收方式等方面有一定标准。对此，有的实务人士提出了"有效催收"的概念：也就是说一定时间内频繁的催收只能视为一次有效催收，但也有不同认识。二是如何确定"规定期限"起算催收的时间，特别是银行对信用卡欠款进行"分期处理"的情形下，如何计算起始时间。

在司法办案过程中，可以参照以下司法认定的思路：

（1）催收起点的确定

理论和实务界普遍认为，催收的起点应当自持卡人无有效还款之日后起算。此处存在两个问题，一是何谓有效还款，二是分期付款等另行起算还款时间后如何计算催收起点。

①关于有效还款的问题，实践中存在持卡人为了规避法律风险，每月还款 100 元，甚至 1 元，就为了显示每个月均在还款。这种情形下能否认定其到期未还款？我们认为，应当以达到或者基本达到最低还款额为标准认定有效还款，可以中断催收起点。远低于最低还款额的 100 元、1 元等还款行为主观上是为了规避法律追诉风险，应当视为无效还款。

②关于分期付款情形下如何计算催收起点的问题。如前所述，在银行同意对持卡人到期后实施了分期付款的情形下，催收起点如何计算，检法存在分歧。一种意见认为，应当从信用卡透支金额到期日开始计算；另一种意见认为，银行既然同意分期付款，视为变更合同期限的双方合意后形成新的合同，故而应当自分期付款到期后视为催收起点日。如在被告人罗某某信用卡诈骗案中，银行在被告人罗某某信用卡还款到期后，先后对其账户欠款分别于 2013 年 7 月、8 月、9 月、11 月做了四次分期处理。在被告人长达 5 个月都不还款的情况下，银行明细显示 2013 年 11 月将该账户欠款全部分期处理，而本案被告人是 2013 年 12 月 26 日被抓获归案。检察机关以透支还款到期后未还款构成犯罪提起公诉，但法院认为分期还款协议系银行与被告人重新达成还款协议，期限应重新计算，自达成还款协议之日起至案发，银行催收未超过 3 个月，被告人不构成信用卡诈骗罪。最终检察机关撤回起诉并对其不起诉。

此外，因自然灾害、重大疾病等不可抗拒的原因，或长期出差、出国等客观原因，持卡人未能及时收到银行的催收通知而造成了拖欠的，按照刑法不可抗力的理论，应当自上述情形消失之日作为催收起点。故应重点审查有无证据证明持卡人存在上述合理辩解。

（2）有效催收的认定

催收的形式包括电话催收、信件催收、上门催收、委托催收等。我们认为，一般情形下，持卡人本人实际接收到催收通知后才可认定为是有效催收。但因持卡人预留联系方式作假或为逃避银行催收变更联系方式，致使催收无法送达，且发卡银行能够证明已采取了两次以上催收行动的，可以认定银行的催收行为已发生效力。

（3）两次有效催收之间应当有合理的时间间隔

实践中经常存在银行方在一天之内或一个星期之内进行数次催收，而后或者之前均无有效催收行为，如果仅以一次电话记录算一次催收，则一天之内甚至一个小时之内连续拨打电话，本质上履行的催收行为无法体现出能够证明持卡人存在故意逃避催收的行为。直接认定多次显然与立法本意不符。我们认为，两次有效催收之间至少间隔1个月，且经催收后还款金额占恶意透支数额的比例不应过低。如，在李某某信用卡诈骗案中，根据催收记录，银行从2014年8月9日开始对嫌疑人李某某进行第一次催收。两次有效催收至少间隔1个月，故9月9日才能算作是第二次有效催收，从2014年9月10日至嫌疑人2014年12月7日被刑事拘留，未超过3个月，故不符合"两高"《关于办理妨害信用卡管理刑事案件具体应用法律若干问题的解释》第6条"经发卡银行两次催收超过3个月仍不归还"的构成要件，不构成犯罪。检察机关对该案作法定不起诉处理。

此外，催收过程中，银行就行为人的还款提出不合理要求，致使行为人无法还款的，如不接受行为人合理的分期还款、要求行为人全额还款等，不应认定为有效催收。因为持卡人系合法诉求，不应以此来判定其逃避催收。

（4）审查重点

在认定上述构成要件时，应当对银行提供的证据要更为详细的审核：一是核实交易明细中是否在"二次催收已满三个月后"又有主动对账单进行分期销账的情况；二是谨慎对待银行以商讨分期偿还卡债为由将持卡人约至银行后实施抓捕的情况；三是对银行报案人需详细核实消费及还款明细反映的内容及催收情况。同时，还应加强与公安机关的沟通协调，引导公安机关在立案侦查过程中收集如下证据：发卡银行向侦查机关提供的有效催收的证明材料，包括通信记录、录音、录像、照片或催收送达证明等书面材料；如系委托催收，必须收集授权委托书、相关证人证言等证据材料。

3."类贷款业务"的认定

当前,部分商业银行为了拓展业务,突破银行关于传统贷款业务的监管,采取将类似小额贷款的现金贷业务纳入信用卡增值业务中,先放款到用款人信用卡或者名下其他储蓄卡中,再使用,再还款。利率和资金使用方式与信用卡透支业务不同,更类似贷款业务。但在用款人逾期还款不能后,直接以"恶意透支"信用卡犯罪提起刑事诉讼。该类业务性质本质上应当归属于信用卡诈骗罪还是贷款诈骗罪或者骗取贷款罪,这在理论和实践中都存在较大争议。

较为典型的如王某某信用卡诈骗案:2009年12月,被告人王某某申请办理广发银行信用卡一张,后持卡在北京市朝阳区等地透支消费,透支消费合计人民币117997.3元(包括"财智金"分期还款业务67000元),还款合计94394.54元,透支本金人民币23602.76元(本息100435.39元)。被告人王某某于2015年12月26日还款人民币2000元,经银行多次催收,超过3个月仍未还款。被告人王某某于2016年12月31日还款人民币100元。发卡行自2015年5月至2017年1月间,多次通过电话、信函等方式向其催收,均为无人接听或关机状态。广发银行于2017年1月10日向公安机关报案,当日被告人被民警抓获归案。检察机关以王某某涉嫌信用卡诈骗罪提起公诉,一审法院判决被告人王某某犯信用卡诈骗罪,判处拘役6个月,缓刑6个月,罚金人民币2万元。被告人上诉后,二审法院以事实不清、证据不足为由,裁定发回重审。法院重审后认为,广发银行"财智金"业务属于贷款业务,不属于"透支"型的信用卡业务。后检察机关将该案撤回起诉并作出存疑不起诉决定。

从王某某信用卡诈骗案的诉讼过程看,司法实务界对于该类案件的处理存在较大争议。一种意见认为,上述在信用卡名下的如"财智金"分期还款业务等类贷款业务属于信用卡功能,未还款额应计算在透支信用卡金额之内。其主要理由是:根据2004年12月29日第十届全国人大常务委员会第十三次会议通过的《关于〈中华人民共和国刑法〉有关信用卡规定的解释》,刑法规定的"信用卡"是指商业银行或者其他金融机构发行的具有消费支付、信用贷款、转账结算、存取现金等全部或者部分功能的电子支付卡。根据广发银行提供的其于 2012 年 5 月 10 日向中国银行业监督管理委员会广东监管局报备的《广发银行关于信用卡"财智金"产品的备案报告》显示,"财智金"产品是在客户信用卡账户综合授信额度内,因应客户个性化还款方式的需求,为客户提供的一种透支转账分期还款服务。针对通过审批的客户,广发银行通过透支转账的方式从其信用卡内扣除一笔不超过其综合授信额度的现金,并划拨至持卡人指定的同名国内银行储蓄账户,客户可选择分 3、6、12、18、24、36 期(每月为一期)分期偿还本金和手续费。同时,广发银行还规定"财智金"款项仅可用于消费等正常用途,不可用于股票、黄金期货、外汇等投资、投机用途。根据以上表述,可以看出"财智金"未还款额虽不占用信用卡消费信贷额,但占用现金分期还款信贷额度,其实质是一种信用贷款,属于全国人大解释中规定的信用卡功能之一,恶意透支"财智金"额度亦构成信用卡诈骗罪。实践中也有判例对此意见予以认可。

另一种意见认为,该类业务虽然置于信用卡功能中,但与信用卡先消费、银行代支付、持卡人后还款的透支服务的本质功能不同,均系银行经审核同意后先行发放一定额度资金进入指定账户,然后由持卡人再使用、再还款付息,不存在透支的本质特征。不应认定为信用卡透支业务,本质上是变相的突破相关内部监管的小额信用贷款业务。如案例中的广发银行"财智金"业务属于贷款业务,不属于"透支"型的信用卡业务,故持卡人不构成信用卡诈骗罪,而其又未达到贷款诈骗或者骗取贷款罪的追诉标准,不构成犯罪。

根据最高人民法院、最高人民检察院《关于办理妨害信用卡管理刑事案件具体应用法律若干问题的解释》第 11 条规定,发卡银行违规以信用卡透支形式变相发放贷款,持卡人未按规定归还的,不适用刑法第 196 条"恶意透支"的规定。构成其他犯罪的,以其他犯罪论处。该司法解释对类贷款业务定罪进行了明确。

(三)伪造金融票证罪、妨害信用卡管理罪、窃取收买非法提供信用卡信息罪与信用卡诈骗罪

前三罪名与信用卡诈骗罪的区别主要在于客体、客观行为与主观要件上。

前三罪所侵犯的客体仅为国家的信用卡管理制度，而信用卡诈骗罪所侵犯的客体还包括公私财产所有权。信用卡诈骗罪在主观要件上还必须以非法占有为目的。

在客观行为上，司法实践中经常出现在牵连行为，即行为人使用虚假的身份证明骗领信用卡后再对他人使用的，或窃取他人信用卡信息后冒用的等情形。前三罪名所涉及的情形通常会成为行为人信用卡诈骗的手段，应当认定为牵连犯实行从一重罪处罚的原则。

第六章　证券类犯罪的认定及司法研究

一、内幕交易、泄露内幕信息罪（刑法第 180 条第 1 款）

（一）犯罪构成

1. 客体方面

本罪侵害的客体是证券期货市场的管理秩序和其他投资人的合法利益。

2. 客观方面

本罪客观方面表现为，行为人在涉及证券的发行，证券、期货交易或者其他对证券、期货交易价格有重大影响的信息尚未公开前，买入或者卖出该证券，或者从事与该内幕信息有关的期货交易，或者泄露该信息，或者明示、暗示他人从事上述交易活动，情节严重的行为。

根据《立案追诉标准的规定（二）》第 35 条的规定，证券、期货交易内幕信息的知情人员、单位或者非法获取证券、期货交易内幕信息的人员、单位，在涉及证券的发行，证券交易或者其他对证券期货交易价格有重大影响的信息尚未公开前，买入或者卖出该证券，或者从事与该内幕信息有关的期货交易，或者泄露该信息，或者明示、暗示他人从事上述交易活动，涉嫌下列情形之一的，应予立案追诉：（1）证券交易成交额在 50 万元以上的；（2）期货交易占用保证金数额在 30 万元以上的；（3）获利或者避免损失数额在 15 万元以上的；（4）3 次以上的；（5）具有其他严重情节的。

3. 主体方面

本罪主体为特殊主体，即证券、期货交易内幕信息的知情人员或者非法获取证券、期货交易内幕信息的人员。本罪存在单位犯罪。

内幕信息知情人员范围依《关于办理内幕交易、泄露内幕信息刑事案件具体应用法律若干问题的解释》规定：证券交易内幕信息的知情人包括：（一）发行人的董事、监事、高级管理人员；（二）持有公司百分之五以上股份的股东及其董事、监事、高级管理人员，公司的实际控制人及其董事、监事、高级管理人员；（三）发行人控股的公司及其董事、监事、高级管理人员；（四）由于所任公司职务可以获取公司有关内幕信息的人员；（五）证券监督管理机构工作人员以及由于法定职责对证券的发行、交易进行管理的其他人员；（六）保荐人、承销的证券公司、证券交易所、证券登记结算机构、证券服务机构的有关人员；（七）国务院证券监督管理机构规定的其他人。内幕信息的知情人员，是指由于其管理地位、监督地位或者职业地位，或者作为雇员、专业顾问履行职务，能够接触或者获得内幕信息的人员，包括：期货交易所的管理人员以及其他由于任职可获取内幕信息的从业人员，国务院期货监督管理机构和其他有关部门的工作人员以及国务院期货监督管理机构规定的其他人员。

非法获取内幕信息的人员范围分为三类：第一，利用非法手段，即利用窃取、骗取、套取、窃听、利诱、刺探或者私下交易等手段获取内幕信息的；第二，利用特定身份，即内幕信息知情人员的近亲属或者其他与内幕信息知情人员关系密切的人员，在内幕信息敏感期内，从事或者明示、暗示他人从事，或者泄露内幕信息导致他人从事与该内幕信息有关的证券、期货交易，相关交易行为明显异常，且无正当理由或者正当信息来源的；第三，利用联络接触，即在内幕信息敏感期内，与内幕信息知情人员联络、接触，从事或者明示、暗示他人从事，或者泄露内幕信息导致他人从事与该内幕信息有关的证券、期货交易，相关交易行为明显异常，且无正当理由或者正当信息来源的。

4.主观方面

本罪构成要求主观上具有故意，过失不构成本罪。

（二）内幕交易、泄露内幕信息罪认定中应当注意的问题

1."非法获取内幕信息的人员"认定

（1）证券交易行为异常，但现有证据不足以认定行为人系非法获取内幕

信息的人员，不构成内幕交易、泄露内幕信息罪。对于认定非法获取内幕信息的人员应查明内幕信息来源，若内幕信息的来源无法查清，则无法认定其属于非法获取内幕信息的人员。

（2）应当准确适用《办理内幕交易、泄露内幕信息刑事案件具体应用法律若干问题的解释》，姻亲等普通亲属关系不应一概认定为刑法意义上的"关系密切的人员"，不应纳入本罪主体范围。

（3）被借用身份证注册股票账号、银行账户用于内幕信息证券交易的人员，因不知悉且未参与具体操作和共谋，不属于非法获取内幕信息的人员，因而不构成本罪。

2. 内幕信息的认定

《证券法》第75条规定，证券交易活动中，涉及公司的经营、财务或者对该公司证券的市场价格有重大影响的尚未公开的信息为内幕信息。《期货交易管理条例》第81条规定，内幕信息是指可能对期货交易价格产生重大影响的尚未公开的信息。综合以上行政法规判断，内幕信息要求同时具备非公开性和重大性。

内幕信息的非公开性，是指该信息尚未公开，尚未为证券市场上的投资者所获悉。信息一经公开便不具备内幕信息的性质，此时相关主体利用这种信息进行证券交易便不能是构成犯罪。对于信息公开的起算时点，《证券法》第70条以及《股票发行与交易管理暂行条例》都对公开的形式要求作了相应的规定。内幕信息的重大性则体现在《刑法》规定的"对证券、期货交易价格有重大影响的信息"。

3. 内幕信息敏感期的认定

对于内幕信息敏感期的认定，最高人民法院、最高人民检察院《关于办理内幕交易、泄露内幕信息刑事案件具体应用法律若干问题的解释》第5条规定，"内幕信息敏感期"是指内幕信息自形成至公开的期间。所谓内幕信息形成时期，是指"重大事件"发生时间"计划""方案""政策""决定"等的形成时间，以及可能影响内幕信息形成的高级管理人员初始决策时间。

在司法实务中，内幕信息及其敏感期的确定通常是由中国证券监督管理委员会通过行政认定的方式做出，但法律赋予司法机关对行政认定进行"独立且全面的司法审查和判断"的权力，因此司法机关有权不采信行政认定中的结论，而是行使独立判断的权力，直接依据刑法和相关司法解释的规定进行认定。

4. 从事与内幕信息有关的交易认定

《办理内幕交易、泄露内幕信息刑事案件具体应用法律若干问题的解释》（以下简称《解释》）第 3 条规定，"相关交易行为明显异常"，要综合以下情形，从时间吻合程度、交易背离程度和利益关联程度等方面予以认定：（一）开户、销户、激活资金账户或者指定交易（托管）、撤销指定交易（转托管）的时间与该内幕信息形成、变化、公开时间基本一致的；（二）资金变化与该内幕信息形成、变化、公开时间基本一致的；（三）买入或者卖出与内幕信息有关的证券、期货合约时间与内幕信息的形成、变化和公开时间基本一致的；（四）买入或者卖出与内幕信息有关的证券、期货合约时间与获悉内幕信息的时间基本一致的；（五）买入或者卖出证券、期货合约行为明显与平时交易习惯不同的；（六）买入或者卖出证券、期货合约行为，或者集中持有证券、期货合约行为与该证券、期货公开信息反映的基本面明显背离的；（七）账户交易资金进出与该内幕信息知情人员或者非法获取人员有关联或者利害关系的；（八）其他交易行为明显异常情形。

同时，《解释》第 4 条明确规定了认定异常交易的阻却事由：（一）持有或者通过协议、其他安排与他人共同持有上市公司百分之五以上股份的自然人、法人或者其他组织收购该上市公司股份的；（二）按照事先订立的书面合同、指令、计划从事相关证券、期货交易的；（三）依据已被他人披露的信息而交易的；（四）交易具有其他正当理由或者正当信息来源的。

在司法实务中，在认定相关交易行为明显异常的同时，必须考虑相关明显异常交易有无正当理由或者正当信息来源。相关交易人员，明示、暗示人员或者泄露内幕信息的行为人可以就其行为有无正当理由或者正当信息来源提出抗辩，不能自证正当性的，应当认定行为人为非法获取内幕信息的人员。同时，判断行为人是否利用内幕信息进行交易，关键看促使行为人作出交易决定的因素中有无内幕信息的影响。只要行为人获取的内幕信息对促使其交易决定具有一定影响，即帮助其在一定程度上确信从事相关交易必定获得丰厚回报，即使该影响可能与其他因素共同作用于交易决定，都应当认定行为人是利用内幕信息从事内幕交易。

5. 内幕信息知情人与他人共谋交易并泄密后，后者自行泄露内幕信息造成严重后果的，前者不再构成泄露内幕信息罪的共犯。

如在《刑事审判参考》第 757 号杜某某、刘某某内幕交易，刘某某泄露内幕信息案中，杜某某作为中电集团总会计师参与十四所与高淳陶瓷公司资产重组事项，因履行工作职责而获取内幕信息，属于内幕信息的知情人员；刘某某从杜某某处获悉该内幕信息，系非法获取内幕信息的人员。在内幕信息尚未公开前，杜某某、刘某某从事与该内幕信息有关的股票交易，构成内幕交易罪的共犯；刘某某还将内幕信息泄露给他人，导致他人从事与该内幕信息有关的股票交易，构成泄露内幕信息罪。公诉机关指控二被告人犯罪的事实清楚，证据确实、充分，但指控杜某某犯内幕交易、泄露内幕信息罪的罪名不当，应予纠正。

（三）内幕交易罪与泄露内幕信息罪之区分

1. 内幕信息知情人向他人泄露内幕信息，但不能证明具有获利目的的，只构成泄露内幕信息罪，不构成内幕交易罪。

内幕交易、泄露内幕信息罪是选择性罪名，泄露内幕信息并不必然导致构成内幕交易。构成内幕交易罪一罪和内幕交易、泄露内幕信息罪两罪的区别在于，行为人泄露信息是否以获取非法利益为目的。如果行为人以获取非法利益为目的，泄露内幕信息后建议他人进行证券交易的，应该认定其构成内幕交易、泄露内幕信息数罪。如果行为人仅泄露内幕信息，没有非法获利的，不构成内幕交易罪，只构成泄露内幕信息罪。

2. 内幕信息知情人向他人泄露内幕信息并与他人实施交易行为的，不再构成泄露内幕信息罪。

为实施内幕交易行为而泄露内幕信息的，系牵连行为，泄露内幕信息的手段行为被内幕交易的目的行为吸收，不再单独评价。如在《刑事审判参考》

第 735 号李某某等内幕交易、泄露内幕信息案中，被告人郑某甲利用担任集团公司总裁助理的职务便利，知悉集团公司正筹备将集团公司优质资产注入科技公司以实现集团公司整体上市的内幕信息。2007 年 6 月 11 日，郑某甲向郑某乙泄露了该内幕信息，并借用他的证券账户购买科技股票。随后，郑某乙又将该内幕信息告知陈某甲（郑某乙妻子），并让她筹集资金以购买科技股票。6 月 12 日至 20 日，陈某甲从其姐陈某乙账户转出 75 万元，郑某甲从其岳母刘某某账户转出 95 万元，分别转入郑某乙在银河证券公司中山营业部的证券资金账户。6 月 14 日至 21 日，该账户由郑某甲负责操作，买入科技公司股票累计 19.08 万股，买入资金 1695654 元。2007 年 9 月 10 日，郑某乙按照郑某甲的授意卖出科技公司股票，账面收益 4197584.2 元。法院认定，陈某甲从郑某乙处非法获取内幕信息，并利用该信息尚未公开前，买入相应证券，情节特别严重，其行为均构成内幕交易罪。

二、利用未公开信息交易罪（刑法第 180 条第 2 款）

（一）犯罪构成

1. 客体方面

本罪侵害的客体是证券期货市场的管理秩序和其他投资人的合法利益。

2. 客观方面

本罪的客观方面表现为利用因职务便利获取的内幕信息以外的其他未公开信息，违反规定，从事（包括明示、暗示他人从事）与该信息相关的证券、期货交易活动，情节严重。

根据《立案追诉标准的规定（二）》第 36 条的规定，证券交易所、期货交易所、证券公司、期货公司、基金管理公司、商业银行、保险公司等金融机构的从业人员以及有关监管部门或者行业协会的工作人员，利用因职务便利获取的内幕信息以外的其他未公开的信息，违反规定，从事与该信息相关的证券、期货交易活动，或者明示、暗示他人从事相关交易活动，涉嫌下列情形之一的，应予以立案：（1）证券交易成交额累计在 50 万元以上的；（2）期货交易占用保证金数额累计在 30 万元以上的；（3）获利或者避免损失数额累计在 15 万元以上的;(4)多次利用内幕信息以外的其他未公开信息进行交易活动的;(5)其他情节严重的情形。

3.主体方面

本罪主体为特殊主体,即证券交易所、期货交易所、证券公司、期货经纪公司、基金管理公司、商业银行、保险公司等金融机构的从业人员以及有关监管部门或者行业协会的工作人员。

本罪主体只限于自然人,不包括单位犯罪。

4.主观方面

本罪构成要求主观上具有故意,过失不构成本罪。

(二)利用未公开信息交易罪认定中应注意的问题

1.未公开信息的认定

根据《刑法》规定,未公开信息是内幕信息以外的,且未公开的信息。在《证券法》修订草案中,列举了四项未公开信息:一是证券交易场所、交易结算资金存放机构、证券资产托管机构、证券登记结算机构、依法设立的证券市场监测监控机构在经营、监控过程中形成或获取的证券交易、证券持有状况、资金数量等相关信息;二是证券经营机构、公募基金管理人、商业银行、保险公司、信托公司、社保基金、私募证券投资基金等金融机构的证券投资相关信息;三是政府主管部门、监管机构或者有关单位,制定或作出的可能对证券交易价格发生重大影响的政策或决定;四是国务院证券监督管理机构认定的其他信息。

因此,未公开信息应当具有"未公开性"和"重大影响性"两个特点。未公开性是指信息在行为人从事相关交易时尚未公开,普通公众无法知悉。重大影响性是指该信息公开后,会对相关证券期货交易价格产生重大影响。

2.获取信息途径的认定

本罪获取信息的途径有明确要求,即金融机构的从业人员以及有关监管部门或者行业协会的工作人员,利用职务便利获取未公开信息。而与利用职务无关,如通过交谈获知的他人无意间泄露的未公开信息的,不属于利用职务便利。

本罪未明确规定非法获取未公开信息的人员构成利用未公开信息交易罪，但理论通说及司法实践均认为，无身份者能够与有身份者构成共同犯罪。因此，无身份者也可以构成本罪的共犯。但如果双方没有合谋，有身份者仅仅建议无身份者从事某种交易活动，则无身份者不宜构成利用未公开信息交易罪。

3. 与未公开信息相关交易活动的认定

认定与未公开信息相关的交易活动与内幕信息相关交易活动类似，参照内幕交易罪的审查标准，从时间吻合程度、交易背离程度和利益关联程度等方面予以认定，即认定交易的吻合性、背离性和利益关联性。

交易的吻合性，是指涉案的证券期货账户，与行为人管理或知晓的证券期货账户在交易品种、交易时间等方面具有高度的吻合性。这里的吻合性并不局限于"先买先卖"的单一形式。如在《刑事审判参考》第941号李某甲利用未公开信息交易案中，李某甲作为交银施罗德公司投资决策委员会主席、投资总监，参与了交银施罗德公司旗下所有基金的投资决策。2009年4月，上述蓝筹基金、成长基金分别买入工商银行、建设银行股票，作为事先就了解上述基金股票交易情况的知情人员，李某甲指令五矿证券某营业部经理李某乙通过李某甲实际控制的岳某某、童某某的账户，先于或同期于上述基金买入工商银行、建设银行股票，稍晚于或同期于上述基金卖出股票，累计成交额人民币5226万余元，获利899万余元。法院认为，依照刑法规定，构成利用未公开信息交易罪并不以"先买先卖"同时具备为条件。除了先于基金买入股票，并且先于基金卖出股票这种典型的"先买先卖"型老鼠仓之外，与基金同期卖出，或者稍晚于基金卖出的行为，亦构成利用未公开信息交易罪。

交易的背离性，是指涉案账户在利用未公开信息交易时，与其以往的日常交易习惯存在明显不符的情况。在司法实践中，犯罪嫌疑人往往都是专业从业人员，经常辩称自己的交易操作是基于专业判断作出的决定，与利用未公开信息无关。但如果客观证据足以反映出涉案账户的交易行为明显背离其以往的交易习惯，而行为人又无法给出合理解释的，则可以考虑不采纳其辩解。

交易的利益关联性，是指行为人与涉案交易账户之间是否存在实质关联。

利用未公开信息交易也存在行为人借用他人名下账户进行交易，以及行为人指令他人利用未公开信息、在他人名下账户进行交易等情形。在司法实践中，犯罪嫌疑人经常辩称涉案账户与本人无关联或不是本人实际操作，针对这一辩解，应当通过勘验、鉴定等程序调取通话记录、聊天记录、IP 地址等，证明其中的关联性。

4."情节特别严重"情形的认定

刑法第 180 条第 4 款规定"依第一款的规定处罚"，应当是对第 1 款法定刑的全部援引。其中，"情节严重"是入罪标准，在处罚上应当依照本条第 1 款的全部法定刑处罚，即分别依照第 1 款规定的"情节严重"和"情节特别严重"两个量刑档次处罚。《最高人民检察院指导案例》第 24 号马某某用未公开信息交易案中也对此进一步予以明确，主要基于以下三点：

第一，从法条文义理解，刑法第 180 条第 4 款中的"情节严重"是入罪条款，为犯罪构成要件，表明该罪情节犯的属性，具有限定处罚范围的作用，以避免"情节不严重"的行为也入罪，而非量刑档次的限缩。本条款中"情节严重"之后并未列明具体的法定刑，不兼具量刑条款的性质，量刑条款为"依照第一款的规定处罚"，应当理解为对第 1 款法定刑的全部援引而非部分援引，即同时存在"情节严重""情节特别严重"两种情形和两个量刑档次。

第二，从刑法体系的协调性考量，一方面，刑法中存在与第 180 条第 4 款表述类似的条款，印证了援引法定刑为全部援引。如刑法第 285 条第 3 款规定"情节严重的，依照前款的规定处罚"，最高人民法院、最高人民检察院《关于办理危害计算机信息系统安全刑事案件应用法律若干问题的解释》第 3 条明确了本款包含有"情节严重""情节特别严重"两个量刑档次。另一方面，从刑法其他条文的反面例证看，法定刑设置存在细微差别时即无法援引。如刑法第 180 条第 2 款关于内幕交易、泄露内幕信息罪单位犯罪的规定，没有援引前款个人犯罪的法定刑，而是单独明确规定处 5 年以下有期徒刑或者拘役。这是因为第 1 款规定了情节严重、情节特别严重两个量刑档次，而第 2 款只有一个量刑档次，并且不对直接负责的主管人员和其他直接责任人员并处罚金。在这种情况下，为避免发生歧义，立法不会采用援引法定刑的方式，而是对相关法定刑作出明确表述。

第三，从设置利用未公开信息交易罪的立法目的分析，刑法将本罪与内幕交易、泄露内幕信息罪一并放在第180条中分款予以规定，就是由于两罪虽然信息范围不同，但是其通过信息的未公开性和价格影响性获利的本质相同，对公众投资者利益和金融管理秩序的实质危害性相当，行为人的主观恶性相当，应当适用相同的法定量刑幅度，具体量刑标准也应一致。如果只截取情节严重部分的法定刑进行援引，势必违反罪刑法定原则和罪刑相适应原则，无法实现惩罚和预防犯罪的目的。

三、编造并传播证券、期货交易虚假信息罪（刑法第181条第1款）

（一）犯罪构成

1.客体方面

本罪侵害的客体是证券期货市场的管理秩序和其他投资人的合法利益。

2.客观方面

本罪的客观方面表现为编造并且传播影响证券、期货交易的虚假信息，造成严重后果。

根据《立案追诉标准的规定（二）》第37条的规定，编造并且传播影响证券、期货交易的虚假信息，扰乱证券、期货交易市场，涉嫌下列情形之一的，应予立案追诉：（1）获利或者避免损失数额累计在5万元以上的；（2）造成投资者直接经济损失数额在5万元以上的；（3）致使交易价格和交易量异常波动的；（4）虽未达到上述数额标准，但多次编造并且传播影响证券、期货交易的虚假信息的；（5）其他造成严重后果的情形。

未达到刑事追诉标准，但行为违反《证券法》等行政法层面的禁止性规定的，应当由证券监督管理部门给予行政处罚。

3.主体方面

本罪主体为一般主体，所有年满16周岁的自然人都可以成为本罪主体。本罪处罚单位犯罪。

4. 主观方面

本罪构成要求主观上具有故意，过失不构成本罪。

（二）编造并传播证券、期货交易虚假信息罪认定中应注意的问题

1. 如何认定编造并传播虚假信息

首先，行为上必须既有编造又有传播的行为，仅有编造或仅有传播的行为，均不能构成本罪。其次，虚假信息必须与证券、期货交易市场相关联，对交易价格产生影响，如涉及发行人的增资计划、重大的投资行为、资产的重大损失、经营环境的重大变化、分配股利信息、减资、合并、分立、破产、解散，等等。信息不足以影响交易价格的，不能构成本罪。

2. 区分本罪与错误预测

证券、期货市场中的预测是指专业人员根据现有资料、专业知识和经验，依据证券、期货市场前期变化规律，综合分析判断证券、期货市场价格变化趋势的行为。但是受到各种主客观因素综合影响，预测结果往往与证券、期货市场的实际情况不相符合，错误预测可以说是证券市场中的正常现象。在司法实践中，区分错误预测和故意编造传播虚假信息可以从以下几个方面判断：第一，从主观上判断发布信息的心态。前者往往出于善意或者工作需要，而后者在主观上有故意，行为人明知虚假信息会扰乱证券、期货市场仍予以编造和传播；第二，从客观上判断发布信息是否有合理根据。预测是以现有资料、专业知识和经验为依据来判断，而编造虚假信息则没有任何事实依据；第三，从主体上判断信息发布人的资质，即审查信息发布人的素质、职业、经历等，判断其是否具有专业能力和专业素质，分析预测的方法、途径是否科学、合理。

（三）编造并传播证券、期货交易虚假信息罪与操纵证券、期货市场罪的界定

两罪均表现为通过恶意行为影响证券、期货交易价格。但二者存在以下不同之处：第一，引起证券、期货行情虚假的原因不同，前者是通过编造和传播虚假信息来影响证券、期货交易，扰乱证券、期货市场，后者主要是通过各种操纵市场行为来制造证券、期货行情的虚假情形，以吸收其他投资者

参与证券、期货交易，从而从中谋利；第二，主观动机要求不同，前者不要求主观上是否具有谋取不正当利益的目的，而后者在主观上同时具有影响证券、期货价格之故意和获取不正当利益或转嫁风险减免损失的目的。

在司法实践中，也会出现行为人以编造并传播虚假信息等手段来实施操纵市场行为的情形，应当按照牵连犯的处罚原则，目的行为吸收手段行为，以目的行为操纵证券市场罪一罪处罚。

四、诱骗投资者买卖证券、期货合约罪（刑法第 181 条第 2 款）

（一）犯罪构成

1. 客体方面

本罪侵害的客体是证券期货市场的管理秩序和其他投资人的合法利益。

2. 客观方面

本罪的客观方面表现为故意提供虚假信息或者伪造、变造、销毁交易记录，诱骗投资者买卖证券、期货合约，造成严重后果。

根据《立案追诉标准的规定（二）》第 38 条的规定，证券交易所、期货交易所、证券公司、期货公司的从业人员，证券业协会、期货业协会或者证券期货监督管理部门的工作人员，故意提供虚假信息或者伪造、变造、销毁交易记录，诱骗投资者买卖证券、期货合约，涉嫌下列情形之一的，应予以立案追诉本罪：（1）获利或者避免损失数额累计在 5 万元以上的；（2）造成投资者直接经济损失数额在 5 万元以上的；（3）致使交易价格和交易量异常波动的；（4）其他造成严重后果的情形。

3. 主体方面

本罪主体为特殊主体，即证券交易所、期货交易所、证券公司、期货经纪公司的从业人员，证券业协会、期货业协会或者证券期货监督管理部门的工作人员。本罪处罚单位犯罪。

4. 主观方面

本罪构成要求主观上具有故意，过失不构成本罪。

（二）诱骗投资者买卖证券、期货合约罪认定中应注意的问题

1. 提供的认定

提供是指将虚假的与证券发行，证券、期货交易相关的虚假信息故意传播或扩散，虚假信息来源既可以是自行编造，也可以是他人编造。如果与证券发行，证券、期货交易无关或者所提供的不是虚假的信息，则不构成本罪。

2. 伪造、变造、销毁的认定

伪造指按照证券、期货交易记录的特征包括形式特征如式样、格式、形状等内容特征，采用印刷、复印、描绘、拓印、石印等各种方法，制作假交易记录冒充真交易记录的行为。

变造指在真实交易记录的基础上，通过涂改、剪接、挖补、拼凑等加工方法，从而使原交易记录改变其内容的行为。

销毁指将证券、期货交易记录采用诸如撕裂、火烧、水浸、丢弃等各种方法予以毁灭。

3. 诱骗的认定

诱骗指采取提供虚假的信息或将交易记录加以伪造、变造、销毁等方式，以对投资者进行欺骗、引诱、误导，骗取投资者信任从而使其买卖证券、期货合约的行为。

五、操纵证券、期货市场罪（刑法第 182 条）

（一）犯罪构成

1. 客体方面

本罪侵害的客体是证券期货市场的管理秩序和其他投资人的合法利益。

2. 客观方面

本罪的客观方面表现为，通过以下形式操纵证券、期货市场，情节严重的：（一）单独或者合谋，集中资金优势、持股或者持仓优势或者利用信息优势联合或者连续买卖，操纵证券、期货交易价格或者证券、期货交易量的；（二）与他人串通，以事先约定的时间、价格和方式相互进行证券、期货交易，影响证券、期货交易价格或者证券、期货交易量的；（三）在自己实际控

制的账户之间进行证券交易，或者以自己为交易对象，自买自卖期货合约，影响证券、期货交易价格或者证券、期货交易量的；（四）以其他方法操纵证券、期货市场的。

根据《立案追诉标准的规定（二）》第39条的规定，操纵证券、期货市场，涉嫌下列情形之一的，应予立案追诉本罪：（1）单独或者合谋，持有或者实际控制证券的流通股份数达到该证券的实际流通股份总量30%以上，且在该证券连续20个交易日内联合或者连续买卖股份数累计达到该证券同期总成交量30%以上的；（2）单独或者合谋，持有或者实际控制期货合约的数量超过期货交易所业务规则限定的持仓量50%以上，且在该期货合约连续20个交易日内联合或者连续买卖期货合约数累计达到该期货合约同期总成交量30%以上的；（3）与他人串通，以事先约定的时间、价格和方式相互进行证券或者期货合约交易，且在该证券或者期货合约连续20个交易日内成交量累计达到该证券或者期货合约同期总成交量20%以上的；（4）在自己实际控制的账户之间进行证券交易，或者以自己为交易对象，自买自卖期货合约，且在该证券或者期货合约连续20个交易日内成交量累计达到该证券或者期货合约同期总成交量20%以上的；（5）单独或者合谋，当日连续申报买入或者卖出同一证券、期货合约并在成交前撤回申报，撤回申报量占当日该种证券总申报量或者该种期货合约总申报量50%以上的；（6）上市公司及其董事、监事、高级管理人员、实际控制人、控股股东或者其他关联人单独或者合谋，利用信息优势，操纵该公司证券交易价格或者证券交易量的；（7）证券公司、证券投资咨询机构、专业中介机构或者从业人员，违背有关从业禁止的规定，买卖或者持有相关证券，通过对证券或者其发行人、上市公司公开作出评价、预测或者投资建议，在该证券的交易中谋取利益，情节严重的；（8）其他情节严重的情形。

3. 主体方面

本罪主体为一般主体，所有年满16周岁的自然人都可以成为本罪主体。

本罪处罚单位犯罪。

4. 主观方面

本罪构成要求主观上具有故意，过失不构成本罪。

（二）操纵证券、期货市场罪认定中应注意的问题

1. 当前主要操纵行为分析

（1）连续交易及联合交易

《刑法》第182条第1款第一项规定，单独或者合谋，集中资金优势、持股或者持仓优势或者利用信息优势联合或者连续买卖，操纵证券、期货交易价格或者证券、期货交易量的，属于操纵行为。

连续交易行为本身并不违法，即使行为人具有连续交易的故意，如果不能证明行为人有通过连续交易影响证券交易价格并从中非法获利的动机，也不能认为这一行为属于操纵行为。这一点在追诉标准的量化上也有体现。同理，联合交易本身也并不违法，投资者经过分析认为某股票价值现在处于低点，可以联合他人共同买进，以期引起股价上涨并从中获利。因此，行为人也必须具有通过联合交易影响证券价格的目的才构成本罪。

同时，行为人有时会使用两种以上的方式，即在联合交易的同时进行连续交易。尽管二者在形式上都是合法行为，但如果判断将其结合使用已经明显偏离了正常的交易，同样可以评价为本罪。

（2）串通买卖

《刑法》第182条第1款第二项规定，与他人串通，以事先约定的时间、价格和方式相互进行证券、期货交易，影响证券、期货交易价格或者证券、期货交易量的，是典型的操纵行为。在串通买卖行为中，参与证券交易的双方分别扮演买方和卖方，但对双方交易时间、价格和数量不必要求完全一致，只要具有实质相似性即可。

（3）自我交易

《刑法》第182条第1款第三项规定，在自己实际控制的账户之间进行证券交易，或者以自己为交易对象，自买自卖期货合约，影响证券、期货交易价格或者证券、期货交易量的，是典型的操纵行为。不管交易账户的名义人是谁，只要账户的控制人没有发生改变，或者证券的实际受益人没有变更，

行为人之间的交易就可能被归入洗售。如家庭成员之间、母子公司之间，如果可以对对方的账户实施控制，都可能属于未改变受益所有权人的交易。

（4）信息操纵

信息操纵主要体现在以下两个方面：一是上市公司及其董事、监事、高级管理人员、实际控制人、控股股东或者其他关联人单独或者合谋，利用信息优势，操纵该公司证券交易价格或者证券交易量的；二是证券公司、证券投资咨询机构、专业中介机构或者从业人员，违背有关从业禁止的规定，买卖或者持有相关证券，通过对证券或者其发行人、上市公司公开作出评价、预测或者投资建议，在该证券的交易中谋取利益，情节严重的。

如《最高人民检察院指导案例》第 39 号朱炜明操纵证券市场一案，被告人朱炜明在任国开证券营业部证券经纪人期间，先后多次在其担任特邀嘉宾的《谈股论金》电视节目播出前，使用实际控制的三个证券账户买入多支股票，于当日或次日在《谈股论金》节目播出中，以特邀嘉宾身份对其先期买入的股票进行公开评价、预测及推介，并于节目首播后一至二个交易日内抛售相关股票，人为地影响前述股票的交易量和交易价格，获取利益。经查，其买入股票交易金额共计人民币 2094.22 万元，卖出股票交易金额共计人民币 2169.70 万元，非法获利 75.48 万元。法院判决认为，被告人违反规定买卖或者持有相关证券后，对该证券作出公开评价、预测并提出投资建议，对普通投资者交易决策产生影响。其在发布信息后，又利用证券价格波动实施与投资者反向交易的行为获利，破坏了证券市场管理秩序，违反了证券市场公开、公平、公正原则，具有较大的社会危害性，情节严重，构成操纵证券市场罪。

操纵证券市场，情节严重，但没有达到获取非法利益或避免损失的目的，甚至严重亏损的，也构成本罪。只要行为人滥用证券市场优势行为，在主观上出于操纵证券市场的故意，客观上具有操纵证券市场的可能性，即可构成操纵证券市场行为。

（三）内幕交易罪与操纵证券市场罪的界定

在证券犯罪中，利用信息型操纵证券市场犯罪与内幕交易犯罪之间存在一定的相似之处，但两罪还是有本质的区别：

第一，从主观意图来看。内幕交易行为人主观上是利用重大的内幕信息本身获利。而信息型操纵市场行为人主观上是通过对信息发布节奏和内容的控制，造成市场活跃的假象，并吸引其他投资者跟风操作，利用对股价的操纵达到获利目的。

在黄光裕内幕交易一案中，黄光裕作为中关村上市公司的董事和鹏泰公司的法定代表人，参与了两公司收购、重大资产置换等运作决策，在收购及资产置换等内幕信息公告前，借用多人股票账户购入中关村股票。上述信息都属于内幕消息，一经发布便会对股价产生影响。

而徐翔操纵证券市场一案中，主要犯罪手段是私募机构开设大量账户"马甲"，伙同上市公司大股东在已经持有上市公司股票的情况下，通过利用其信息优势地位，为了实现操纵意图主动选择时机释放"高送转"等利好消息，以对投资者产生诱导，在股价上升到一定程度时通过股东减持和大量抛售等方式卖出股票获利，其中股东的获利部分分成给私募机构。

第二，从信息含义来看。"重大性"和"非公开性"是内幕交易中内幕信息所必备的两个特点。而信息型操纵市场中的信息并非一定具有内幕信息所具备的"重大性"，行为人本身可能就在制造和谋划消息，这些信息不一定是依法依规必须披露的。

第三，从行为主体来看。内幕交易行为人是内幕信息知情人员和非法获取内幕信息的其他人员，而信息型操纵市场的行为人是上市公司及其董事、监事、高级管理人员、实际控制人、控股股东或者其他关联人等对信息的发布有一定控制能力的人员。

（四）破坏计算机信息系统罪与操纵证券市场罪的界定

行为人使用计算机侵入证券公司计算机系统修改系统存储数据，人为操纵股票价格，其行为侵犯的客体是刑法第182条所保护的国家对证券的管理制度和投资者的合法权益，构成操纵证券市场罪还是破坏计算机信息系统罪存在争议。

如在《刑事审判参考》第48号赵喆操纵证券交易价格案中，被告人赵喆为了抬高股票价格，以便其本人及朋友能在抛售股票时获利，利用计算机侵入三亚中亚信托投资公司上海新闸路证券交易营业部（以下简称三亚营业部）的计算机信息系统，对该部待发送的委托数据进行修改，以致"兴业房产"和"莲花味精"两种股票的价格被抬高。赵喆及其朋友乘机抛售股票获利数万元，三亚营业部因此遭受经济损失295万元。

对此有两种不同意见：一是构成操纵证券市场罪。理由是，被告人赵喆为了使自己和朋友能获取非法利益，主观上的目的是操纵证券交易价格获利，只是使用了修改计算机信息系统存储数据的方法来操纵，扰乱股市交易秩序，造成他人巨大经济损失，情节严重，其行为符合操纵证券市场罪的构成要件，依法构成该罪；二是构成破坏计算机信息系统罪。理由是，我国刑法中规定的证券犯罪属于刑法理论上的"法定犯"，其共同特点是行为人在证券市场上的交易行为均应是"市场行为"，即用资金买入本身应该属于正常的，问题出于行为人能不能交易、如何进行交易以及与谁进行交易。但本案中赵喆的行为完全超出了一般正常市场行为的范围，其通过修改计算机中的信息，在他人完全不知且根本违背他人意志的情况下，与其进行所谓的"交易"，这种交易不能算作是一般的"市场行为"；刑法第182条具体列举了四种操纵证券交易价格行为，前三项均与被告人赵喆的行为不符，第四项"以其他方法操纵证券交易价格"中，"其他方法"应与前三项规定的行为相类似，而本案的行为并非与前三项规定的行为相类似，所以，赵喆的行为不构成操纵证券交易价格罪，对其修改计算机储存数据的行为应以破坏计算机信息系统罪论处。

法院经审理认为，被告人身为证券行业从业人员，理当执行证券管理制度，维护证券交易秩序，但其为了使自己和朋友能获取非法利益，竟利用修改计算机信息系统存储数据的方法，人为操纵股票价格，扰乱股市交易秩序，造成三亚中亚上证巨大经济损失。被告人非法侵入他人计算机信息系统，修改他人计算机信息系统中存储的数据，客观上致使他人计算机信息系统受到破坏，但从其追求的犯罪目的、采用的手段以及行为侵犯的客体和对象考虑，符合操纵证券交易价格罪的特征，且情节严重。故被告人的行为构成操纵证券市场罪。

第七章　保险类犯罪的认定与司法研究

一、职务侵占罪（刑法第 183 条第 1 款）

（一）犯罪构成

1.客体方面

本罪的犯罪客体是保险公司的财产所有权。

2.客观方面

保险公司的工作人员利用职务上的便利，故意编造未曾发生的保险事故进行虚假理赔，骗取保险金归自己所有。

根据《立案追诉标准的规定（二）》第 84 条的规定，本罪立案追诉的标准为：公司、企业或者其他单位的人员，利用职务上的便利，将本单位财物非法占为己有，数额在 5000 元至 1 万元以上的，应予立案追诉。

3.主体方面

本罪主体为特殊主体，也即保险公司的工作人员。

4.主观方面

本罪在主观方面是直接故意，且具有非法占有保险公司财物的目的。

（二）职务侵占罪认定中应注意的问题

1.“数额较大”的标准

保险公司的工作人员如果仅有非法侵占保险公司保险金的行为，但没有达到数额较大的标准，则不能构成职务侵占罪。根据最高人民法院、最高人民检察院《关于办理贪污贿赂刑事案件适用法律若干问题的解释》第 11 条第 1 款的规定，职务侵占罪中的“数额较大”“数额巨大”的数额起点，按照受贿罪、贪污罪相对应的数额标准规定的 2 倍、5 倍执行，即 6 万元以上为职务侵占数额较大，100 万元以上为职务侵占数额巨大。

2. 职务侵占罪与诈骗罪的区分

两种犯罪都是以非法占有为目的，侵犯财产所有权的行为，两者的主要区别就在于：（1）主体要件不同，职务侵占罪主体是特殊主体，必须是公司、企业或者其他单位的人员；而诈骗罪的主体为一般主体。（2）犯罪对象不同。职务侵占罪的对象是本公司企业的财物，这种财物实际上已被行为人所掌握，而诈骗罪的对象是不为自己实际控制的他人财物。（3）犯罪的行为不同。职务侵占罪是利用职务上的便利侵占本单位的财物；而诈骗罪则是用虚构的事实或者隐瞒事实真相的方法骗取他人的财物。

3. 职务侵占罪与贪污罪的区分

主要如下：（1）主体要件不同。职务侵占罪的主体是公司、企业或者其他单位的人员。无论是股份有限公司、有限责任公司，还是国有公司、企业、中外合资、中外合作、集体性质企业、外商独资企业、私营企业，其中不具有国家工作人员身份的一切职工都可成为本罪的主体，贪污罪的主体则只限于国家工作人员，其中包括在国有公司、企业或者其他公司、企业中行使管理职权，并具有国家工作人员身份的人员；还包括受国有公司、国有企业委派或者聘请，作为国有公司、国有企业代表，在中外合资、合作、股份制公司、企业等非国有单位中，行使管理职权，并具有国家工作人员身份的人员。（2）犯罪行为不同，职务侵占罪是利用职务的便利，侵占本单位财物的行为。而贪污罪是指利用职务上的便利侵吞、盗窃、骗取公共财物的行为。（3）犯罪对象不同。职务侵占罪的对象必须是自己职权范围内或者是工作范围内经营的本单位的财物。它既可能是公共财物，也可能是私有财物。而贪污罪则只能是公共财物。（4）情节要件的要求不同。职务侵占罪的构成必须是侵占公司、企业财物数额较大的行为，数额较小的不构成犯罪。但法律对贪污罪没有规定数额的限制。当然如果犯罪数额较小，情节显著轻微危害不大的贪污行为不应认为是犯罪。（5）法定刑上有所不同。职务侵占罪的最高法定刑只有 15 年有期徒刑，而贪污罪的最高法定刑为死刑。

4.职务侵占罪与侵占罪的区分

职务侵占罪和侵占罪都是以财物为对象的犯罪，都侵犯了他人财物的所有权，主观上都具有非法占有的目的，客观上都具有非法占有自己原本已经持有的他人财物的特点。但是二者的区别是明显的：第一，职务侵占罪的主体是公司、企业或者其他单位的工作人员，且非国家工作人员，为特殊主体；而侵占罪的主体为一般主体，即达到刑事责任年龄具有刑事责任能力的自然人。第二，职务侵占罪在主观方面表现为明知是单位的财物而决意采取侵吞、窃取、欺诈等手段非法占为己有；而侵占的主观内容则明知是他人的代为保管的财物、遗忘物或埋藏物而决意占为己有，拒不交还。第三，职务侵占罪在客观方面表现为利用职务之便将单位财物非法占为己有，即化公为私。但行为人必须利用职务上的便利，采取的是侵吞、窃取、骗取等手段，但财物是否先已为其持有则不影响本罪成立；而侵占则必先正当、善意、合法地持有了他人的财物，再利用各种手段占为己有且拒不交还，行为不必要求利用职务之便。第四，职务侵占罪所侵犯的对象是公司、企业或者其他单位的财物，其中既有国有的，也有集体的，还有个人的；侵占罪所侵犯的仅仅是他人的3种特定物，即系为自己保管的他人财物、遗忘物或者埋藏物。他人仅是指个人，而不包括单位。第五，职务侵占罪所侵犯的客体是公私财物的所有权；而侵占罪所侵犯的仅是他人财物的所有权。第六，职务侵占罪不属于告诉才处理的案件，而侵占罪则只有告诉的才处理。

二、贪污罪（刑法第183条第2款）

（一）犯罪构成

1.客体方面

本罪侵犯的客体是复杂客体。既侵犯了公共财物的所有权，又侵犯了国有保险公司的正常活动以及职务的廉洁性，但主要是侵犯了职务的廉洁性。

2.客观方面

本罪的客观方面表现为利用职务之便，侵吞、窃取、骗取或者以其他手段非法占有公共财物的行为。所谓利用职务上的便利，是指行为人利用其职责范围内主管、经手、管理国有保险公司财产的职权所形成的便利条件，假借执行职务的形式非法占有公共财物，而不是因工作关系或主体身份所带来的某些方便条件，如因工作关系而熟悉作案环境，凭借工作人员身份进出某些机关、单位的方便等。

个人贪污数额在5000元以上的；个人贪污数额不满5000元，但具有贪污救灾、抢险、防汛、防疫、优抚、扶贫、移民、救济款物及募捐款物、赃款赃物、罚没款物、暂扣款物，以及贪污手段恶劣、毁灭证据、转移赃物等情节的，应予立案追诉。

3. 主体方面

本罪的主体是特殊主体，即必须是国有保险公司工作人员或国有保险公司委派到非国有公司从事公务的人员。

4. 主观方面

本罪在主观方面必须具有直接故意，并具有非法占有公共财物的目的。过失不构成本罪。其故意的具体内容表现为行为人明知自己利用职务之便所实施的行为会发生非法占有国有保险公司财物的结果，并且希望这种结果的发生。

（二）贪污罪认定中应注意的问题

1. 贪污数额、情节的认定

一要看行为人贪污的数额是否达到5000元。其中，贪污的数额按累计方法计算。对于行为人贪污的数额达到5000元的，无论其情节如何，均构成贪污罪；而对于贪污的数额尚未达到5000元的，一般应视为一般贪污违法行为。

二要看行为人的贪污情节。其中，贪污情节主要针对贪污数额不满5000元的贪污行为。如果贪污数额不满5000元，贪污情节较轻时，对该贪污行为就应认定为一般贪污违法行为；如果贪污数额不满5000元，但贪污情节较重时，对该贪污行为就应认定为贪污罪。其中，贪污情节是否属于较重或较轻范围，一般应从以下方面进行综合分析与界定：一看行为人的一贯表现；二看行为人贪污行为的动机和目的；三看行为人所贪污的国有保险公司财物的性质、用途；四看行为人贪污的手段；五看贪污行为所造成的后果；六看行为人的悔罪表现。根据1999年9月16日最高人民检察院发布施行的《关于人民检察院直接受理立案侦查案件立案标准的规定》（试行）的规定，个人贪污数额不满 5000 元，但具有贪污救灾、抢险、防汛、防疫、优抚、扶贫、移民、救济款物及募捐款物、赃款赃物、罚没款物、暂扣款物，以及贪污手段恶劣、毁灭证据、转移赃物等情节的。

2. 贪污罪既遂和未遂的认定

所谓贪污罪的既遂，是指行为人所故意实施的非法占有国有保险公司的行为，已具备了贪污罪构成的全部要件，同时产生了危害结果。因此，认定贪污罪既遂与否，应把握以下两点：首先，看行为人的贪污行为，是否符合贪污罪构成要件的特征。其中，衡量非法占有的标准，是行为人是否实际已非法占有了公共（国有）财物或非国有单位的财物。如果已实际非法占有了，即视为既遂。其次，看行为人的贪污行为，是否造成了客观的危害结果。其中，衡量造成了客观危害结果的标准：一是贪污数额实际上已达到 5000 元；二是贪污数额虽然实际上尚未达到 5000 元，但客观上存在贪污情节较重的事实。对于符合上述两方面的贪污行为，就可以认定为贪污罪既遂。

所谓贪污罪未遂，是指行为人已经着手实行贪污犯罪，由于犯罪分子意志以外的原因而未得逞。其特征是：（1）行为人已着手实施贪污行为；（2）行为人还没有取得对国有保险公司财物的实际控制权或所有权；（3）没有取得对国有保险公司财物实际控制权的原因，是由于行为人意志以外的原因。

三、保险诈骗罪（刑法第 198 条）

（一）犯罪构成

1. 客体方面

侵犯客体是国家的保险制度和保险人的财产所有权。

2. 客观方面

客观方面表现为违反保险法规，采取虚构保险标的、保险事故或者制造保险事故等方法，骗取较大数额保险金的行为。

保险诈骗的行为方式有以下五种：（1）财产投保人故意虚构保险标的，骗取保险金的。保险标的是指作为保险对象的物质财富及其有关利益、人的生命、健康或有关利益。故意虚构保险标的是指在与保险人订立保险合同时，故意捏造根本不存在的保险对象。以为日后编造保险事故，骗取保险金。（2）投保人、被保险人或者受益人对发生的保险事故编造虚假的原因或者夸大损失的程度，骗取保险金的。保险合同约定保险人只对因保险责任范围内的原因引起的保险事故承担赔偿责任，投保人、被保险人或受益人隐瞒发生保险事故的真实原因或者将非保险责任范围内的原因谎称为保险责任范围内的原因以便骗取保险金；对确已发生保险事故造成损失的。则故意夸大损失的程度以便骗取额外的保险金。（3）投保人、被保险人或者受益人编造未曾发生的保险事故，骗取保险金的。（4）投保人、被保险人故意造成财产损失的保险事故，骗取保险金的。这是指在保险合同期内，人为地制造保险事故，造成财产损失，以便骗取保险金。（5）投保人、受益人故意造成被保险人死亡、伤残或者疾病，骗取保险金的。这是指在人身保险中，为骗取保险金，制造赔偿条件，故意采用不法手段，造成被保险人的伤亡或疾病。行为人具备上述五种行为方式之一，骗取保险金数额较大的，构成保险诈骗罪。根据最高人民法院《关于审理诈骗案件具体应用法律的若干问题的解释》，个人进行保险诈骗数额在10000元以上的，属于"数额较大"。

根据《立案追诉标准的规定（二）》第56条的规定，进行保险诈骗活动，涉嫌下列情形之一的，应予立案追诉：（1）个人进行保险诈骗，数额在1万元以上的；（2）单位进行保险诈骗，数额在5万元以上的。

3. 主体方面

犯罪主体为个人和单位，具体指投保人、被保险人、受益人。投保人是指与保险人订立保险合同，并按照保险合同负有支付保险费义务的人。被保险人是指其财产或者人身受保险合同保障，享有保险金请求权的人，投保人本人或者投保人指定的享有保险金请求权的人，可以是被保险人。受益人是指人身保险合同中由被保险人或者投保人指定的享有保险金请求权的人，投保人、被保险人可以是受益人。

4. 主观方面

主观方面表现为故意，并具有非法占有保险金之目的。

（二）保险诈骗罪认定中应注意的问题

1. 数额较大的认定

保险诈骗罪与非罪行为的界限关键在于骗取保险金的数额是否达到了较大，未达较大数额，可按一般的违反保险法的行为处理，达到较大数额构成保险诈骗罪。

根据最高人民法院《关于审理诈骗案件具体应用法律的若干问题的解释》第 8 条的规定，个人进行保险诈骗数额在 1 万元以上的，属于"数额较大"；个人进行保险诈骗数额在 5 万元以上的，属于"数额巨大"；个人进行保险诈骗数额在 20 万元以上的，属于"数额特别巨大"。单位进行保险诈骗数额在 5 万元以上的，属于"数额较大"；单位进行保险诈骗数额在 25 万元以上的，属于"数额巨大"；单位进行保险诈骗数额在 100 万元以上的，属于"数额特别巨大"。

2. 保险诈骗既遂的认定

是否实际骗取了保险金是认定行为人保险诈骗既遂与否的标准。司法实践中不仅要考察行为人是否已经实施了本罪所列五种情形的行为，还要看其行为的结果，即是否骗取了保险金。如果行为人虽然实施了本罪所列五种情形的行为，但其骗赔行为被及时揭穿，未骗得保险金，那么，其行为性质属于违反保险法的违法行为。保险公司可根据保险法的规定，有权解除保险合同，并不退还投保人的保险费。如果行为人骗取了保险金，即构成了本项所规定的犯罪行为，就应当受到刑事制裁。

3. 保险诈骗故意的认定

成立保险诈骗罪应注意考察行为人主观上是否具有诈骗保险金的故意，如果具有下列情形之一表明行为人不具有诈骗故意，其行为不构成犯罪：（1）因过失而虚构保险标的的。如不知保险标的不合格而以合格标的保险，或因对保险标的价值计算错误而逾额保险；（2）对保险事故发生原因认识错误而错报或对损失计算错误而夸大的；（3）误认为发生保险事故的。如保险财产被人借走，行为人因忘记而以为丢失因而进行索赔的；（4）投保人、被保险人因过失行为或意外行为造成财产损失的；（5）投保人、受益人因过失行为或意外行为而致被保险人死亡、伤残或者疾病的。

（三）保险诈骗罪与有关犯罪的认定

在保险诈骗活动中，投保人、被保险人或者受益人为了获取保险金而人为地制造保险事故发生时，常常又触犯其他罪名。如行为人以放火或者爆炸等方法毁坏保险财产时可能触犯放火罪或者爆炸罪等犯罪；行为人致使被保险人死亡、伤残或者疾病的行为可能触犯故意杀人罪或者故意伤害罪。这种情形下手段行为构成了其他犯罪，目的行为构成了保险诈骗罪，因而属于牵连犯。按理论上的通行观点应择一重罪处罚。但是《刑法》第198条第2款规定了对故意以纵火、杀人、伤害、传播传染病、虐待、遗弃等行为方式制造财产损失、被保险人死亡、伤残、疾病的结果，骗取保险金的，按数罪并罚处罚，而不能再像处理一般牵连犯那样从一重罪处罚。

第八章　金融机构主体类犯罪的认定及司法研究

一、非国家工作人员受贿罪（刑法第 184 条第 1 款）

刑法第 184 条第 1 款非国家工作人员受贿罪的犯罪构成如下：

1. 客体方面

本罪侵害的客体是国家对公司、企业以及非国有事业单位、其他组织的工作人员职务活动的管理制度。

2. 客观方面

本罪客观方面表现为，在金融业务活动中索取他人财物或非法收受他人财物，为他人谋取利益，或者违反国家规定，收受各种名义的回扣、手续费、归个人所有。

3. 主体方面

本罪主体为特殊主体，即银行或其他金融机构的工作人员。

4. 主观方面

本罪构成要求主观上具有故意。

二、受贿罪（刑法第 184 条第 2 款）

刑法第 184 条第 2 款受贿罪的犯罪构成如下：

1. 客体方面

本罪侵害的客体是国家机关工作人员的职务廉洁性。

2. 客观方面

本罪客观方面表现为，在金融业务活动中索取他人财物或非法收受他人财物，为他人谋取利益，或者违反国家规定，收受各种名义的回扣、手续费、归个人所有。

3. 主体方面

本罪主体为特殊主体，即国有金融机构工作人员和国有金融机构委派到非国有金融机构从事公务的人员。

4. 主观方面

本罪构成要求主观上具有故意。

三、挪用资金罪（刑法第 185 条第 1 款）

刑法第 185 条第 1 款挪用资金罪的犯罪构成如下：

1. 客体方面

本罪侵害的客体是公司、企业或者其他单位资金的使用收益权。

2. 客观方面

本罪客观方面表现为，利用职务上的便利，挪用本单位或者客户资金。

3. 主体方面

本罪主体为特殊主体，即商业银行、证券交易所、期货交易所、证券公司、期货经纪公司、保险公司或者其他金融机构的工作人员。

4. 主观方面

本罪构成要求主观上具有故意。

四、挪用公款罪（刑法第 185 条第 2 款）

刑法第 185 条第 2 款挪用公款罪的犯罪构成如下：

1. 客体方面

本罪侵害的客体是公共财产的所有权。

2. 客观方面

本罪客观方面表现为，利用职务上的便利，挪用本单位或者客户资金。

3.主体方面

本罪主体为特殊主体，即国有商业银行、证券交易所、期货交易所、证券公司、期货经纪公司、保险公司或者其他国有金融机构的工作人员和国有商业银行、证券交易所、期货交易所、证券公司、期货经纪公司、保险公司或者其他国有金融机构委派到前款规定中的非国有机构从事公务的人员。

4.主观方面

本罪构成要求主观上具有故意。

五、背信运用受托财产罪（刑法第 185 条之一第 1 款）

（一）犯罪构成

1.客体方面

本罪侵害的客体是金融管理秩序和客户的合法权益。

2.客观方面

本罪客观方面表现为，违背受托义务，擅自运用客户资金或者其他委托、信托的财产，情节严重的。

3.主体方面

本罪主体为特殊主体，即商业银行、证券交易所、期货交易所、证券公司、期货经纪公司、保险公司或者其他金融机构。

4.主观方面

本罪构成要求主观上具有故意。

（二）背信运用受托财产罪认定中应注意的问题

本罪属于情节犯，构成本罪需要达到情节严重的程度。《立案追诉标准的规定（二）》第40条的规定，商业银行、证券交易所、证券公司、期货公司、保险公司或者其他金融机构，违背受托义务，擅自运用客户资金或者其他委托、信托的财产，涉嫌下列情形之一的，应予立案追诉：（1）擅自运用数额在30 万元以上的；（2）虽未达到上述数额标准，但多次擅自运用，或者擅自运用多个客户资金、财产的；（3）其他情节严重的情形。

六、违法运用资金罪（刑法第 185 条之一第 2 款）

（一）犯罪构成

1. 客体方面

本罪侵害的客体是他人财产所有权。

2. 客观方面

本罪客观方面表现为，违反国家规定运用资金，情节严重的。

3. 主体方面

本罪的主体为特殊主体，即社会保障基金管理机构、住房公积金管理机构等公众资金管理机构，以及保险公司、保险资产管理公司、证券投资基金管理公司。

4. 主观方面

本罪构成要求主观上具有故意。

（二）违法运用资金罪认定中应注意的问题

根据《立案追诉标准的规定（二）》第 41 条的规定，社会保障基金管理机构、住房公积金管理机构等公众资金管理机构，以及保险公司、保险资产管理公司、证券投资管理公司，违反国家规定运用资金，涉嫌下列情形之一的，应予立案追诉：（1）违法国家规定运用资金数额在 30 万元以上的；（2）虽未达到上述数额标准，但多次违法国家规定运用资金的；（3）其他情节严重的情形。

七、违法发放贷款罪（刑法第 186 条）

（一）犯罪构成

1. 客体方面

本罪侵害的客体是国家的金融管理制度。

2. 客观方面

本罪的客观方面表现在，行为人违反国家规定，发放贷款，数额巨大或者造成重大损失的行为。

3. 主体方面

本罪的主体为特殊主体，即银行或者其他金融机构的工作人员，本罪处罚单位犯罪。

4. 主观方面

本罪构成要求主观上具有故意或过失。

（二）违法发放贷款罪认定中应当注意的问题

1. "数额巨大或者造成重大损失"的认定

本罪属于情节犯，"数额巨大或者造成重大损失"是入罪条款，为犯罪构成要件。根据《立案追诉标准的规定（二）》第42条的规定，银行或者其他金融机构及其工作人员违反国家规定发放贷款，涉嫌下列情形之一的，应予立案：（1）违法发放贷款，数额在100万元以上的；（2）违法发放贷款，造成直接经济损失数额在20万元以上的。

2. "关系人"的认定

根据《商业银行法》第40条，商业银行不得向关系人发放信用贷款；向关系人发放担保贷款的条件不得优于其他借款人同类贷款的条件。前款所称关系人是指：（1）商业银行的董事、监事、管理人员、信贷业务人员及其近亲属；（2）前项所列人员投资或者担任高级管理职务的公司、企业和其他经济组织。

八、吸收客户资金不入账罪（刑法第 187 条）

（一）犯罪构成

1. 客体方面

本罪侵害的客体是国家对存贷款的管理秩序。

2. 客观方面

本罪的客观方面表现在，吸收客户资金不入账，数额巨大或者造成重大损失。

根据《全国法院审理金融犯罪案件工作座谈会纪要》，吸收客户资金不入账，是指不记入金融机构的法定存款账目，以逃避国家金融监管，至于是否记入法定账目以外设立的账目不影响该罪成立。

3. 主体方面

本罪的主体为特殊主体，即银行或者其他金融机构的工作人员，本罪处罚单位犯罪。

4. 主观方面

本罪构成要求主观上具有故意。

（二）吸收客户资金不入账罪认定中应注意的问题

1. "吸收客户资金不入账"的认定

根据《全国法院审理金融犯罪案件工作座谈会纪要》，吸收客户资金不入账，是指不记入金融机构的法定存款账目，以逃避国家金融监管，至于是否记入法定账目以外设立的账目不影响该罪成立。

2. "数额巨大或者造成重大损失"的认定

本罪属于情节犯，"数额巨大或者造成重大损失"是入罪条款，为犯罪构成要件。根据《立案追诉标准的规定（二）》第 43 条的规定，银行或者其他金融机构及其工作人员吸收客户资金不入账，涉嫌下列情形之一的，应予立案：（1）吸收客户资金不入账，数额在 100 万元以上的；（2）吸收客户资金不入账，造成直接经济损失数额在 20 万元以上的。

九、违规出具金融票证罪（刑法第 188 条）

（一）犯罪构成

1. 客体方面

本罪侵害的客体是国家的金融管理秩序、金融机构的财产所有权。

2. 客观方面

本罪的客观方面表现在，违反规定，为他人出具信用证或者其他保函、票据、存单、资信证明，情节严重的。

3. 主体方面

本罪的主体为特殊主体，即银行或者其他金融机构的工作人员，本罪处罚单位犯罪。

4. 主观方面

本罪构成要求主观上具有故意。

（二）违规出具金融票证罪认定中应注意的问题

本罪属于情节犯，"情节严重"是入罪条款，为犯罪构成要件。根据《立案追诉标准的规定（二）》第44条的规定，银行或者其他金融机构及其工作人员违反规定，为他人出具信用证或者其他保函、票据、存单、资信证明，涉嫌下列情形之一的，应予立案：（1）违反规定为他人出具信用证或者其他保函、票据、存单、资信证明，数额在100万元以上的；（2）违法规定为他人出具信用证或者其他保函、票据、存单、资信证明，造成直接经济损失数额在20万元以上的；（3）多次违规出具信用证或者其他保函、票据、存单、资信证明的；（4）接受贿赂违规出具信用证或者其他保函、票据、存单、资信证明的；（5）其他情节严重的情形。

十、对违法票据承兑、付款、保证罪（刑法第189条）

（一）犯罪构成

1.客体方面

本罪侵害的客体是国家的票据管理制度、金融机构的信誉。

2.客观方面

本罪的客观方面表现在，在票据业务中，对违反票据法规定的票据予以承兑、付款或者保证，造成重大损失的。

3.主体方面

本罪的主体为特殊主体，即银行或者其他金融机构的工作人员，本罪处罚单位犯罪。

4.主观方面

本罪构成要求主观上具有故意或过失。

（二）对违法票据承兑、付款、保证罪认定中应注意的问题

本罪属于情节犯，"造成重大损失"是入罪条款，为犯罪构成要件。根据《立案追诉标准的规定（二）》第45条的规定，银行或者其他金融机构及其工作人员在票据业务中，对违反票据法规定的票据予以承兑、付款或者保证，造成直接经济损失数额在20万元以上的，应予以立案追诉。

第九章　洗钱罪的认定及司法研究

一、洗钱罪（刑法第 191 条）

（一）犯罪构成

1. 客体方面

本罪侵害的客体是国家的金融管理秩序，同时也侵害了司法机关的职能活动，兼具妨害司法的性质。

2. 客观方面

本罪的客观方面表现在，明知是毒品犯罪、黑社会性质的组织犯罪、恐怖活动犯罪、走私犯罪、贪污贿赂犯罪、破坏金融管理秩序犯罪、金融诈骗犯罪的所得及其产生的收益，为掩饰、隐瞒其来源和性质，实施下列行为之一的：（1）提供资金账户的；（2）协助将财产转换为现金、金融票据、有价证券的；（3）通过转账或者其他结算方式协助资金转移的；（4）协助将资金汇往境外的；（5）以其他方法掩饰、隐瞒犯罪所得及其收益的来源和性质的。

3. 主体方面

本罪的主体为一般主体，所有年满 16 周岁的自然人都可以成为本罪主体。本罪处罚单位犯罪。

4. 主观方面

本罪构成要求主观上具有故意。

（二）洗钱罪认定中应注意的问题

1. "明知"的认定

根据《关于审理洗钱等刑事案件具体应用法律若干问题的解释》第 1 条之规定，刑法第 191 条、第 312 条的规定的"明知"，应当结合被告人的认知能力，接触他人犯罪所得及其收益的情况，犯罪所得及其收益的种类、数额、犯罪所得及其收益的转换、转移方式以及被告人的供述等主、客观因素进行认定。具有下列情形之一的，可以认定被告人明知系犯罪所得及其收益，但有证据证明确实不知道的除外：

（1）知道他人从事犯罪活动，协助转换或者转移财物的；

（2）没有正当理由，通过非法途径协助转换或者转移财物的；

（3）没有正当理由，以明显低于市场的价格收购财物的；

（4）没有正当理由，协助转换或者转移财物，收取明显高于市场的"手续费"的；

（5）没有正当理由，协助他人将巨额现金散存于多个银行账户或者在不同银行账户之间频繁划转的；

（6）协助近亲属或者其他关系密切的人转换或者转移与其职业或者财产状况明显不符的财物的；

（7）其他可以认定行为人明知的情形。

2. "以其他方法掩饰、隐瞒犯罪所得及其收益的来源和性质"的认定

根据《关于审理洗钱等刑事案件具体应用法律若干问题的解释》第2条之规定，具有下列情形之一的，可以认定为刑法第191条第1款第五项规定的"以其他方法掩饰、隐瞒犯罪所得及其收益的来源和性质"：（1）通过典当、租赁、买卖、投资等方式，协助转移、转换犯罪所得及其收益的；（2）通过与商场、饭店、娱乐场所等现金密集型场所的经营收入相混合的方式，协助转移、转换犯罪所得及其收益的；（3）通过虚构交易、虚设债权债务、虚假担保、虚报收入等方式，协助将犯罪所得及其收益转换为"合法"财物的；（4）通过买卖彩票、奖券等方式，协助转换犯罪所得及其收益的；（5）通过赌博方式，协助将犯罪所得及其收益转换为赌博收益的；（6）协助将犯罪所得及其收益携带、运输或者邮寄出入境的；（7）通过前述规定以外的方式协助转移、转换犯罪所得及其收益的。

3. "上游犯罪"问题

根据《关于审理洗钱等刑事案件具体应用法律若干问题的解释》第4条

之规定，刑法第 191 条、第 312 条、第 349 条规定的犯罪，应当以上游犯罪事实成立为认定前提。上游犯罪尚未依法裁判，但查证属实的，不影响刑法第 191 条、第 312 条、第 349 条规定的犯罪的审判。上游犯罪事实可以确认，因行为人死亡等原因依法不予追究刑事责任的，不影响刑法第 191 条、第 312 条、第 349 条规定的犯罪的认定。上游犯罪事实可以确认，依法以其他罪名定罪处罚的，不影响刑法第 191 条、第 312 条、第 349 条规定的犯罪的认定。本条所称"上游犯罪"，是指产生刑法第 191 条、第 312 条、第 349 条规定的犯罪所得及其收益的各种犯罪行为。

（三）洗钱罪与掩饰、隐瞒犯罪所得、犯罪所得收益罪之区分①

最高人民法院《关于审理洗钱等刑事案件具体应用法律若干问题的解释》第 3 条之规定："明知是犯罪所得及其产生的收益而予以掩饰、隐瞒，构成刑法第 312 条规定的犯罪，同时又构成刑法第 191 条或者第 349 条规定的犯罪的，依照处罚较重的规定定罪处罚。"该规定明确了洗钱罪与掩饰、隐瞒犯罪所得、犯罪所得收益罪之间是特别法与一般法的竞合关系。虽然两罪之间存在关联，但就具体的犯罪构成要件而言，两者之间亦是具有差异性的。

第一，从犯罪对象而言，洗钱罪的上游犯罪只限于刑法第 191 条规定的毒品犯罪、黑社会性质的组织犯罪、恐怖活动犯罪、走私犯罪、贪污贿赂犯罪、破坏金融管理秩序犯罪、金融诈骗犯罪这七类犯罪，掩饰、隐瞒犯罪所得、犯罪所得收益罪的上游犯罪则是泛指一切有犯罪所得及其收益的犯罪。

第二，从犯罪客体而言，洗钱罪侵犯的客体国家的金融管理秩序，同时也侵害了司法机关的职能活动。掩饰、隐瞒犯罪所得、犯罪所得收益罪侵犯的客体主要是司法机关追诉犯罪的职能活动，也包含上游犯罪中的被害人对财物的合法权益。

第三，从行为方式而言，洗钱罪和掩饰、隐瞒犯罪所得罪的行为方式均是"掩饰、隐瞒"，但洗钱罪的表述是"掩饰、隐瞒犯罪所得及其收益的来源和性质的"，掩饰、隐瞒犯罪所得、犯罪所得收益罪的表述是"掩饰、隐瞒

---

① 刑事审判参考第 1103 号。

的"。从字面意义上看，两者有所区别。洗钱罪侧重点在于掩饰、隐瞒犯罪所得及其收益的来源和性质；而掩饰、隐瞒犯罪所得、犯罪所得收益罪的行为方式包括掩饰、隐瞒犯罪所得及其收益的来源和性质，但又不局限于此，还包括掩饰、隐瞒犯罪所得及其收益的处所等其他情况。

第十章　其他金融机构主体类犯罪认定及司法研究

一、擅自设立金融机构罪（刑法第174条第1款）

擅自设立金融机构罪犯罪构成如下：

1. 客体方面

本罪侵害的客体是国家金融管理制度。

2. 客观方面

本罪的客观方面表现在，未经国家有关主管部门批准，擅自设立商业银行、证券交易所、期货交易所、证券公司、期货经纪公司、保险公司或者其他金融机构。

根据《立案追诉标准的规定（二）》第24条的规定，未经国家有关主管部门批准，擅自设立金融机构，涉嫌下列情形之一的，应予立案追诉：（1）擅自设立商业银行、证券交易所、期货交易所、证券公司、期货公司、保险公司或者其他金融机构的；（2）擅自设立商业银行、证券交易所、期货交易所、证券公司、期货公司、保险公司或者其他金融机构筹备组织的。

3. 主体方面

本罪的主体为一般主体，所有年满16周岁的自然人都可以成为本罪主体。本罪处罚单位犯罪。

4. 主观方面

本罪构成要求主观上具有故意。

二、伪造、变造、转让金融机构经营许可证、批准文件罪（刑法第 174 条第 2 款）

伪造、变造、转让金融机构经营许可证、批准文件罪犯罪构成如下：

1. 客体方面

本罪侵害的客体是国家金融管理制度。

2. 客观方面

本罪的客观方面表现在，伪造、变造、转让商业银行、证券交易所、期货交易所、证券公司、期货经纪公司、保险公司或者其他金融机构的经营许可证或者批准文件。

3. 主体方面

本罪的主体为一般主体，所有年满 16 周岁的自然人都可以成为本罪主体。本罪处罚单位犯罪。

4. 主观方面

本罪构成要求主观上具有故意。

三、伪造、变造国家有价证券罪（刑法第 178 条第 1 款）

伪造、变造国家有价证券罪犯罪构成如下：

1. 客体方面

本罪侵害的客体是国家金融管理秩序。

2. 客观方面

本罪的客观方面表现在，伪造、变造国库券或者国家发行的其他有价证券，数额较大的。

根据《立案追诉标准的规定（二）》第 32 条的规定，本罪立案追诉的标准为：伪造、变造国库券或者国家发行的其他有加证券，总面额在 2000 元以上的，应予立案追诉。

3. 主体方面

本罪的主体为一般主体，所有年满 16 周岁的自然人都可以成为本罪主体。本罪处罚单位犯罪。

4. 主观方面

本罪构成要求主观上具有故意。

四、伪造、变造股票、公司、企业债券罪（刑法第 178 条第 2 款）

伪造、变造股票、公司、企业债券罪犯罪构成如下：

1. 客体方面

本罪侵害的客体是国家金融管理秩序。

2. 客观方面

根据《立案追诉标准的规定（二）》第 33 条的规定，本罪立案追诉的标准为：伪造、变造股票或者公司、企业债券，数额较大的。

根据立案追诉标准，伪造、变造股票或者公司、企业债券，总面额在5000 元以上的，应予立案追诉。

3. 主体方面

本罪的主体为一般主体，所有年满 16 周岁的自然人都可以成为本罪主体。本罪处罚单位犯罪。

4. 主观方面

本罪构成要求主观上具有故意。

五、擅自发行股票、公司、企业债券罪（刑法第 179 条）

擅自发行股票、公司、企业债券罪犯罪构成如下：

1. 客体方面

本罪侵犯的客体是证券市场管理制度以及投资者和债权人的合法权益。

2. 客观方面

本罪在客观方面表现为，行为人未经国家有关主管部门批准，擅自发行股票或者公司、企业债券，数额巨大、后果严重或者有其他严重情节的。

根据《立案追诉标准的规定（二）》第 34 条的规定，未经国家有关部门批准，擅自发行股票或者公司、企业债券，涉嫌下列情形之一的，应予立案追诉:（1）发行数额在 50 万元以上的;（2）虽未达到上述数额标准，但擅自发行致使 30 人以上的投资者购买了股票或者公司、企业债券的;（3）不能及时清偿或者清退的;（4）其他后果严重或者有其他严重情节的情形;（5）向特定对象累积超过 200 人发行、变相发行股票或者公司、企业债券的。

3. 主体方面

本罪的主体为一般主体，即年满 16 周岁具有刑事责任能力的自然人。单位可以构成本罪。

4. 主观方面

本罪在主观方面表现为故意，过失不构成本罪。

六、逃汇罪（刑法第 190 条）

逃汇罪犯罪构成如下:

1. 客体方面

本罪侵害的客体是国家外汇管理制度。

2. 客观方面

本罪的客观方面表现在，违反国家规定，擅自将外汇存放境外，或者将境内的外汇非法转移到境外，数额较大的。

根据《立案追诉标准的规定（二）》第 46 条的规定，本罪立案追诉的标准为:公司、企业或者其他单位，违反国家规定，擅自将外汇存放境外，或者将境内的外汇非法转移到境外，单笔在 200 万美元以上或者累计数额在 500 万美元以上的，应予立案追诉。

3. 主体方面

本罪的主体为特殊主体，即公司、企业或其他单位。单位犯本罪，实行双罚制。

4. 主观方面

本罪构成要求主观上具有故意。

七、骗购外汇罪

骗购外汇罪犯罪构成如下：

1. 客体方面

本罪侵害的客体是国家外汇管理制度。

2. 客观方面

本罪的客观方面表现在，具有下列情形之一，骗购外汇，数额较大的：（1）使用伪造、变造的海关签发的报关单、进口证明、外汇管理部门核准件等凭证和单据的；（2）重复使用海关签发的报关单、进口证明、外汇管理部门核准件等凭证和单据的；（3）以其他方式骗购外汇的。

根据《立案追诉标准的规定（二）》第47条的规定，本罪立案追诉的标准为：骗购外汇，数额在50万美元以上的，应予立案追诉。

3. 主体方面

本罪的主体为一般主体，所有年满16周岁的自然人都可以成为本罪主体。本罪处罚单位犯罪。

4. 主观方面

本罪构成要求主观上具有故意。

八、信用证诈骗罪（刑法第195条）

信用证诈骗罪犯罪构成如下：

1. 客体方面

本罪侵害的客体是国家信用证管理制度、公私财产。

2. 客观方面

本罪的客观方面表现在，具有下列情形之一，进行信用证诈骗活动的：（1）使用伪造、变造的信用证或者附随的单据、文件的；（2）使用作废的信用证的；（3）骗取信用证的；（4）以其他方法进行信用证诈骗活动的。

3. 主体方面

本罪的主体为一般主体，所有年满16周岁的自然人都可以成为本罪主体。本罪处罚单位犯罪。

4. 主观方面

本罪构成要求主观上具有故意。

九、有价证券诈骗罪（刑法第 197 条）

有价证券诈骗罪犯罪构成如下：

1. 客体方面

本罪侵害的客体是国家有价证券管理制度、公私财产。

2. 客观方面

本罪的客观方面表现在，使用伪造、变造的国库券或者国家发行的其他有价证券，进行诈骗活动，数额较大的。

根据《立案追诉标准的规定（二）》第 53 条的规定，本罪立案追诉的标准为：使用伪造、变造的国库券或者国家发行的其他有价证券，进行诈骗活动，数额在 1 万元以上的，应予立案追诉。

3. 主体方面

本罪的主体为一般主体，所有年满 16 周岁的自然人都可以成为本罪主体。本罪处罚单位犯罪。

4. 主观方面

本罪构成要求主观上具有故意。

下编

程序篇

第一章 专业化背景下"审查与出庭合理分工"

北京市朝阳区人民检察院金融犯罪检察部成立于 2016 年 8 月，自此试行捕诉一体的工作机制，实现了批准逮捕和审查起诉工作的优化配置。也要求办案人员从批捕阶段起必须熟知案件的每一个节点和相应的具体办案流程，在此背景下朝阳区人民检察院金融犯罪检察部办案人员更加意识到程序法的重要性，开始对金融犯罪案件的程序法理论和实务进行探索。在理论研究领域主要对专业化背景下检察机构公诉分离进行探索；在实务研究领域以金融犯罪案件的办案过程为主线，着重对金融案件的认罪认罚、分层处理、财产处置等方面进行重点研究。

一、基层人民检察院专业化检察机构公诉工作分离的实践探索

实践是检验真理的唯一标准。北京市检察机关自 2016 年 8 月司法体制改革成立专业化检察机构以来，朝阳、海淀、东城等多个基层院采取多种形式进行了有益探索，积累了很好的经验。朝阳院以专业化改革为契机，在专业化公诉部门中试行的审查与起诉分离的实践探索也印证了三部分或三阶段分离的可能性和必要性。

（一）分离后职权内容的探索

1. 案件审查权的内容探索

针对辖区内涉众型金融犯罪案件高发、多发，公安机关侦查不力的局面，朝阳院金融犯罪检察部在重大疑难金融涉众型案件审查起诉工作中，积极探索公诉检察官如何充分发挥审前程序的主导作用，对案件审查内容进行丰富

和完善。

主动侦查。朝阳院金融犯罪检察部摒弃"等、靠、要"的闭门阅卷审查模式，充分发挥检察官审前程序中的主导意识，鼓励检察官主动侦查，对关键证据进行亲自外调取证、核实。不同于以往坐在办公室阅卷和提讯被告人、询问证人的传统方式，外调取证、核证的方式极大地丰富了公诉检察官的案件审查内涵。目前，朝阳院金融犯罪检察部已形成较为良好和有效的外出取证氛围，先后赴浙江、山东、上海、天津、长春等地调取涉案证据，并均有效调回相关证据，使案件顺利推进。

引导侦查。主动取证、核证仍应是个别进行，不应成为公诉检察官的案件审查主要内容。主要的侦查仍应通过侦查机关开展。公诉检察官通过将审查职能以引导侦查方式进行前延，确保最终进入审理程序刑事案件的侦查质量，并对不具备起诉可能的案件提出建议，争取尽早处断以发挥过滤职能。如前所述的某非法吸收公众存款案中，检察官办案团队通过提前介入侦查的方式，对案件定性和证据标准进行研判，针对61名刑拘的犯罪嫌疑人的各自情况进行分析，提出初步建议，并对电子证据、言辞证据、书证、司法审计等的取证关键点进行引导，成功将不具备报捕条件和起诉条件的32人提前过滤在报捕环节前。有效发挥了审前主导作用。

2. 公诉裁量权的探索

公诉裁量权内容的探索。朝阳院以认罪认罚从宽试点为依托，着重探索在金融犯罪案件中的羁押必要性、起诉必要性、量刑建议权的完善。经审查符合认罪认罚从宽适用条件的，及时采取变更羁押措施、不捕、不诉以及提出更大程度量刑激励等措施。审查起诉阶段在值班律师、辩护人参与下进行认罪、量刑协商，签署认罪认罚具结书，满足相应退赃退赔要求的，开展羁押必要性、提起公诉必要性的审查；如确有起诉必要，对适用认罪认罚后的被告人在认定从犯、自首、立功等情节后，在可以从轻或者减轻的法定情节上一般适用减轻处罚，尽量减少羁押型强制措施的适用，并向法院提出缓刑的量刑建议。2016年8月以来，适用认罪认罚从宽机制办理金融犯罪案件124件194人，挽回经济损失五千余万元。其中，变更强制措施为取保候审

15 人，已起诉至法院 13 人并建议适用缓刑，其中已判决 6 人，除 1 人有其他未执行刑罚需并罚外，其余 5 人均适用缓刑。

公诉裁量权的规范。朝阳院注重完善对公诉裁量权的全流程监督。在司法责任制改革的基础上，为进一步规范权力下放后的不起诉权的行使，完善不起诉规范，准确把握公诉案件的起诉必要性，朝阳院专门修订了《刑事案件相对不起诉适用规范（试行）》。明确规定了 23 个常见罪名的具体可以作出和不宜作出相对不起诉的情形，从正反双向实现检察官不起诉权力行使的规范和指导。在前述认罪认罚从宽和不起诉规范的适用下，2016 年 8 月以来，朝阳院对金融犯罪案件审查中，作出相对不起诉 92 人，有效实现审前分流过滤，提升诉讼效率和案件效果。

（二）运行模式的探索

1. 依托传统专案组或者联合办案团队模式的正式探索

朝阳院依托案件资源优势，历来不乏重大特大、敏感复杂案件。在办理大要案过程中的专案组和联合办案团队等实践做法，为探索公诉工作三阶段分离运行的模式积累了丰富的经验基础。朝阳院金融犯罪检察部选取在疑难、复杂、重大的非法集资案件中开展先行探索实践。

2. 专案组模式

涉案人数多、取证犯罪广的"华融普银"非法吸收公众存款专案、"成吉大易"非法吸收公众存款专案、"六宝"非法吸收公众存款专案，均采取的是专案组形式。如在"成吉大易"和"华融普银"非法吸收公众存款专案组中，根据检察官的特点，均侧重进行了不同事项的分工：有办案经验十分丰富的资深检察官，专门负责与侦查机关进行沟通，提前介入侦查、引导侦查甚至主动侦查；有专门负责对书面证据进行审查核实，尤其是指导出具专业的鉴定意见；由一名检察官对整个案件办理负主责，对案件追捕追诉、追赃挽损、定罪量刑等作出决定；同时，由三名有接访经验的男性检察官组成专门的接待信访小组，负责联合和轮值接访，确保统一答复口径，防范不稳定事件和负面舆论的发生；最后，挑选庭审能力强的检察官负责出庭支持公诉工作，确保庭审效果，展现检察机关正面形象。

3.联合办案团队模式

朝阳区人民检察院在办理"恒耀惠荣"非法吸收公众存款案的过程中，采取多个检察官办案组成立检察官联合办案团队的方式。联合办案团队从设立之初，就细化了审查逮捕、审查起诉和出庭公诉检察官办案单元，各办案单元虽均全程参与，但各环节牵头负责检察官不同，各自负责任务也有所区别。目前"恒耀惠荣"联合办案团队已经由审查逮捕单元带队通过前期的提前介入侦查，与公安机关分析研判案情，明确定性和证据标准，提前将公安机关拟报捕的 61 名刑拘人员进行过滤，最终进入提请批准逮捕环节的 29 人，并在六天内完成 29 名犯罪嫌疑人的提讯，79 本卷宗的阅卷、录入和文书制作，提请部门检察官联席会讨论后，最终决定 8 人逮捕、1 人定期审、11 人存疑不捕、9 人无逮捕必要不捕，并由负责审查的单元负责跟进后续侦查工作开展情况。

（三）实践需求催发的检察官自发探索

如前所述，由于传统的职权分工和公诉传统办案模式，大部分公诉检察官缺乏外调取证的经验和基础。朝阳院充分挖掘内部潜力，发挥有侦查背景和经验的检察官及检察官助理的优势，协同作战。在这一过程中，锻炼和培养了一批具有一定外调经验和能力的检察官和检察官助理团队。如经常性开展银行查询、冻结的检察官，熟悉北京各商业银行办理相关查询、冻结业务的相关流程、手续；再如赴公检法、监狱等各部门；赴各省市出差外调取证；查找证人取证和调取书证、物证、电子数据等不同种类证据过程中的注意事项、取证小窍门等，也在实践中不断丰富和完善。大家在日常工作中主动了解其他组的同类侦查取证任务进行分配、集中后，将几个组的相关取证任务有效合并，集中完成，并自行总结、梳理出取证指引，成为该类侦查工作的小专家。这是改革过程中，专业化部门的公诉检察官在案件审查职能分离意义上的自发探索和实践，有效解决了实践中的部分难题。

上述实践中的探索经验和做法，虽未提炼总结，但实质上是按照公诉工作的职权内涵进行了分工，凸显各个检察官特点，实现资源优化配置；其分工依据基本上按照了案件审查、公诉裁量与公诉出庭三职权的划分脉络，其运行效果良好，足以体现公诉工作构成理论在专业化办案中的生命力、可行性，让这一理论落地有了初步的借鉴雏形。

二、实践中对公诉工作分离探索的三个质疑及回应

实践中，公诉工作三部分分离运行的探索主要存在三个难点，同时也是受到质疑最多的三点。需要进一步厘清和明晰。

（一）质疑一：是否违背亲历性原则

质疑意见主要认为，本轮司法改革的主旨就是要贯彻司法亲历性原则，要求检察官必须亲自办案，包括对各环节的亲自参与，如亲自讯问犯罪嫌疑人、亲自裁量是否起诉、亲自出庭公诉等。而将案件审查、公诉裁量和公诉出庭相分离的做法是对检察官应当亲自参与的环节的割裂，故而各环节特别是出庭环节的公诉人无法做到对案件的亲自参与和准确把握，无法实现亲历性原则。

笔者认为，公诉现有职能的再分离不违背亲历性原则。新刑诉法确认了轻罪案件中检察官简易轮值出庭的模式。这一模式在一定程度上也是审查与出庭公诉分离的实践被立法认可的体现。反对者亦或又会认为，该简易程序轮值模式仅限于认罪案件，若被告人当庭出现不认罪不能适用简易程序的情形，一般情况下则休庭，由原承办检察官亲自以普通程序出庭公诉。此时简易轮值检察官仅仅履行程序性职责，并不对案件的定罪量刑发表意见。对此，笔者认为，实践中，因客观原因导致的审查与出庭分离的情形屡见不鲜，并不局限于简易轮值案件。如原公诉人因调离、病、事假等原因无法履行公诉职责或者因案件特殊需要，可以经一定程序后由其他公诉人代为继续履行其承办案件的公诉职责，这也是可以实现跨区域调配公诉人的依据所在。所以从立法和实践层面看，公诉职能分离并分别由不同检察官实施具有立法和实践基础。

（二）质疑二：是否违背谁办案谁负责的司法责任制原则

这一意见主要认为，对案件审查的检察官如何判断其工作是否尽职尽责；对起诉裁量的检察官决定存疑不起诉的案件如何判断其是否准确；决定审查

的人员不能决定是否起诉，负责出庭公诉的检察官不是决定起诉检察官，对于"带病"起诉案件，若最终被判无罪或者改判，如何界定责任。

笔者认为，公诉现有职能的分离运行不违背谁办案谁负责的司法责任制原则。谁办案谁负责在案件审查、公诉裁量和公诉出庭相分离的情况下，应分别由相应负责的检察官承担各自环节的责任。某种意义上，逮捕职能与起诉职能分离、审查逮捕职能与侦查监督职能分离等诉讼体制改革是一样的，问题的焦点在于如何界分清晰各自的责任范围和追责依据，而不是这一划分本身会导致违背谁办案谁负责的责任原则。如同逮捕决定错误而起诉未发现仍予以起诉被法院判处无罪后，则逮捕检察官和起诉检察官均应当承担相应审查责任，并不因后一环节或前一环节就可以否认各自的责任。因为后一环节的检察官均具有修正前一环节瑕疵或错误的机会和权力。如起诉具有起诉裁量权，并不因批捕后就不需要再履行补充侦查权或者审查起诉权。同理，案件审查检察官在审查过程中应当尽职尽责履行审查义务，体现在补充侦查提纲、调取证据函等文书及实际补充到位的证据等方面，而起诉裁量检察官则应当在当时的事实证据基础上依法作出决定，公诉出庭检察官仍然享有变更起诉、追加起诉和撤回起诉的权力，故而各环节均有修正前一环节错误的机会，则对于无罪案件或者被法院改变事实和定性、量刑的案件，以各自负责的责任原则进行追究，与现行一人负责全程的情形并无不同。如庭审中证据发生变化，若无公诉责任，则三环节检察官均不负责；如证据事实均无变化，则三环节检察官均需承担责任。较为复杂的是后一环节改变了前一环节的决定，特别是减少事实、撤回起诉等情形，没有后续程序来辅助判断减少事实或撤回起诉的决定是否正确的情况下，建议提交审判监督部门或者第三方如检察官管理委员会等来判断是否追究相应责任，更为合适。但这一情形仍然不会违背谁办案谁负责的司法责任制原则，且在一人负责情形下，这一问题仍然存在，只是责任认定的程序问题。

（三）质疑三：人为增加办案成本和程序负累，违背效率原则

该质疑意见认为，一名检察官负责三部分职能的情形下，可以更好地统筹兼顾，而人为割裂成三部分，分别由三名检察官来行使的情形，人为增加

了案件的流转程序，增加了检察官的办案成本，也不利于案件的高效办理。

笔者认为，这一问题不能一概而论。在部分轻罪案件的审查中，一名检察官完全能够胜任的情况下硬性开展职能分离可能存在增加负累的问题，但在金融、知识产权、科技、网络电子技术等跨学科、跨领域的专业化案件中，由于涉及领域知识的专业性，其案件复杂程度大大高于普通刑事案件，这就要求检察官公诉工作各个环节付诸更多的研究精力，一名检察官全程负责固然有高效和全面等优势所在，但囿于精力所限往往无法顾及全部。如非法集资类案件中，一个案件往往涉及数个甚至数十个分散于全国各地甚至境外的项目或投资产品，数十个甚至上百个全国分支机构，成百上千个账户，而法定时限需要检察官必须将主要精力放在特定证明的犯罪事实，即使还有证据在时限内无法查到的也只能现行裁量起诉，并出庭公诉，到后期对前面的同案犯、遗漏犯罪事实、追赃挽损等工作的处理必然要受到精力限制而有所侧重，有的难免会在给公安机关发出补充侦查建议后陷于搁置甚至流于放弃。一旦能够设立专司案件审查、公诉裁量和公诉出庭的检察官，则各人能够更加集中精力针对各自环节的工作，有利于案件的整体推进。同时职能的专业化、精细化行使将大大优化现有人力资源的配置，提高专业化案件、疑难复杂案件的办案质量和效率，如案件审查检察官与侦查机关的配合和引导侦查取证将更密切，起诉裁量的过滤职能更容易发挥，出庭公诉的精确度更高，有利于实现法律效果、社会效果和政治效果的统一。故笔者认为，现有公诉职能在专业化办案机构的适当分离不违背效率原则。

如前所述，现有的质疑在不实行分离的情形中也同样存在。专业化案件的客观特点、专业化改革所追求的精案精办要求与检察官个人精力和能力局限之间的矛盾，反而使得上述问题在重新架构专业化检察机构中的公诉工作分离运行机制后可以得到有效解决，更为充分地发挥出分离运行的优势。

三、专业化检察机构中试行公诉工作分离运行的路径探讨

面临司法体制改革和以审判为中心的诉讼制度改革大背景，检察机关应谋求公诉职能的顺势发展，进一步明确公诉在检察职能中的核心定位，以公

诉职能为主线，构建检察机关诉讼部门办案组织的新格局，①是新时代下首都检察工作要点。近年来，随着各种改革带来的机构设置、人员调配、职权划分等变化，公诉职能的内涵并未有大的变动，其履行的程序性却是快速更迭，经历了从主诉检察官办案责任制、层级审批制度到突出检察官主体地位、形成检察官独立办案模式，从专业化检察部门建设到普通刑事案件中加大推进认罪认罚适用范围等，为实现精细化司法需求下多重价值目标，公诉的程序运作多样化越来越多被认识和讨论。这些改革和创新的目的均是使公诉职能更深、更专、更充分的实现，彰显检察机关"主责主业"之作用，从而捍卫检察机关在国家机构体系中法律监督主体地位。

（一）公诉工作三部分或三阶段的合理内涵和工作侧重

公诉工作构成论为刑事检察"两主"作用的发挥提供了理论、应然以及哲学上的支持。有观点认为，公诉案件通常要经历案件审查、公诉裁量、公诉出庭三个步进式的纵向阶段，亦形成完整的、清晰的公诉运行构造，检察官为履行职责而实施的案件审查、案件裁断以及实行公诉即构成运行层面的公诉，从而提出公诉工作构成应分为案件审查、公诉裁量与公诉出庭三个阶段。②设置案件审查、公诉裁量和公诉出庭专门检察官，与传统的检察官负责到底的模式不同，三类检察官需要同时负责一个案件，虽在阐述其职权之时，对其内涵有较为详尽的列举，但当遇到某些具体事项该归属哪类检察官履职的问题时，必然引发争议。由此可能产生分类检察官消极履职、互相推诿的情形，从而容易导致案件质量问题的发生。

（二）三部分或三阶段内容划分之标准

案件审查、公诉裁量与公诉出庭三大职权划分的基本标准应为诉讼节点的变化。案件审查与公诉裁量划分点在于案件应作出阶段性决定之时，案件审查工作承接于侦查的开始，完成于公诉裁量作出之时。公诉裁量作出起诉决定之后，开始进入公诉出庭履职阶段。同时需辅以目的和内容等其他标准

---

① 苗生明：《新时代改革背景下公诉工作的理念更新与顺势发展》，载《人民检察》2018 年第 2 期。

② 梁景明：《公诉构成刍议》，来源于网络。

予以补充。如案件审查与公诉裁量时间上没有明确划分,主要依靠二者不同目的和内容予以归类。

（三）三部分或三阶段检察官的职权内涵和工作侧重

1. 案件审查检察官

案件审查,其主要内容即检察机关须对侦查结果进行审查检验,出于确定经侦查终结的刑事案件是否应当提起公诉的目的,检察官应当对侦查机关确认的犯罪事实和证据、犯罪性质和罪名进行审查核实。在此基础之上,为更好地查清事实、审核证据,这一职能可以通过提前介入侦查、审查引导侦查、主动侦查等得到延伸。案件审查,不仅包括事实的审查、证据的审查,还包括保障案件诉讼程序进行的刑事诉讼管辖的审查、强制措施的审查、涉案财物处理措施的审查,同时还包括对侦查机关行为合法性的审查,对案件中反映的行政机关行为合法性的审查等,从而为侦查监督、行政监督提供线索,发挥检察机关部门之间联动合作效能。

案件审查检察官的工作重心体现在主导意识上,应当侧重引导侦查机关取证、关键证据的调查、核实、在案证据的审查、后续侦查工作的跟进、侦查违法行为的监督等工作上。通过案件审查,应当至少在离案件审查期限到期日二十日前,向起诉裁量检察官提出起诉或者不起诉的意见建议。即为起诉裁量检察官留出至少二十日的时间进行判断。

2. 公诉裁量检察官

公诉裁量,则是对案件进行阶段性的决定,包括对案件进入下一阶段的判断,即改变管辖、提起公诉、作出不起诉决定或是建议公安机关撤回案件;包括对案件定性的判断,即哪些犯罪嫌疑人（被告人）构成犯罪、构成何罪,哪些犯罪嫌疑人需要追补追诉;包括量刑权的行使,即包括自首、立功、主从犯、累犯等何种量刑情节,以及具体到每一名被告人的刑期、刑种建议;包括诉讼程序的建议,即建议法院适用普通、简易、速裁等何种程序,同时包括是否适用认罪认罚。总而言之,公诉裁量的重点在于"裁量权"的使用。

公诉裁量以作出诉讼阶段性决定为目标任务,影响案件走向的决定基本可以归纳在公诉裁量权之内。如发生在审查起诉阶段的追捕追诉决定应由谁作出，虽然可能是通过提前介入侦查、案件事实审查发现存在追捕追诉线索，但此时还应由公诉裁量检察官作出决定，因为追捕追诉直接启动了审查新的犯罪嫌疑人或新的犯罪事实的程序，类似于启动了新的立案，而非简单地对案件事实证据的审查，应属于公诉裁量的重要内容。

3. 公诉出庭检察官

公诉出庭，是指对检察机关提起公诉的案件出庭支持公诉。有观点认为，公诉出庭是整个公诉职权中难度最小的工作，案件事实证据都已经确定，案件也作出了全面裁量，只需在法庭上依程序展示，无须发挥主观能动性，与案件审查、公诉裁量两部分职权相比，太过容易，不具备将其单独拆分或单独构建公诉出庭检察官的必要性。如前所述，笔者认为，并不尽然。

第一，公诉出庭不是仅指出庭支持公诉。虽然公诉出庭的职责运行主要体现在出庭支持公诉，却并非完全限定于法庭之上，仍包含有为实行公诉而进行的庭前准备以及对于判决裁定的同步审查。检察官在庭前准备的证据"再审查"、庭前会议乃至出庭中如果发现案件事实、证据发生变化，只要法庭尚未作出裁判，可以根据案件情况排除非法证据、补充完善证据、保全证据，甚至修正公诉主张，变更、撤回起诉。①

第二，分离公诉出庭职能的意义体现在案情重大复杂的案件，而非体现在适用简易、速裁程序的简单案件中。适用简易、速裁程序的简单案件可以由检察官轮值开庭、实现"多快好省"办案效率目标，这是刑诉法和刑事诉讼规则中早已明确的制度，效果也很显著，无须再对其探讨和改革。对于重大复杂案件，其庭审任务往往艰巨，包括非法证据排除，多名被告人讯问，被害人和证人纠问，鉴定人出庭，电子数据等特殊证据的示证和答辩，疑难问题的法庭辩论等，还要应对庭审直播的压力、"死磕派"律师的纠缠以及多种突发情况。这样的庭审是对出庭公诉人极大的挑战，其重要程度和难度绝不低于案件审查和公诉裁量检察官。

第三，以审判为中心的诉讼制度改革和庭审实质化的要求对出庭检察官

---

① 梁景明，《公诉构成论刍议》，来源于网络。

的庭审能力提出更高要求，法官更加居中裁判的角色定位，导致公诉人在庭审中出现的举证疏漏、辩论中意见发表不准确等问题直接影响到判决结果，从而可能出现追究庭审责任的情形。为此，公诉出庭职权的深化、细化、专门化，是应对诉讼制度改革挑战的应有之义。

第四，近年来，庭审中出现的负面舆论一定程序上影响了检察机关的形象。随着检察机关履职行为在传统媒体和新型媒体的曝光率增加，一些检察官庭审应对能力不足、自身素质欠缺等问题在媒体负面舆论下得到发酵，损害了检察机关的形象。为此，建设一支优秀的公诉出庭人才队伍，将公诉出庭能力作为重点培训对象，是检察机关获取社会公众肯定评价、提升公信力的迫切任务。

公诉出庭围绕法庭审理、获取法院审判结果为任务目的。新补充的案件事实、证据是否已经经历案件审查和公诉裁量是判断是否由公诉出庭直接受理的重要标准。提起公诉之后，法院要求补充证据、进一步核实证据等工作，公诉出庭检察官应听取案件审查检察官的意见，需要新补充证据的，还应通过案件审查职能去实现；需要将案件审查检察官已经确认的证据进行"再审查"的，应由公诉出庭检察官通过询问被害人、证人等多种途径去实现。公诉裁量与公诉出庭虽区分较为明确，但在提起公诉之后侦查机关又追加起诉的，实质上是有新的犯罪事实需要重新走一遍完整的审查起诉程序，需要从案件审查开始，直至公诉裁量之后，交由公诉出庭进行庭审指控。由此可见公诉出庭发挥的是"再审查"、庭审展示的作用，前期案件审查和公诉裁量已经完成的工作无须再返回进行，但尚未经过案件审查和公诉裁量的案件事实、证据，需要经历这两个阶段才能实现公诉出庭。

（四）专业化检察机构中试行公诉三职能分离的模式探讨

办案模式的探讨价值主要在于解决案件审查、公诉裁量和公诉出庭检察官之间的职能划分和配合衔接问题，实现效果和效率并重，也是责任认定的基础。

1.依据三分职权成立三类履职检察官，形成固定模式

根据上文论述，由于案件需要和现有公诉队伍的特点，构建案件审查、

公诉裁量和公诉出庭三类检察官的公诉工作固定模式具有一定的实践基础。公诉检察官多数在某个领域较为擅长，可以在此基础上，将其划分至不同的职能岗位。

但这样的固有模式只能在某些特定案件类型中适用，简单案件的目标是繁简分流、多快好省，宜合不宜分，若再将其职权进一步细分，则必将被烦琐拖累，难以体现运行之效果，也阻碍诉讼效率之实现。因此，固有模式的构建应针对重大、疑难、复杂的案件，主要是犯罪事实复杂、取证难度较大、涉案人员多的案件。本文建议，涉金融犯罪、网络犯罪、电信诈骗犯罪和部分知识产权犯罪的专业化检察部门具有适用公诉工作构成论的天然土壤，可率先探索建立三类检察官分工履职模式。

2. 临时组成专案组，不同检察官办案团队分别履职、分工合作

若特定案件或者疑难案件数量有限，整个公诉队伍不具备构成固定模式的规模，则可以考虑在办理个别大要案时，探索成立专案组，在多个检察官办案组构成的大团队中，按照案件审查、公诉裁量与公诉出庭的职权进行分工，从而解决以往的专案组分工不明确、检察官各自优势不突出、合作效果不升级等问题。与此同时，由于案件审查、公诉裁量与公诉出庭存在一定程度上的履职先后，可以根据实际工作量从而减少对应检察官的案件分配，而非绝对的停止轮案，以此缓解专案期间人案分配不均、专案组成员年度办案量不足等矛盾。

3. 依实际情况侧重试点一项职权专门检察官

公诉工作构成论三分公诉职权，将各个构成部分充分阐述，其目的在于强调深挖公诉工作带动检察机关发展的重大意义，但并非在实际的公诉工作中需要"一刀切"地、死板地全部套用，即不需要全部设置三类检察官。各检察机关可根据朝阳区人民检察院的人员结构、案件特点、现实需求等具体情况，在案件审查、公诉裁量和公诉出庭三个职权中有侧重地选取一项，成立此项职权专门履职检察官，进行试点探索，大胆创新，形成各院公诉工作品牌，如此改革，可操作性强且具有一定实践基础，可期取得良好效果。

（五）三部分或三阶段检察官司法责任制的完善

在检察官终身负责制的司法责任制改革大背景下，科学、合理的责任界分以及客观、公正的追责依据和程序直接影响制度的生命力。有责才有权。责任的清晰有利于职权、义务的界定，有利于各环节的顺畅衔接、兼容运转。

1.制定权力清单、责任清单

在案件审查、公诉裁量与公诉出庭检察官分类运行模式之下，为解决职权权属不明的问题，笔者建议，可以参考司法体制改革的先进做法，制定详尽的权力清单、责任清单，可将员额检察官的权力清单进行拆分，再根据分类检察官的岗位职责以及适用案件特点进行细化补充，做到有章可循、有据可依。在现实中遇到权属难以划分的情形时，可听取检察官联席会、检察专家委员会等的意见，最终由主管领导进行判断。

2.在现有框架之下追究司法责任

案件审查、公诉裁量与公诉出庭检察官的三分运行包涵在既有司法体制改革之下员额检察官的运行之中，为落实检察官司法责任追究体制建设，2015年9月，最高检出台了《关于完善人民检察院司法责任制的若干意见》，对司法责任的认定和追究进行了明确规范。笔者以为，公诉工作构成论项下的公诉检察官其职权虽然被划分，但本质上还是检察官，按照权力清单、履职清单、责任清单开展工作，可以上述检察机关的司法责任追究意见为主要基础，结合分类检察官运营存在的具体问题进行落实，具体如下：

（1）明确司法责任的类型。

可将司法责任类型分为三类：一是故意违反法律法规责任，即检察人员故意实施包庇、放纵、徇私枉法、滥用职权等行为，故意违反法律法规或者司法办案规定的行为应当承担司法责任。此类责任系检察人员故意为之，甚至不仅仅涉及司法责任，还涉及违反党纪政纪规定和触犯刑事法律。二是监督管理责任，即负有监督管理职责的检察人员因故意或过失怠于行使或不当行使监督管理权，导致司法办案工作出现严重错误的，应当承担的司法责任。这一责任主要针对监督管理岗位的检察官，对于公诉业务岗位检察官，并不适用。三是重大过失责任，即检察人员在司法办案工作中有重大过失，怠于履行或不正确履行职责，造成严重后果或者恶劣影响应当承担的司法责任。在公诉办案中，此类因重大过失导致严重后果的司法责任最为常见，也是重点研究甄别的对象。

（2）结合"清单"认定是否存在重大过失司法责任。

主要从三个方面进行判断。首先，主观上是重大过失，可以借鉴我国刑法理论中关于过于自信的过失和疏忽大意过失的理论，比对检察官的三项"清单"，对于应当履行的职责怠于履职或不正当履职，分析其目的原因，从而判断是否为重大过失。其次，客观上实施了应当追究司法责任的不当履职行为，包括认定事实、适用法律出现重大错误，或案件被错误处理（何为"错案"、何为重大错误，应进一步探讨和解释）；遗漏重要犯罪嫌疑人或重大罪行的；错误羁押或超期羁押犯罪嫌疑人、被告人的，以及其他严重后果或恶劣影响的可能情形。最后，是否造成了严重损害诉讼参与人权益或其他严重影响司法机关形象的后果。重大过失区别一般过失，并非检察人员的过失履职行为均应被追责，一般过失履职行为可以通过检察官考核负面评价、降级等惩处，而严重侵犯他人人身权利，使不应被追诉的人受到追诉，或应受到追诉的人受到明显重于与所犯罪行的处罚，或是使他人财产权利、民主权利受到严重损失，无法挽回的后果等。

（3）确定追究检察官司法责任的组织与程序。

检察官故意或重大过失司法责任经人民检察院纪检监督机构调查之后认为应当追究的，报请检察长决定之后，移交省、自治区、直辖市检察官惩戒委员会审议。案件审查、公诉裁量、公诉出庭检察官是否存在司法责任，本书认为，首先应在公诉职权行使的内部机构进行审查，可由公诉部门领导进行会商判断之后，呈交主管检察长研究决定，再按照最高检《关于完善人民检察院司法责任制的若干意见》第43条的规定，依程序进行。

综上可见，制定详尽、完善的权限清单是避免司法责任和追究司法责任的重要依据，在出现履职不明的争议意见时，可以先运用部门内部讨论、后层报决定的方式解决。但需要追究司法责任之时，可以在结合运行实践基础上，适用现有规范框架。

3.内外监督相结合，充分发挥检察官联席会和检察管理监督部监督管理作用

在确定试点范围之后，案件审查、公诉裁量和公诉出庭各部分职权在案件中的具体行使，应由本部门以及检察管理监督部对工作量进行预估和测算，根据量化的标准进行案件分配。例如审查工作较为复杂的案件，可由两个案件审查检察官搭配一个公诉裁量检察官和一个公诉出庭检察官办理；或在前期摸底之后，可以根据案件办理实践和检察官数量现状，按照不同比例构建三种不同类型检察官，如3∶2∶1的比例等，从而实现工作量的科学分配。这一量化工作，在司法体制改革部门调整之时就已有初步的基础。

在分类检察官履职过程中，检察官之间可以互相监督，后一环节的检察官可以督促前一环节的检察官处理好未完成工作；同时，可以充分发挥检察官联席会的作用，对于某些事实无法查清、证据难以核实、已经穷尽履职手段的情况，通过检察官联席会进行认定，从而确认案件审查、公诉裁量或公诉出庭工作在一定程度上的终结。

第二章　非法集资案件中适用认罪认罚从宽机制研究

党的十八届四中全会通过的《中共中央关于全面推进依法治国若干重大问题的决定》（以下简称《决定》）正式提出"完善刑事诉讼中认罪认罚从宽制度"以来，认罪认罚从宽制度经历了从改革任务提出到试点方案形成再到授权、进行试点等几个阶段。如前所述，基于非法集资类案件的特殊性，认罪认罚从宽制度的实践探索对该类案件的妥善办理具有特殊意义。

首先，部分破解追赃挽损难题。通过鼓励非法集资的行为人退赃、退赔争取从宽处理情节，可以很大程度上推动追缴违法所得工作的进行。进而部分破解追赃挽损难题。其次，部分破解取证难导致的证据质量差、审查难等难题。通过对其中符合一定条件的人员适用认罪认罚从宽，取得该部分人员的积极配合，即可以在一定程度上降低案件的查处难度，缓解"案多人少"的司法压力，提高诉讼效率。最后，能够分化瓦解犯罪集团，破解审查起诉和出庭公诉难题。通过认罪认罚从宽机制完善非法集资犯罪嫌疑人的分层分类处理，很大程度上节约诉讼资源，实现案件法律效果、社会效果和政治效果的统一。

一、实践中非法集资案件认罪认罚从宽的适用情况

2016 年初，朝阳区人民检察院就确立了宽严相济，审慎确立探索目的方向。依托朝阳区人民检察院在刑事速裁和轻罪案件认罪认罚工作积累的有益经验，结合区域实际，严格贯彻落实"当宽则宽，当严则严，宽严相济"的刑事政策要求，确立了"分化瓦解非法集资犯罪集团、最大限度地追赃挽损、

化解社会矛盾、实现法律效果、社会效果和政治效果的统一"的目标，审慎、稳妥推进非法集资案件适用认罪认罚从宽制度。同时，朝阳区人民检察院秉承先行先试，摸着石头过河的精神，从典型案例入手积累经验。在轻微刑事案件认罪认罚从宽制度探索的理论和实践基础上，朝阳区人民检察院首先通过"华融普银"案，先行尝试启动非法集资类案件适用认罪认罚从宽工作，共为投资人挽回经济损失现金 1200 余万元及宝马、奔驰等车辆 14 辆，取得了良好的法律效果和社会效果，也为后续实践积累了经验。2016 年 8 月以来，朝阳区人民检察院依托检察专业化改革，正式在一般轻罪案件认罪认罚从宽制度之外，确立类罪适用的特色制度。通过前期实践探索，形成了分类别、分情形的更具非法集资案件针对性的特色制度，并拟定了《非法集资案件认罪认罚从宽办案指引》。

二、实践中存在的问题

（一）适用标准有待明确

1. 构成认罪认罚的标准

《刑事诉讼法》第 15 条规定："犯罪嫌疑人、被告人自愿如实供述自己的罪行，承认指挥的犯罪事实，愿意接受处罚的，可以依法从宽处理。"第 174 条第 1 款规定："犯罪嫌疑人自愿认罪，同意量刑建议和程序适用的，应当在辩护人或者值班律师在场的情况下签署认罪认罚具结书。"可见，认罪除了要对指控的犯罪事实没有异议外，还要如实供述自己的罪行，但实践中，由于很多涉案公司账册无法调取、部分投资人不报案以及通过现金进行投资和返利等原因，犯罪数额难以准确认定，导致部分行为人存在侥幸心理，虽然表示认罪，但在供述时避重就轻。这时，如果行为人对司法机关已掌握的犯罪事实没有异议，认罪悔罪，满足了"对指控的犯罪事实没有异议"这一条件，但由于其供述的并非真实的犯罪数额，显然不符合"如实供述自己的罪行"的要求，这种情况是否构成"认罪"；行为人认可指控的事实，但不认可指控的罪名，或者仅承认指控的主要犯罪事实的，能否适用；认可主刑但不认可附加刑（如罚金等财产刑），或者形式上虽然认可但不愿意实际履行（如缴纳罚金）的，可否适用？

2.适用的其他标准

（1）是否要对非法集资案件的适用对象设定单独的标准以及设定怎样的标准。实践中一般认为，有必要对非法集资案件的适用对象作出限定，但目前对涉嫌何种案由、多少数额（或人数等相关标准）、处于何种地位（或发挥何作用）以及退赔程度的非法集资案件行为人才能适用认罪认罚从宽制度，并无明确的标准。从目前已经适用认罪认罚从宽制度的非法集资案件看，有对起到辅助作用的犯罪嫌疑人适用的，也有对主要犯罪嫌疑人适用的，有对涉案金额几十万元的数额较小的案件适用的，也有对涉案金额上亿元的案件适用的，对案件类型、涉案数额、人员职务等并无明确的适用条件，往往根据的是犯罪嫌疑人退赔违法所得的意愿和办案检察官对于案件情况的判断，缺乏明确的适用条件。

（2）是否将投资人的意见作为适用与否考量因素以及在多大程度和范围内进行考量。《刑事诉讼法》第173条第2款规定，犯罪嫌疑人认罪认罚的，人民检察院应当告知其享有的诉讼权利和认罪认罚的法律规定，听取犯罪嫌疑人、辩护人或者值班律师、被害人及其诉讼代理人对于涉嫌的犯罪事实、罪名应适用的法律规定、从宽处罚建议、审理适用程序等事项的意见，并记录在案。非法集资类案件，尤其是非法吸收公众存款案件，投资人到底应以何种身份参加诉讼，法律没有作出明确规定。实践中也一直存在较大争议，运用十分混乱。北京地区实践中一般不认为投资人是被害人。但此类案件往往伴随着投资人的集体访，且越发呈现出常态化、情绪化、无理化，有的甚至将集体访作为干扰办案的方式，使得非法集资案件在适用认罪认罚从宽过程中备受挟制。是否将投资人的意见作为适用与否的考量因素，对于投资人之间意见不统一，以及不认同司法机关对行为人的定罪和量刑、不满意退赃退赔的金额，不同意适用认罪认罚从宽的，应如何处理？对于以上问题还需要在司法实践中进一步加以明确。

（二）处理方式有待统一

适用认罪认罚从宽制度的非法集资案件，有多种从宽的处理方式，包括审查批捕阶段的不予批准逮捕，审查起诉阶段变更强制措施、相对不起诉、从轻量刑建议等，但实践中并没有较为一致的处理方式，也没有明确的从宽幅度，一方面原因是每个案件情况都不尽相同，另一方面是不同办案检察官对案件社会危害性等方面的认识不同。对此，应当进一步统一不同情况下的处理方式，明确无逮捕必要的条件、明确相对不起诉的标准，明确从轻量刑的幅度，避免同类案件处理方式差别过大的情况发生。

（三）相关程序有待完善

鉴于非法吸收公众存款案件的特殊性，朝阳区检察院结合办案实践，专门拟定了《非法吸收公众存款适用认罪认罚从宽制度实施办法》，该办法已经获得公安、法院的认可并参照执行。但随着实践的不断深入，也出现了一些新的问题，比如犯罪嫌疑人签署认罪认罚具结书后在法院审理阶段反悔的如何处理，签署认罪认罚具结书后是否应限制上诉权等部分权利，共同犯罪中部分人认罪认罚在程序上能否予以部分简化以节约司法资源，这都需要进一步探索并完善相关程序规定。

三、非法集资案件认罪认罚从宽制度的完善

（一）合理界定认罪认罚标准

1. 认罪的界定

（1）与自首、坦白存在包容关系。

《刑事诉讼法》第15条规定，"犯罪嫌疑人、被告人自愿如实供述自己的罪行"，该表述与刑法及相关司法解释中所规定的坦白含义基本相同，并被自首含义所包容，即行为人具有自首或者如实供述情节的，符合该表述。

（2）如实供述的判断应当基于适用时所认定的事实。

判断行为人是否如实供述，应当以拟适用认罪认罚时司法机关所掌握的事实为标准。尽管行为人的供述可能存在避重就轻或者隐瞒事实的情况，但只要与现有证据所认定的事实基本一致，便可以认定如实供述。不能因为未调取到账簿、同案犯未到案、部分投资人未报案或报案材料不全等原因造成案件整体事实未查清，而排斥认罪认罚从宽的适用，除非已有证据证明或有

明确线索显示行为人未如实供述自己的罪行。

辩解不影响认罪的成立。根据 2004 年最高法《关于被告人对行为性质的辩解是否影响自首成立问题的批复》，被告人对行为性质的辩解不影响自首的成立。因此，行为人承认指控的主要犯罪事实，仅对个别细节提出异议，但不影响定罪量刑的，或者对犯罪事实没有异议，仅对罪名提出异议的，不影响认罪的认定。

但该批复并未明确关于"行为性质的辩解"是否包括认为自己行为不构成犯罪的情形。在非法集资案件中，一些行为人往往承认自己的行为（也即"认事"），但不认可构成犯罪，常辩称是一种金融创新行为。一些层级较低的从业人员，以及一些本人及亲属也进行了投资并遭受损失的行为人，认为自己行为不构成犯罪的情况更加普遍。我们认为，被追诉人既要承认"行为"，也要承认"犯罪"，被追诉人的认罪应当是被追诉人自愿承认被指控的行为构成犯罪，但不包括被追诉人对自己行为性质（罪名、犯罪形态等）的认识。[1]也即认罪认罚中的辩解应仅限于对罪名等的辩解，不包括无罪辩解。

2. 认罚的界定

（1）认罚是行为人对于可能承受的刑罚的概括的意思表示。

对于认罚，根据《刑事诉讼法》第 174 条第 1 款规定："犯罪嫌疑人自愿认罪，同意量刑建议和程序适用的，应当在辩护人或者值班律师在场的情况下签署认罪认罚具结书。"仅从条文的表述来看，似乎排除了对认罪认罚案件不起诉的适用而仅包括量刑减让，因为一般只有检察机关提起公诉案件才会涉及提出量刑建议。但其实从第 177 条的规定就可以看出，刑事诉讼法并未排除不起诉的适用。由于主观认识随着诉讼程序的运行而深化，对是否不起诉或判处刑罚的预测具有相当的不确定性，最终的刑罚只有经过裁判者的最终处理才能确定。只要被追诉人同意可能的刑罚结果就应认为被追诉人已经"认罚"。[2]但这一可能承受的刑罚同时又是相对确定的，尽管非法集资案件

---

① 参见陈光中、马康：《认罪认罚从宽制度若干重要问题探讨》，载《法学》2016 年第 8 期。

② 参见陈光中、马康：《认罪认罚从宽制度若干重要问题探讨》，载《法学》2016 年第 8 期。

的办理周期均较长，认罪量刑的协商也具有过程性，但在最终签订具结书时，应给出相对确定的量刑幅度或处理意见方面的允诺，从而使行为人对"从宽"有合理的预期。

（2）认罚内容包括罚金等财产刑。

非法集资犯罪一般都设定了相应的财产刑，对财产刑的认可是"认罚"的应有之义。这一点在《刑事诉讼法》第 176 条第 2 款也给予了明确，规定了犯罪嫌疑人认罪认罚的，人民检察院应当就主刑、附加刑、是否适用缓刑等提出量刑建议，并随案移送认罪认罚具结书等材料。也即如果行为人不同意罚金刑的适用，则对其也排除认罪认罚从宽制度的适用。当然，作为刑罚的一种，罚金也可以作为量刑协商的内容。对于在起诉或判决前主动认缴可能承担的罚金的，属于"认罚"的表现。

（3）主动退赃退赔是重要考量因素。

追赃挽损是司法机关办理非法集资案件过程中的一项重要工作内容，但从实践来看，多数非法集资案件的返还比例在 10%—30%，追赃挽损难度极大。行为人主动退赃退赔，弥补已经造成的损失，是其悔罪的重要表现，尤其是对于涉案公司实际控制人、核心部门任职人员以及银行等金融机构"飞单"人员等，这些人员均从公司获取了数额较大违法所得，是否积极退赃退赔应当作为其认罚态度的重要考量因素。

但退赃退赔是否应作为认定行为人认罚的必要条件？实践中，鉴于非法集资案件的特殊性，退赃退赔几乎已经成为认定"认罚"的必要条件。朝阳院目前根据行为人的参与程度在适用条件上进行了分层分级：

一是在犯罪活动中起主要或关键作用的首犯、主犯、重要高管、资金使用人的犯罪嫌疑人，将所募集资金主要用于生产经营或者投资项目真实，能够全部或绝大部分挽回投资人损失的；

二是从事销售、宣传等融资或其他关键岗位，在犯罪活动中起主要作用的犯罪嫌疑人（例如团队经理及以上级别），能够及时退缴佣金、提成、工资等违法所得，且退赔其团队参与或负责吸收的投资人大部分或全部损失的；无对应业绩不参与提成等的，已经比照相应罚金刑数额自愿退赔相应款项的；

三是从事销售、宣传等融资关键岗位的业务员、普通员工的犯罪嫌疑人，能够及时退缴佣金、提成、工资等违法所得，且已经比照相应罚金刑数额自愿退赔相应款项的；

四是从事事务性、劳务性工作，领取固定工资，参与时间短，在犯罪活动中起次要或辅助作用的犯罪嫌疑人，能够及时退还犯罪所得的。

可以看出，对各层级人员均要求退缴佣金、提成、工资等违法所得，对于高层级人员还要求退赔所造成的投资人损失，甚至可能判处的罚金刑数额，退赃退赔某种程度上已经成为认定"认罚"的必要条件。相对于一般刑事案件，这样的"认罚"标准似乎过于严苛，但某种程度上也是当前应对非法集资案件严峻形势的一种对策性需要。

（二）建立认罪认罚协商机制

《刑事诉讼法》中并未明确规定协商程序，稍微带有协商意味的是第173条，该条规定人民检察院审查案件，应讯问犯罪嫌疑人，听取辩护人或值班律师、被害人及其诉讼代理人的意见，并记录在案。辩护人或者值班律师、被害人及其诉讼代理人提出书面意见的，应当附卷。《北京市试点工作实施细则（试行）》中同样未出现"协商"字眼，但相比于刑事诉讼法第173条的规定，除了要求听取上述意见外，还规定应与辩护人或值班律师交换意见并附卷，协商意味略加浓厚。

从字面意义上来理解，"认罪认罚从宽"似乎跟"坦白"从宽相似，倘若认罪认罚从宽制度仅仅只是强调犯罪嫌疑人、被告人被动认罪，对认罪后可能面临的刑罚没有任何的选择余地，只能认可司法机关的裁量，那么，该制度与"坦白"从宽的差别也就仅仅只是在"认罪"与"坦白"的区分上而已。[①]但实际上，认罪认罚从宽中的被追诉人认罪认罚不应再是被动的选择，而是一种主动参与，即被追诉人通过自身的选择行为来换取相应的从宽处理，是协商型刑事理念的体现，同时也是新时期刑事司法注重被追诉人主体地位

---

① 认罪与坦白的区别在于，坦白是对基本犯罪事实的如实供述，而认罪的形式既可能是对基本犯罪事实的供述，也可能只是承认；此外，在内容上，认罪不仅包括在事实判断上对基本犯罪事实的供述或承认，还可能包括在法律判断上对定罪的认可。

的必然选择。可以认为，认罪认罚协商机制是认罪认罚从宽制度的精髓。相比于一般认罪认罚从宽的案件，协商环节在非法集资类案件的中更有着举足轻重的作用。绝大多数适用认罪认罚的被追诉人，是在与检察官的多轮协商中才逐渐认罪、悔罪，退赃、退赔，并最终认可从宽量刑建议或其他处理意见的。

1. 协商的主体

检察官是与犯罪嫌疑人、被告人进行协商的天然主体。一方面检察人员具有较完备的法律思维，可以为被追诉人提供相对明确的定罪量刑承诺，有利于协议的最终达成和实现；另一方面，检察官的客观义务也要求其既要追诉犯罪，更要注重人权保障，这有利于在协商中对被追诉人的权益予以合理关照。侦查人员不是协商的主体，但侦查环节是认罪认罚从宽制度的有机组成，侦查人员对犯罪嫌疑人负有相应的告权义务，可以听取犯罪嫌疑人及辩护人或值班律师的意见，并向检察机关说明。辩护人或律师可以参与协商，并且最终签署具结书时应当在场，但辩护人并非协商的主体，其仅对犯罪嫌疑人、被告人提供帮助或建议，并就法律适用、从宽处罚建议及适用程序与检察官交换意见。此外，由于法官处于裁判者的中立地位，并且同时承担着审查认罪认罚真实性、自愿性、合法性的义务，亦不能成为协商主体。

2. 协商的内容

包括认罪协商与认罚协商，一个关乎定罪，另一个关乎量刑，既可以同时进行，也可以分别进行，认罪协商是前提，认罚协商则决定最后能否适用认罪认罚从宽制度。在案件的审查起诉阶段，检察官经审查认为被追诉人已经承认了基本犯罪事实，便可以与被追诉人进行定罪协商，达成定罪协商协议的，再进一步就量刑进行协商，量刑协商既可以在定罪协商达成后立即进行，也可以之后单独进行，但是，最后达成的协议必须对定罪与量刑都认可，否则不能适用认罪认罚从宽程序。

认罪协商的内容主要有：对已掌握的主要事实是否愿意如实供述；是否愿意供述检察机关尚未掌握的犯罪事实或提供赃款物去向的相关线索；对拟指控的事实是否不持有异议；是否认可自己的行为构成犯罪并同意拟指控的

罪名等。

认罚协商的内容主要有：是否愿意退回涉案赃款；是否愿意退缴认定的全部违法所得或应当承担的投资人的损失金额；是否同意拟从宽适用的强制措施；是否同意拟提出的主刑量刑幅度、执行方式、罚金数额或不起诉等其他从宽处理意见；是否愿意提前认缴相应的罚金；是否同意拟适用的程序等。

（三）明确实体从宽程序从简

1. 制定非法集资案件量刑细则

量刑规则体系的地方特别细化规则，是认罚协商的基本依据。[①]非法集资案件的量刑规则应当体现层级性与差异性。一方面，是要根据非法集资案件中人员的层级性，结合司法实践中的案例、判例总结制定相应的量刑规则。原则上人员层级越低，退赔比例越大越从宽。另一方面，是根据认罪认罚的程序节点和具体表现的差异性来设置量刑规则。原则上认罪认罚的时间越早，认罪认罚表现对案件侦办的贡献越大越从宽。例如，对于非法吸收公众存款罪的量刑，目前实践中一方面主要依据人员层级性，通过认定主从犯及结合退赃退赔情况来分层处理及量刑，另一方面则主要依据犯罪数额进行量刑层级性的判断，例如对于非法吸收公众存款罪的主要发起人与实施者，达到数额巨大幅度的，且主要损失尚未挽回的，可以参考以下量刑幅度：

金额	1000万元以下	1000万－5000万元	5000万－1亿元	1-3亿元	3亿元以上
刑罚幅度	3年至5年	4年至6年	5年至7年	6年至8年	7年至10年

同时根据案中被告人对资金掌握情况，实际投入项目资金情况、存在的欺诈因素等情况，可以在上述幅度基础上加重刑罚量；而对于募集的资金全部用于投资项目或者非法集资公司仅经手资金的，可以考虑在上述幅度基础上减轻相应刑罚量。但目前尚未针对行为人认罪认罚的节点早晚设定相应的

[①] 黄京平：《认罪认罚从宽制度的若干实体法问题》，载《中国法学》2017年第5期。

从宽幅度，也未明确适用认罪认罚从宽的情况下是否在认定自首、坦白等基础上再进行从宽量刑以及从宽的幅度。

（四）明确程序从宽的适用

从宽处理包括实体从宽和程序从简，实体从宽一般是指量刑减让、不起诉处理等，程序从简则指刑事诉讼程序流转的快速和简化（例如适用简易程序、速裁程序），同时还包括强制措施的变更、缩短诉讼周期等。对于审查逮捕、审查起诉阶段签署认罪认罚具结书，满足相应退赃退赔要求的，应尽量减少羁押性强制措施的适用。同时，由于非法集资案件一般案情相对复杂，有大量证据材料，涉案被告人也较多，除极个别情况外，案件整体很难符合适用简易程序、速裁程序的条件，但长期的诉讼负累和复杂的庭审程序对于已经认罪认罚的被告人则显得不公。因此，应进一步加强非法集资案件庭前会议的适用，充分发挥其功能，并尝试探索共同犯罪中针对认罪认罚被告人的庭审程序适度简化机制等。

四、探索认罪认罚从宽制度在涉众型经济犯罪中助力涉案财物追缴

2016年以来，朝阳区人民检察院依托自身在刑事速裁和轻微案件认罪认罚从宽试点工作积累的有益经验，结合区域实际，以"分化瓦解非法集资犯罪集团、最大限度地追赃挽损、化解社会矛盾、实现法律效果、社会效果和政治效果的统一"为目标，审慎、稳妥推进非法集资案件认罪认罚从宽探索。

自2016年8月至2017年12月，朝阳区人民检察院共对55件非法集资案件中的109名人员适用了认罪认罚从宽制度，共挽回经济损失4300余万元。具体情况如下：

1. 在启用阶段上，审查逮捕与审查起诉阶段各半。在审查逮捕阶段共对28件51人适用了该制度，在审查起诉阶段共对27件58人进行了适用。

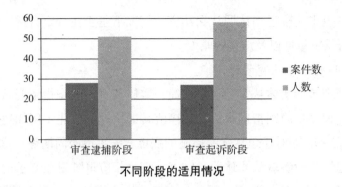

不同阶段的适用情况

2. 在适用对象上，较低层级销售人员及从事辅助性工作人员占绝大多数。对业务员、团队经理等较低层级销售人员适用该制度的有 83 人，对从事财务、行政等辅助性工作人员适用该制度的有 18 人，两者共占全部适用该制度人数的 92.7%，对公司股东、法人、总经理等关键人员适用该制度的占 7.3%。

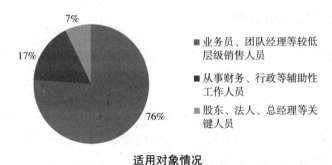

适用对象情况

3. 在退赔数额上，根据工作职务有所区别。对公司股东、法人、总经理等关键人员，需要退赔全部或大部分集资款才能适用该制度。对公司层级较低的销售人员及从事辅助性工作的人员，退赔全部佣金、提成、工资等钱款则可适用该制度。

4. 在处理结果上，体现了实体与程序上的从宽。在适用该制度的 109 人中，对 51 人以无逮捕必要作出了不批准逮捕的决定，对 26 人作出了相对不起诉的决定，对 10 人变更强制措施为取保候审，对 22 人提起公诉的同时建议法院减轻或从轻量刑。

第三章　非法集资案件从宽处理具体措施

　　根据《关于在部分地区开展刑事案件认罪认罚从宽制度试点工作的办法》，对于符合条件的，"可以对其依法从宽处理"，这就说明认罪认罚从宽制度包括实体上和程序上两个方面。实体上的从宽是指刑法适用即量刑和行刑的从轻、减轻，主要体现在加大从轻、减轻幅度和优先适用非监禁型刑罚执行上。[①]在实体法既有的自首、坦白、缓刑、减刑、假释等制度中均有体现。程序上的从轻指司法机关会给予认罪认罚的犯罪嫌疑人较为便宜的诉讼模式，如果犯罪情节轻微，检察机关也可能会作出不起诉的决定。在程序法既有的刑事和解、附条件不起诉、简易程序、速裁程序等制度中也均有规定。认罪认罚从宽制度并非一项独立的制度，它是早已分散在我国《刑法》和《刑事诉讼法》中的，实际上是一项整合性的刑事追究制度。[②]由于非法集资类案件尤其是非法吸收公众存款案具有特殊性，很多犯罪嫌疑人自己和家人也是涉案公司的投资人，他们能够在案发后主动前往公安机关说明情况，在案件调查中积极提供证据材料，帮助甚至带领投资人追讨款项或者主动退赔挽回损失。那么当犯罪嫌疑人在已经满足认罪认罚从宽的适用条件，即"自愿如实供述自己的罪行，对指控的犯罪事实没有异议，同意量刑建议，签署具结书"的基础上，又有自首、坦白、立功、退赃退赔获得被害人或投资人谅解等情形时，是将自首、坦白、退赔、获得谅解等情形作为适用认罪认罚从宽制度的前提条件，还是在适用认罪认罚从宽制度的基础上再重叠适用自首、退赔等情形，还是比较几种情形看哪种适用的从宽幅度大就适用哪种，在实践中

---

① 参见熊秋红：《认罪认罚从宽制度的理论审视和制度完善》，载《法学》2016 年第 10 期。

② 参见陈卫东：《认罪认罚从宽制度研究》，载《中国法学》2016 年第 2 期。

往往无所是从。

虽然认罪认罚从宽制度是指"可以从宽",并不是"一律从宽",要根据案件的事实和法律综合考量。[①]但是也应当看到为了避免自由裁量空间过大和同案不同判的情形,既然规定了"可以",就应当优先考虑适用,除非有不能适用的理由。涉众型金融案件的犯罪嫌疑人为争取从宽处罚的结果,往往积极配合司法机关查明事实、追赃挽损,大部分嫌疑人还主动退还工资提成,退赔部分投资人投资款项,获得了投资人的谅解,在此情况下,若是将"可以从宽"粗暴理解为"可以从宽,也可以不从宽",随意进行从宽与否的处置,则违背了认罪认罚从宽制度教育感化嫌疑人、优化司法资源配置、实现法律效果社会效果统一的设计初衷,更易出现独断处罚和司法不公正的现象,不利于司法机关公信力和权威性的维护。所以在嫌疑人认罪认罚的情况下,除非有不宜适用的理由,否则应当优先考虑适用从宽处罚,将适用的情形规范化。

一、立案侦查环节

【典型案例 7】董某某等人非法吸收公众存款案

犯罪嫌疑人董某某等五人伙同黄某某等三人、韩某某等十人于 2015 年至 2016 年期间,在北京市朝阳区双井、十里河、太阳宫等地以北京某某投资管理有限公司的名义,通过发传单、朋友介绍等方式向社会不特定对象宣传该公司理财产品,与投资人签订《出借咨询与服务协议》《债权转让与受让协议》,承诺返本并高额返息,非法吸收资金共计人民币 9000 余万元。其中犯罪嫌疑人董某某系涉案公司小团队经理,其带领的销售团队参与非法吸收资金共计人民币 105 万元。犯罪嫌疑人董某某后自动投案,并在公安机关侦查阶段提出认罪认罚,主动退赔人民币 15 万元。

本案处理结果:犯罪嫌疑人董某某在侦查阶段被北京市公安局朝阳分局取保候审。

---

① 参见张洋:《认罪认罚从宽并非法外从宽、一律从宽》,载人民网 2016 年 9 月 5 日。

认罪认罚制度存在于侦查、审查起诉、审判和执行的整个阶段。[①] 因此，无论是侦查阶段、审查起诉阶段还是审判阶段，都应当可以适用认罪认罚从宽制度。但是要认识到认罪认罚从宽制度的价值之一是为了提高办案效率，那么在刑事诉讼的不同阶段作出认罪认罚表示，就应当进行分层区别对待。比如在非法吸收公众存款类案件中，如果由于犯罪嫌疑人在侦查阶段就自愿如实供述自己的罪行而减轻了侦破案件的难度、挽回了大量的经济损失，那么在从宽幅度上就应当大于在检察阶段和审判阶段认罪认罚的。

办理认罪认罚案件应当遵循刑法和刑事诉讼法基本原则，坚持"疑罪从无"和"无罪推定"原则，以事实为依据，以法律为准绳，做到宽严相济、罪责刑相适应。涉众型互联网金融案件在适用认罪认罚从宽制度时不能过于重视嫌疑人口供，必须要有相应的证据加以佐证，采信的证据必须真实合法且具有证明力。非法集资类案件中经常会出现嫌疑人供述的介绍投资情况与投资人报案情况及在案书证不完全一致的情形，应当认真排查，深入详细地调查核实。认罪认罚并不意味着降低证明标准，首先，要做到"案件事实清楚，证据确实充分"。其次，要重点核实认罪认罚的自愿性和真实性。严格限制在侦查初期适用认罪认罚制度，防止为尽快破案、减轻办案压力而威逼利诱哄骗嫌疑人认罪的情况出现。适用认罪认罚从宽制度应当保障犯罪嫌疑人知情权，要切实告知犯罪嫌疑人权利，告知其认罪认罚的性质和可能导致的法律后果，确保犯罪嫌疑人自愿认罪认罚。

对于重大、疑难、复杂涉互联网金融犯罪案件，检察机关公诉部门要依法提前介入侦查，围绕指控犯罪的需要积极引导公安机关全面收集固定证据，必要时与公安机关共同会商，提出完善侦查思路、侦查提纲的意见建议。加强对侦查取证合法性的监督，对应当依法排除的非法证据坚决予以排除，对应当补正或作出合理解释的及时提出意见。涉互联网金融犯罪案件证据种类复杂、数量庞大、且分散于各地，收集、审查、运用证据的难度大。各地检察机关公诉部门要紧紧围绕证据的真实性、合法性、关联性，引导公安机关

[①]　参见陈光中、马康：《认罪认罚从宽制度若干重要问题探讨》，载《法学》2016年第8期。

依法全面收集固定证据，加强证据的审查、运用，确保案件事实禁得起法律的检验。

二、审查批捕环节

【典型案例 8】马某某等人非法吸收公众存款案

犯罪嫌疑人马某某等 10 人伙同他人，自 2013 年 5 月至案发前，在朝阳区鹏龙大厦、孙河康营、顺义后沙峪等地，以某某资产管理有限公司的名义，通过发放传单、宣讲会等形式，公开向社会公众宣传保本高息理财产品，以债权转让形式与投资人签订合同，承诺保本付息，并提供房产抵押担保、担保公司等担保形式。犯罪嫌疑人马某某系涉案公司孙河分部业务员。在审查批捕阶段移送的卷宗中指认马某某的共计投资人 2 人，金额 50 万元。马某某工资卡明细显示在该公司工作期间工资共计 5.0357 万元。在审查批捕阶段，马某某表示认罪认罚，其家属及律师协助其与 11 名投资人达成谅解协议，并向 11 名投资人退赔共计 4.42 万元。

本案处理结果：在审查批捕阶段北京市朝阳区人民检察院对马某某作出无逮捕必要不批准逮捕决定。

对认罪认罚的犯罪嫌疑人、被告人依法从宽处理，充分发挥刑罚的惩罚警示和教育矫治功能，鼓励和促使更多的犯罪人认罪服法，可以最大限度地减少社会对抗、修复社会关系，有利于提升社会治理法治化水平，促进国家长治久安。涉众型互联网金融案件的犯罪嫌疑人有着不同的社会危害性、人身危险性和主观恶性，应当根据其主观故意、分工作用等犯罪事实，审慎适用不同的强制措施，以最大限度地追赃挽损、减少不良社会影响作为考量的主要因素，结合认罪认罚的具体情况，决定是否从宽及从宽幅度，既要防止犯罪嫌疑人逃往国外、毁灭证据、串通一气、藏匿赃款，又要通过不捕、改变羁押措施等手段来分化犯罪组织，教育感化犯罪嫌疑人积极退赃退赔，缓和社会矛盾。对于非法集资经营模式的发起人、决策人和参与非法集资活动时间长、违法性认识程度高的核心人员、业务骨干，以及曾因从事非法集资活动受过法律处罚且积极参与非法集资犯罪的，应当从严处罚，一般作出批准逮捕的决定。对于采取取保候审可能继续实施非法集资的犯罪活动；可能毁灭账册、投资合同、投资人统计表及电脑等证据材料；可能串供或干扰证人作证；可能转移资产；可能逃跑，或者违反取保候审、监视居住规定；有其他应当逮捕的社会危险性的，一般作出批准逮捕的决定。综合全案证据，在查明犯罪事实的基础上，对于在共同犯罪中起次要和辅助作用，主观恶性不深的初犯、偶犯；仅从事劳务性工作，领取固定工资，参与时间短违法性认识低的公司一般人员；吸收公众存款的数额或人数刚达到入罪标准并退赔退赃的，可以酌情作出无逮捕必要不批准逮捕的决定。

三、审查起诉环节

【典型案例9】王某甲、刘某某、王某乙、鄢某某等人非法吸收公众存款案

王某甲、刘某某、王某乙、鄢某某等12人伙同他人于2013年5月至2017年2月，在北京市朝阳区IFC大厦B座706室北京同江投资管理有限公司、房山区楸树家园底商的房山营业部等地，通过发放传单、网上推介等形式宣传公司理财产品，承诺在固定期限内还本付息，吸收4000余名投资人投资款共计6亿余元，其中报案投资人900余名，金额1.7亿元。王某甲系涉案公司理财管理部员工，负责各个营业部投资人投资信息的汇总、登记备案，收入4万元，在审查起诉阶段退赔人民币9万元，并签署《认罪认罚具结书》；刘某某系涉案公司互联网金融部员工，负责网上360和神马竞价账户，收入12万元，在审查起诉阶段退赔人民币17万元，并签署《认罪认罚具结书》；王某乙系涉案公司风控部负责人，收入30万元，在审查起诉阶段退赔人民币35万元，并签署《认罪认罚具结书》；王某乙系涉案公司风控部负责人，收入30万元，在审查起诉阶段退赔人民币35万元，并签署《认罪认罚具结书》；鄢某某系涉案公司行政部负责人，收入6万元，在审查起诉阶段退赔人民币16万元，并签署《认罪认罚具结书》。

本案处理结果：在审查起诉阶段北京市朝阳区人民检察院对王某甲、刘某某作出相对不起诉决定。另本案财务部门负责人由公安机关直接取保直诉，

从全案犯罪嫌疑人强制措施均衡角度出发，经检察官联席会通过，对王某乙、鄢某某作出变更羁押措施决定，由在押改为取保候审。

（一）提起公诉案件证明标准问题

案件在提起公诉时应当做到犯罪事实清楚，证据确实、充分。我国刑事诉讼法对人民检察院提起公诉规定了证明标准，这一法定证明标准适用于所有刑事案件，包括认罪认罚案件。推动认罪认罚从宽制度改革，并未降低证明犯罪的标准，只是在程序上作出相应简化，以更好地实现公正与效率的统一。因此办理认罪认罚案件，仍须按照法定证明标准，依法全面收集固定证据、全面审查案件。对于虽然犯罪嫌疑人认罪，但没有其他证据，或者认为"事实不清、证据不足"的，应当坚持"疑罪从无"原则，依法作出不起诉决定。

（二）提起公诉案件追责范围问题

非法集资活动往往是以单位的形式开展，因此参与到其中的人员众多，应当对哪些人提起公诉追究刑事责任存在疑问。实践中，有的案件只对法定代表人、股东提起公诉；有的将部门的负责人也列入指控范围；有的案件将普通的业务员纳入指控的范围，有的甚至将尚未正式开展工作的实习生一并起诉。对于涉众型互联网金融案件的底层参与者，如普通业务员以及起辅助作用的后勤人员，是否有起诉的必要需进行审查。对于底层参与者，如果在侦查阶段或批捕阶段退赃退赔，没有必要追究其刑事责任。检察机关公诉部门在审查起诉时，应当从能够全面揭示犯罪行为基本特征、全面覆盖犯罪活动、有利于有力指控犯罪、有利于追缴违法所得等方面依法具体把握。北京市朝阳区人民检察院为了准确把握公诉案件的起诉必要性，规范细化相对不起诉标准，结合朝阳区与朝阳区人民检察院实际起草了《北京市朝阳区人民检察院刑事案件相对不起诉适用指引》，更加严格地规范了相对不起诉执法行为。在《适用指引》中，朝阳区人民检察院针对非法集资类案件的特殊性，创新性地提出对于在案件中及时退缴佣金、提成、工资等违法所得，且已经比照相应罚金刑数额自愿退赔相应款项，已有更高层嫌疑人到案对全案承担责任，且无维稳风险的低层级销售人员和从事事务性劳务性工作人员，可以选择适用相对不起诉决定，取得了显著的效果，很好地起到了分化犯罪组织、教育感化犯罪嫌疑人、缓和矛盾追赃挽损的示范性作用。

（三）提起公诉案件羁押必要问题

在审查起诉阶段应当随时做好羁押必要性审查。对于同时具备以下条件，采取取保候审或者监视居住不会发生社会危险的，可以依法变更强制措施：（一）具有真实的投资项目；（二）投资款已经全部挽回，或者虽未全部挽回，但有确实证据证实可能全部挽回，且犯罪嫌疑人具有切实可行的还款计划；（三）犯罪嫌疑人还需具备如实供述、真诚悔过、配合司法机关供述，并自愿退赔；（四）不会引发投资人集体访或其他过激行为的。

四、出庭公诉环节

【典型案例 10】马某某等人非法吸收公众存款案［北京市朝阳区人民法院（2017）京 0105 刑初 1833 号］

被告人王某甲于 2014 年 5 月成立锦盛鑫源资产管理（北京）有限责任公司，其为法定代表人及实际经营人，公司经营范围资产管理、投资管理、项目投资等。2015 年 5 月至 2016 年 7 月间，王某甲以锦盛鑫源公司投资廊坊市某某房地产开发有限公司及某某餐饮管理（北京）有限公司项目为由，公开宣传并承诺定期返息，在北京市朝阳区某大厦等地，吸收王某乙、王某丙等 46 名投资人资金人民币 700 余万元，返款人民币 50 余万元。其中被告人马某某于 2016 年 3 月入职锦盛鑫源公司任销售团队经理，吸收投资人胡某某、陈某某投资款人民币 100 余万元。在审理期间，马某某退赔人民币 10 万元。

本案处理结果：北京市朝阳区人民法院认定被告人马某某犯非法吸收公众存款罪，判处其有期徒刑 1 年 2 个月，罚金人民币 2 万元。北京市朝阳区人民检察院在审查起诉时对提出的对马某某的量刑建议重于法院判决，但由于马某某在法庭审理过程中认罪认罚且主动退赔，因此检察机关认为法院判决适当，故同意法院判决。

认罪认罚从宽制度体现在出庭公诉方面，就是要探索被告人认罪与不认罪案件相区别的出庭公诉模式。当前出庭公诉环节，检察机关举证、质证等环节拖沓冗长繁琐现象不同程度存在，造成出庭效率低下。对被告人认罪案件，开展普通程序简化审，举证、质证、辩论等环节要予以简化；在被告人不认罪的案件中，对被告人无异议的证据，在举证示证时也要予以简化。虽然犯罪嫌疑人最终的量刑取决于法官的审判，但是《试点办法》也规定，除了被告人不构成犯罪或者不应当追究刑事责任、违背意愿认罪认罚、否定指控的犯罪事实、起诉的罪名与审理的罪名不一致，及其他可能影响公正审判的情形以外，人民法院一般应当采纳检察院指控的罪名和量刑建议。对人民法院未采纳人民检察院指控的罪名和量刑建议，人民检察院认为确有错误的，要区别情况向人民法院提出纠正意见或者抗诉。由此可以看到检察机关在认罪认罚从宽制度中起着举足轻重的作用，更是对检察机关提高量刑建议的准确性提出了很高的要求。

提出量刑建议，既要重视不利于被告人的量刑情节，也要重视有利于被告人的量刑情节，确保量刑建议的客观性。要全面收集量刑证据和信息，既要重视自首、立功等法定情节，也要重视和解、赔偿、被害人过错等酌定情节，确保量刑证据信息掌握的完整性。要加强对量刑标准的研究，熟练掌握量刑起点、量刑基准和量刑方法步骤，提高量刑建议的准确性。司法人员要不断增强知识储备，保持对互联网金融等新兴事务的关注，了解非法集资类案件犯罪模式和新兴手段，对办案中遇到的新情况新问题要及时研讨、深入研究。办案人员要了解犯罪心理学知识，提升自己讯问犯罪嫌疑人的能力，对嫌疑人进行有针对性的讯问，掌握提问技巧，选择恰当时机出示证据，准确把握犯罪嫌疑人心理，使得犯罪嫌疑人能够自愿具结悔罪、认罪认罚。作为检察机关工作人员应当更加准确全面地了解剖析案情，根据案件具体情况，综合考虑整体布局，提出有针对性的量刑建议和处理结果，力争精准量刑，克服"重定罪轻量刑"的错误思想，通过参与集中培训、组织研讨交流等方式，加强业务学习和自身素养，充分应对新形势下的新挑战。

第四章　涉众型互联网金融犯罪分层处理

一、涉众型互联网金融犯罪主体分层处理的必要性分析

近年来涉众型互联网金融案件数量激增、人员众多，在涉众型互联网金融类案件中将犯罪主体进行分层处理差别处理，能够最大限度地追赃挽损，弥补投资人损失，实现法律效果与社会效果的统一。

（一）司法资源有限与案件激增的矛盾需求

涉众型互联网金融类案件爆发数量多、取证难度大、办案人员少，适合通过对犯罪主体的分层处理来实现繁简分流。涉众型互联网金融类犯罪属于典型的涉众型经济犯罪，《刑法》中涉及涉众型互联网金融类犯罪的罪名主要有非法吸收公众存款罪、集资诈骗罪、擅自发行股票、公司、企业债券罪、非法经营罪、欺诈发行股票、债券罪、诱骗投资者买卖证券、期货合约罪、吸收客户资金不入账罪、擅自设立金融机构罪、组织、领导传销活动罪。近年来，涉众型互联网金融类犯罪在我国呈逐年增长态势，犯罪表现形式也在不断变化，呈现出花样翻新、依托网络、紧跟时代、面向国际等特点。这类大案的频出，严重扰乱了国家的金融秩序，影响了经济发展和社会稳定。[①] 涉众型互联网金融类犯罪涉案金额大、涉及人数多、涉案范围广，且犯罪手段不断翻新，涉案人员大多专业化程度高，组织严密，如果没有犯罪嫌疑人、被告人的配合，在侦查和审查起诉及审判阶段需要极多人力物力的投入和极长的办案周期。本轮司法改革以落实司法责任制和员额制为重点，对案件的质量和公正提出了很高的要求，刑事司法中对证据规格要求和证明标准的把

---

① 参见张玉镯:《非法集资犯罪的理论与司法实践》，中国检察出版社 2016 年版，第 1 页。

据也越来越严，一定程度上加大了惩治犯罪的难度；但以审判为中心和庭审实质化为核心，又一定程度上限制了司法办案人员数量的增加。因此，对涉众型互联网金融犯罪的犯罪主体进行分层处理，实行繁简分流，能够优化司法资源配置，大大提高办案效率，不仅有利于准确及时地惩罚犯罪，更是落实司法改革的内在要求和有力支撑。

（二）追赃挽损困难与社会关系修复的需求

涉众型互联网金融类案件涉案人员多、初犯从犯多、自首坦白多，适合通过对犯罪主体的分层处理来达到宽严相济的效果。以非法吸收公众存款案件为例，涉案公司的销售人员甚至团队经理大多无金融行业职业经历，缺乏专业背景和法律知识，且从业时间较短，在涉案公司层级较低。加之非法集资的行为具有很强的迷惑性，公司通常会带着"理财咨询""基金管理""投资管理"等字眼，设立在繁华高档的写字楼，装潢奢华，排场讲究，大部分公司企业利用政府职能部门对经济管理活动的漏洞，成立合法的公司和企业，办理正规的工商执照、税务登记等手续。涉案公司大多具有合法的经营资质，既骗取了投资者的信任，又骗取了销售人员的支持，误以为自己是光明正大地在合法的公司做合规的业务，认为公司的项目正规经营合法。很多销售人员也将自己及家人的大额资金投进了涉案公司，并在案发后主动前往公安机关说明情况，此种情形在非吸案件中屡见不鲜。此类涉案人员主观恶性小，人身危险性低，自身也是非吸行为的受害者，大多是初犯从犯，在案件调查中积极提供证据材料，帮助投资人追讨款项挽回损失。面对此类案件中涉案人员众多的现实，十分适合按照区别对待原则分类处理，综合运用刑事追诉和非刑事手段处置和化解风险，打击少数，教育挽救大多数。因此，在涉众型互联网金融类案件中对犯罪主体进行分层处理，符合罪责刑相适应和主客观相统一的原则，能够做到预防与惩罚相结合，灵活处置，周密部署，更有利于切实维护人民群众合法权益，保障国家金融安全。

（三）社会效果与法律效果统一的需求

涉众型互联网金融类案件资金追讨难、矛盾冲突多、波及范围广，适合通过对犯罪主体的分层处理来进行灵活处置。涉众型非法集资犯罪频发，既有宏观经济环境的影响，也有投资渠道相对匮乏、民众投资观念不理性、金融监管力度不足、法律法规不健全、舆论宣传引导缺位等制度层面与社会层面的原因。[①] 如今，涉众型互联网金融类案件依靠互联网大数据的平台，搭乘经济转型金融创新的快车，紧跟时代，依托网络，为犯罪行为披上了合法的外衣，开辟了新的生存空间。各种法规不健全，各地制度不统一，在发展互联网金融，加快创新驱动和结构升级的过程中，各种新情况新问题层出不穷，许多金融类的尝试和设想也容易偏离方向，这就需要充分认识到防范化解金融风险的复杂性和重要性，正向引导整治。对犯罪主体进行分层处理，能够促使犯罪嫌疑人积极配合追赃挽损工作，从而最大限度减少投资人经济损失，保障经济社会稳定大局。涉众型互联网金融类案件属于涉众型金融犯罪，往往涉及大量投资人的巨额财产利益，血汗钱、拆迁款、养老费、救命钱，关系着一个个家庭的生计和稳定。当前，企业生产经营困难增多，各类不规范民间融资风险集中暴露，非法集资问题日益凸显。一些案件由于参与群众多、财产损失大，频繁引发群体性事件，甚至导致极端过激事件发生，影响社会稳定。对犯罪情节相对较轻、主观恶性小、在犯罪中起次要作用的人员通过差异化分层处理，一方面有利于分化犯罪组织，快速全面地查清案件事实，提高审查效率和质量，另一方面有利于教育感化犯罪嫌疑人认罪悔罪，促使其主动赔偿被害人、投资人损失，从而化解社会矛盾，缓和维稳压力。

二、涉众型互联网金融犯罪主体分层处理的可行性分析

长期以来，我国经济社会保持较快发展，资金需求旺盛，融资难、融资贵问题突出，民间投资渠道狭窄的现实困难和非法集资高额回报的巨大诱惑交织共存。如何从保持经济平稳发展和维护社会和谐稳定的大局出发，坚决守住不发生系统性区域性金融风险底线，是一项艰巨而重大的任务。对涉众型互联网金融案件的犯罪主体进行差别对待分层处置，既十分必要，又契合现实，是十分可行的。

---

① 参见张玉鲲：《非法集资犯罪的理论与司法实践》，中国检察出版社 2016 年版，第 33—40 页。

（一）法理基础

1. 司法公正与司法效率的同一性为涉众型互联网金融犯罪主体的分层处理提供了理论支撑

司法作为解决诉讼争议的活动，实际上是通过准确适用法律，裁判具体案件，而在当事人之间合理地分配实体性权利和利益的过程。司法公正是指司法机关在适用法律过程中，在处理各类案件的过程中，体现法律的公平和正义的精神，即现行法所设定的内容和价值，被司法机关准确地在裁判活动中加以贯彻实施，这是实现法治的根本条件和重要保证。司法公正分为实体的公正和程序的公正。司法效率是指司法活动中以最小的司法资源的消耗和当事人诉讼成本的投入以获得司法价值目标最大限度地实现，是衡量司法活动的法律经济价值的量化指标。[①] 这就要求在司法制度设计中，要合理配置司法资源，避免程序繁琐、诉讼拖延、耗费过大。司法公正和司法效率具有同一性，迟到的正义即是非正义，诉讼活动所追求的基本价值既包括司法公正，也包括司法效率，二者是有机统一的，司法效率追求的是以最经济的方式来实现公正的目标，没有效率的公正和没有公正的效率都是不完整的。司法公正和司法效率是司法活动所要追求的内在价值，是相互依存、相互支持、相互促进、相互补充的。因此，在司法活动中如果能充分地体现出公正与效率，也就是从很大意义上实现了法律正义的精神。公正与效率不仅仅是在司法活动中应全力提倡和追求的目标，更重要的是如何将这一精神在实际的司法活动中具体地加以落实从而通过一个个案件的裁判切实地体现出来。因此，在整个司法活动过程中，司法工作人员必须严格依照法律规定的程序进行，严格执法，切实依照事实和法律审理案件，在法定的诉讼时效、期间内完成案件的审理工作，才能体现出司法的公正和效率。当前我国刑事诉讼制度正处于转型阶段，一方面正当程序的理念日益凸显，以强化被追诉人人权保障、遏制国家公权力滥用为主旨的一系列程序性举措纳入立法，并在实践中发挥

---

① 邵东华：《论司法公正和司法效率的价值冲突与消解》，载《中共郑州市委党校学报》2007年第3期。

积极作用。另一方面，程序正当化进程带来的案件久拖不决问题困扰实务界，并随着员额制改革的铺开导致案多人少问题日益突出。尤其是涉众型互联网金融类案件涉案金额大、涉及人数多爆发数量多、取证难度大，对此类案件进行分层处理，能够优化司法资源配置，大大提高办案效率，是保障司法公正和司法效率的有力举措。

2. 刑法谦抑原则与人权保障理念为涉众型互联网金融犯罪主体的分层处理提供了法理依据

随着对权利保障与个人尊严的重视，现代法治国家的刑罚观念与刑事法治理念已经发生了重大转变，单纯的刑法报应观、重刑主义受到了否定批判，绝对主义刑罚目的论在逐渐弱化，刑罚整体上趋向轻缓化和以教育矫正为目的。人们意识到，基于刑法谦抑、刑罚轻缓及人道主义观念来决定是否适用刑罚、是否从宽适用刑罚，反而可以更好地获得控制犯罪、预防犯罪、矫正犯罪的社会效果，并达到修复社会关系与法律秩序的目的。① 涉众型互联网金融案件的犯罪主体进行分层处理，契合了现代司法宽容精神，顺应了刑事法律整体上趋向轻缓的发展趋势，是贯彻宽严相济刑事政策，强化人权司法保障的重要路径。随着社会的不断发展进步，宽容已经成为现代司法的一项基本价值，在司法中的作用越来越受到重视。对于涉众型互联网金融案件中作用小、层级底、认罪认罚的犯罪嫌疑人、被告人，进行从宽、从快、从简处理，体现了现代司法宽容、平和的理念，可以降低审前羁押率，使犯罪嫌疑人及时得到处理、被告人及时获得审判，同时有利于案件的查处和侦查及追赃完损工作的有序开展，更是能够充分保障投资人的合法权益。另外，让当事人充分地参与刑事诉讼，是现代刑事司法的一种趋势。国外辩诉交易制度、认罪协商程序、刑事和解制度等的确立和发展都是很好的例证。对涉众型互联网金融案件的犯罪主体进行分层处理，能够充分发挥刑罚的惩罚警示和教育矫治功能，鼓励和促使更多的犯罪嫌疑人认罪服法，能最大限度地减

---

① 郭一星、张红广、张传伟：《认罪认罚从宽制度的基本定位》，山东省人民检察院官网 http://www.sdjcy.gov.cn/html/2017/jcyj_0208/15416.html，最后访问时间：2018 年 7 月 11 日。

少社会对抗、修复社会关系，有利于提升社会治理法治化水平，促进国家长治久安。因此在办理涉众型金融案件的全过程，都要坚持以事实为根据，以法律为准绳，尊重和保障人权，强化监督制约，特别是要贯彻宽严相济刑事政策、坚持罪责刑相适应、坚持证据裁判贯穿始终，确保无罪的人不受刑事追究，有罪的人受到公正惩罚，在更高层次上实现惩罚犯罪与保障人权的有机统一。

（二）政策基础

1. 涉众型互联网金融犯罪主体的分层处理符合宽严相济刑事政策的内在要求和本质理念

宽严相济的刑事政策为涉众型互联网金融案件的犯罪主体分层处理提供了政策上的依据。宽严相济刑事政策作为我国的基本刑事政策，要求根据犯罪的具体情况实行区别对待，做到宽严相济，罚当其罪。对涉众型互联网金融案件的犯罪主体进行差别对待分层处置符合宽严相济的刑事政策的要求。涉互联网金融犯罪案件涉案人员众多，想要最大限度地减少社会对立面，促进社会和谐稳定，就需要按照区别对待的原则对涉案主体进行分层分类，该宽则宽，当严则严，从而达到打击和孤立极少数，教育、感化和挽救大多数的作用。在处理此类非法集资案件中，可以根据犯罪的具体情况来区别对待涉案人员，通过宽和严两种手段，综合运用刑事追诉和非刑事手段处置和化解风险，严中有宽、宽以济严、宽中有严、严以济宽，做到宽严有据，罚当其罪。宽严相济刑事政策要落到实处，就必须有具体的可供执行的规范和依据。在分层处理过程中，要切实贯彻落实罪刑法定原则、罪刑相适应原则和法律面前人人平等原则，依照法律规定准确定罪量刑，从宽和从严都必须依照法律规定进行。要坚持主客观相统一的原则，根据犯罪嫌疑人在犯罪活动中的地位作用、涉案数额、危害结果、主观过错等主客观情节，综合判断责任轻重及刑事追诉的必要性，做到罪责适应、罚当其罪。准确及时查明犯罪事实，正确适用法律惩罚犯罪，保障无罪的人不受刑事追究，是我国刑事诉讼的基本任务。在审查逮捕、审查起诉和判决时应严格遵循宽严相济的刑事政策，在事实、证据的基础上，在法律框架内，对犯罪情节严重、主观恶性大、在犯罪中起主要作用的人员，特别是核心管理层人员和骨干人员，依法从严打击；对犯罪情节相对较轻、主观恶性较小、在犯罪中起次要作用的人员依法从宽处理。

2. 涉众型互联网金融犯罪主体的分层处理是认罪认罚从宽制度在非法集资类案件中的具体应用

认罪认罚从宽制度为涉众型互联网金融案件犯罪主体的分层处理提供了制度上的依托。为优化司法资源配置，有效实现案件繁简分流，[①]2014年，十八届四中全会通过的《中共中央关于全面推进依法治国若干重大问题的决定》（以下简称《决定》）中提出要"完善刑事诉讼中认罪认罚从宽制度"。认罪认罚从宽是指犯罪嫌疑人、被告人自愿如实供述自己的罪行，对指控的犯罪事实没有异议，同意量刑建议，签署具结书，司法机关可以对其依法从宽处理。为落实、贯彻《决定》的要求，2016年11月最高人民法院、最高人民检察院、公安部、国家安全部、司法部结合司法实践和司法改革经验，印发了《关于在部分地区开展刑事案件认罪认罚从宽制度试点工作的办法》。对涉众型互联网金融案件的犯罪主体进行差别对待分层处置正是认罪认罚从宽制度在非法集资类案件中的具体应用。北京市朝阳区人民检察院针对本区涉众型金融案件数量激增、人员众多的特点，为最大限度追赃挽损，弥补投资人损失，实现法律效果与社会效果的统一，积极探索在此类案件中适用认罪认罚从宽制度。通过区分不同犯罪嫌疑人在犯罪活动中的地位作用和退赃退赔情况，依法、审慎地在辩护人的参与下开展逮捕必要性、羁押必要性、起诉必要性审查，采取变更羁押措施、不捕、不诉、提出从轻处罚量刑建议等分层处理机制。自2016年8月正式施行至今，在多起涉众型集资类案件中适用了认罪认罚从宽制度，为投资人挽回了巨额经济损失，取得了良好的法律效果和社会效果，证明了在涉众型互联网金融案件中适用认罪认罚从宽制度的可行性和可操作性。目前，我国正处在社会转型时期，刑法的规范作用越来越受到各界重视。探索建立有中国特色的诉讼体系，为完善刑事法律制度提

---

① 施鹏鹏、张程：《认罪认罚从宽的法理逻辑及制度构建》，载《人民检察》2017年第10期。

供可复制、可推广的经验，为依法治国探索有效路径，意义重大。刑事诉讼中认罪认罚从宽制度从试点到规范，要破解的难题还有很多，需要我们牢牢把握实现司法效率和公正高度统一这个大原则，不断积累经验，早日总结出制度层面的成熟做法。

（三）法律基础

1. 自然人与单位犯罪的划分为涉众型互联网金融案件犯罪主体的分层处理提供了法律依托

在刑法规定中，单位犯罪的刑事责任普遍轻于自然人犯罪，追责人员的范围也较自然人犯罪有所不同，这就为涉众型互联网金融案件犯罪主体的分层处理提供了法律上的依据。区别于自然人犯罪，并不是所有参与了单位犯罪的人员都要追究刑事责任，只对在单位实施的犯罪中起决定、批准、授意、纵容、指挥等作用的直接负责的主管人员和其他直接人员追究刑事责任。根据中国人民银行《关于取缔非法金融机构和非法金融业务活动中有关问题的通知》，非法集资案件中的犯罪主体，是指"未依照法定程序经有关部门批准，实施以发行股票、债券、彩票、投资基金证券或者其他债权凭证的方式向社会公众募集资金，并承诺在一定期限内以货币、实物以及其他方式向出资人还本付息或给予回报行为的自然人或单位"，由此可见，在涉众型互联网金融案件中，犯罪主体分为自然人犯罪主体与单位犯罪主体。在实践中，犯罪分子为了便于向社会不特定公众宣传和募集资金，往往以公司、有限合伙企业为依托，以单位的名义和形式组织实施非法集资活动，所涉单位数量众多、层级复杂，其中还包括大量分支机构和关联单位，集团化特征明显。有的涉互联网金融犯罪案件中的分支机构遍布全国，既有具备法人资格的，又有不具备法人资格的；既有受总公司直接领导的，又有受总公司的下属单位领导的。司法机关在处置时做法不一，有的对单位立案，有的以自然人犯罪处理，有的被立案的单位不具有独立法人资格，有的仅对最上层的单位处理而不对分支机构立案。在非法集资类案件中认定单位犯罪需结合具体案件进行分析，需要考虑到案件资金流向、追赃挽损的可行性和犯罪嫌疑人的均衡处理问题。一般而言将涉众型经济犯罪认定为单位犯罪，应具备以下条件：

（一）主观上具有为公司谋取非法利益的目的或者单位以非法占有为目的；（二）依照公司章程，经过董事会、股东会等决策层集体研究决定；（三）以单位的名义实施了非法集资等行为，违法所得归单位所有，经单位决策使用，收益亦归单位所有；（四）单位经营资金除非法募集外，还有自由资金或者其他合法来源；（五）非法集资的资金用于不具有高风险的合法投资项目。需要注意的是，虽以单位名义实施，但自然人以非法集资为目的成立单位的，和单位成立后以非法集资为主要活动的，应当认定为自然人犯罪，司法实践中对此类虽不构成单位犯罪，但在犯罪中主要按单位的决策实施具体犯罪活动的层级较低的聘用员工，有时会根据该人的地位作用，参照单位犯罪认定原则来处理把握。

2.共同犯罪中主犯从犯的区分为涉众型互联网金融案件犯罪主体分层处理提供了法律依据

根据《刑法》第26条第1款的规定，主犯包括：一是组织、领导犯罪集团进行犯罪活动的犯罪分子，也就是犯罪集团的首要分子；二是其他在共同犯罪中起主要作用的犯罪分子。在共同犯罪中，应当充分考虑各犯罪主体在共同犯罪中的地位和作用，以及在主观恶性和人身危险性方面的不同，根据事实和证据能分清主从犯的，都应当认定主从犯。有多名主犯的，要进一步分清各涉案主体的地位、分工、作用。在涉众型互联网金融案件中划分主犯从犯，有助于准确界定区分各层级人员的地位作用，便于对涉案主体进行进一步的分层差别处置。

在涉众型互联网金融案件中，除了为犯罪活动出谋划策，主持制定计划，指使、安排成员的犯罪活动的嫌疑人之外，对共同犯罪的形成、实施与完成起决定性或者重要作用的犯罪分子也是主犯。判断犯罪分子是否起主要作用，一方面要分析犯罪分子实施了哪些具体犯罪行为，对结果的发生起了什么作用，另一方面要分析犯罪分子对其他共犯人的支配作用，需要综合主客观各种要素之后区别对待。涉众型互联网金融案件的从犯，从其在共同犯罪中所处的地位看从属于主犯，从其在共同犯罪中所起的作用来看，起次要或辅助作用，应当从轻、减轻处罚或者免除处罚。2014年3月25日，最高人民法院、最高人民检察院、公安部在印发的《关于办理非法集资刑事案件适用法律若干问题的意见》中提到"关于共同犯罪的处理问题"时规定:"为他人向社会公众非法吸收资金提供帮助,从中收取代理费、好处费、返点费、佣金、提成等费用,构成非法集资共同犯罪的,应当依法追究刑事责任。能够及时退缴上述费用的,可依法从轻处罚;其中情节轻微的,可以免除处罚;情节显著轻微、危害不大的,不作为犯罪处理。"这本质上就是对非法集资类涉众型金融类案件进行了涉案主体处置上的分层处理和区别对待。

三、涉众型互联网金融犯罪主体分层处理的具体适用

在当今"互联网+"的时代背景下,金融与互联网技术相结合,虽然一方面对加快实施创新驱动发展战略、推动供给侧结构改革、促进经济转型升级起到了积极的作用,但另一方面,因为互联网的介入,使得该类依托互联网的金融犯罪案件传播速度更快、宣传范围更广、涉及资金更多、投资程序更简便、集资隐蔽性更强,给投资者财产安全和国家的金融管理秩序带来的威胁也急剧增加。互联网金融的本质仍然是金融,其潜在的风险与传统金融没有区别,甚至还可能因互联网的作用而被放大。对涉众型互联网金融犯罪主体进行分层处理,能够顺应打击非法集资犯罪思路调整的需要,提高打击效率、节约司法资源,提升互联网金融犯罪的预防效果。

（一）一般适用原则

1.宽严相济原则

宽严相济的刑事政策贯穿于刑事立法、刑事司法和刑罚执行的全过程,在涉众型互联网金融犯罪中,坚持全面贯彻宽严相济刑事政策,对犯罪主体进行处理上的区别对待,十分必要。宽严相济刑事政策中的从"宽",主要是指对于情节较轻、社会危害性较小的犯罪,或者罪行虽然严重,但具有法定、酌定从宽处罚情节,以及主观恶性相对较小、人身危险性不大的被告人,可以依法从轻、减轻或者免除处罚;对于具有一定社会危害性,但情节显著轻微危害不大的行为,不作为犯罪处理;对于依法可不监禁的,尽量适用缓刑或者判处管制、单处罚金等非监禁刑。要严格区别金融创新与金融犯罪,准

确界定罪与非罪。在进行分析处置时，要贯彻运用宽严相济政策，区别对待犯罪嫌疑人。在审查逮捕、审查起诉和判决时应严格遵循宽严相济的刑事政策，在事实、证据的基础上，在法律框架内，针对处于经营核心环节和地位的行为人依法从严打击，而对于违法性认识程度低、仅仅从事劳务工作等处于次要和辅助地位的初犯、偶犯，可以依法从宽处理。从而保证打击的针对性、有效性和合理性。宽严相济的刑事政策落实在对涉众型互联网金融案件中就是要对犯罪主体进行差别对待分层处置。对于金融创新与金融犯罪，要仔细甄别，准确界定罪与非罪。区别正当、合法的融资行为与非法集资行为，对于易引发认识误区的私募基金、股权众筹、P2P借贷等金融创新与以上述为名的非法集资行为要做出详细区分，对于构成犯罪的要依法严厉惩处，对于正当行为要依法予以保护，区别对待犯罪嫌疑人。涉互联网金融犯罪案件涉案人员众多，要按照区别对待的原则分类处理，综合运用刑事追诉和非刑事手段处置和化解风险，打击少数、教育挽救大多数。根据犯罪嫌疑人在犯罪活动中的地位作用、涉案数额、危害结果、主观过错等主客观情节，综合判断责任轻重及刑事追诉的必要性，做到罪责适应、罚当其罪。对犯罪情节严重、主观恶性大、在犯罪中起主要作用的人员，特别是核心管理层人员和骨干人员，依法从严打击；对犯罪情节相对较轻、主观恶性较小、在犯罪中起次要作用的人员依法从宽处理。

2. 同案同判原则

同案同判已经成为人们判断司法是否公正的一个标准，既是自然正义的要求，也是宪法法制统一原则的要求，在涉众型互联网金融犯罪中，坚持全面贯彻同案同判原则，统一法律适用和裁判尺度，十分必要。随着依法治国方略的逐步推进和公民权利意识的提升，社会各界对司法公正的要求越来越具体化和精准化，这就敦促我们在对涉众型互联网金融案件分层处理的办理过程中要全面落实同案同判原则，从而提升司法效率，促进司法公正。互联网金融涉及 P2P 网络借贷、股权众筹、第三方支付、互联网保险以及通过互联网开展资产管理及跨界从事金融业务等多个金融领域，行为方式多样，所涉法律关系复杂。违法犯罪行为隐蔽性、迷惑性强，波及面广，社会影响大，要根据犯罪行为的实质特征和社会危害，准确界定行为的法律性质和刑法适用的罪名。在涉众型金融案件的差异化处理过程中避不可少地要适用认罪认罚从宽制度，需要注意的是，"从宽"是在刑法规定的量刑范围内的从宽，在对各个环节进行认定的过程中，应当在法律、法规、司法解释和量刑指导意见的基础上进行，尽量促使同类案件在从宽幅度适用上的统一，同案同罚。相似案件应当相似判决是一条实现正义的基本原则，^①然而在处置涉众型互联网金融案件的司法实践中，不能简单地凭量刑结果存在较大的差距，就说其中一个判决量刑畸轻或者畸重，进而得出其属于"适用法律错误"的结论。要理性分析"同案异判"现象中哪些是合理的存在，哪些又是不合理的存在。同案同判只能是对量刑基准的要求，不能是对量刑结果的要求，不能不加区别地要求量刑结果基本一致。量刑结果公正并不意味着同案同判，而是意味着量刑结果与具体案件事实的罪责刑相适应。把量刑结果公正等同于同案同判的量刑规范化，只是一种表面上的形式公正，实际上追求的仅是量刑统一化，这样必然会带来实质上的量刑不公。在对涉众型金融案件的犯罪主体进行分层处理中要尽量做到同案同判，这种"同"，应当是相对的、大致的，而非绝对的、完全的。对犯罪的事实、性质、社会危害程度、法定量刑情节相同的涉众型金融案件，在法定量刑幅度内，根据案件具体情况、量刑情节刑罚含量多少的不同而作出具体刑罚有所不同的处置，是完全合法合理的，并不违反同案同判的要求。

3. 司法官个案裁判原则

不同的涉众型非法集资类案件有其自身的特点，应当根据案件的类型、认罪是否彻底、退赔是否及时等因素进行层级化差异化处理，这就要求公检法机关工作人员针对个案进行自由裁量。应当严格按照法律规定的证据裁判要求，全面收集、固定、审查和认定证据，坚持罪责刑相适应原则，根据犯罪的事实、性质、情节、后果，依照法律规定依法处理，确保处置的轻重与犯罪分子所犯罪行和应当承担的刑事责任相适应，确保无罪的人不受刑事追

---

① 刘树德：《刑事司法语境下的"同案同判"》，载《中国法学》2011年第1期。

究，有罪的人受到公正处置，确保司法公正。例如若是非法吸收公众存款案件的犯罪嫌疑人将所募集的资金主要用于生产经营中，或者投资项目真实，或者无相关职业经历和专业背景，从业时间短暂层级较低，在此基础上认罪认罚积极挽回损失的，在分层处置时就应当轻于曾因本人从事同类行为受过处罚的，有相关专业背景的犯罪嫌疑人的处置。同时非法集资类案件的犯罪嫌疑人有着不同的社会危险性和主观恶性，应当根据其主观故意、分工作用等犯罪事实，审慎适用不同的强制措施，既要防止犯罪嫌疑人逃往国外、毁灭证据、串通一气、藏匿赃款，又要通过不捕、不诉、改变羁押措施等手段来分化犯罪组织，教育感化犯罪嫌疑人积极退赃退赔，缓和社会矛盾。在对涉众型互联网金融案件的犯罪主体进行分层处理的过程中会经常性适用认罪认罚从宽制度，需要注意的是，无论是侦查阶段、审查起诉阶段还是审判阶段，都应当可以适用认罪认罚从宽制度。但是认罪认罚从宽制度的价值之一是为了提高办案效率，那么在刑事诉讼的不同阶段作出认罪认罚表示，就应当进行分层区别对待。例如在非法吸收公众存款类案件中，如果由于犯罪嫌疑人在侦查阶段就自愿如实供述自己的罪行而减轻了侦破案件的难度、挽回了大量的经济损失，那么在从宽幅度上就应当大于在检察阶段和审判阶段认罪认罚的幅度。需要注意的是，由于涉众型互联网金融类案件专业性强，案情较为复杂，司法工作人员要保持对互联网金融等新生事物的关注，了解非法集资类案件犯罪模式和新兴手段，不断更新知识储备，对办案中遇到的新情况新问题要及时研讨、深入研究，以便更好地在案件中自由裁量。

（二）具体适用条件

1. 适用分层分类的案件处理的一般前提条件

关于是否要对涉众型金融案件的适用对象设立单独的标准以及设立怎样的标准，实践中普遍认为有必要对此类案件的适用对象作出限定，但是目前对涉嫌何种案由、多少数额、多少人数、处于何种地位、发挥何种作用以及退赔程度的非法集资案件行为人才能适用分层处理制度，并无明确的标准。从司法实践中已经适用认罪认罚从宽制度的此类案件来看，有对起到辅助作用的犯罪嫌疑人适用的，也有对主要犯罪嫌疑人适用的，有对涉案金额几十万元的数额较小的案件适用的，也有对涉案金额上亿元的案件适用的，对案件类型、涉案金额、人员职务等并无明确旳适用条件，往往根据的是犯罪嫌疑人退赔违法所得的意愿和承办检察官对于案件情况的判断，缺乏明确的适用条件。

2.涉案金额与人数因素

在涉众型金融类案件中，非法集资参与人涉及面广，参与非法集资活动的行为人范围也呈现几何倍数增加。如华融普银案件中，最终起诉的只有8人，其余30余人，有的涉案金额几千万元的都做了不起诉处理；而在其他案件中，同样金额和情形的被告人可能判处三年以上有期徒刑。易租宝案中，这个矛盾更为突出且范围覆盖全国。若按照追诉标准直接处理，则涉及当地司法资源和执法效果、效率等困难；如不处理，则又涉及不同案件间统一执法尺度等矛盾。之所以对华融普银等案件的犯罪主体进行了分层的差别化处理，主要原因在于涉案金额过于庞大，高达55亿元，涉及投资人3000余人，涉案员工多达几十到百余人，如果全部进行起诉处理，不仅违背了恢复性司法政策的贯彻，也不利于宽严相济刑事政策的落实。多数员工仅就犯罪数额来看虽然达到了起诉标准，但实际上在该公司层级较低作用较小，在实际控制人、高管均已到案的情况下没有起诉的必要。对涉案人数较多金额巨大的涉众型金融案件犯罪主体分层处理，既是罪责刑相适应的要求，更有利于分化犯罪组织，获得部分底层嫌疑人的配合从而快速详实地查明事实、追赃挽损，恢复被破坏的金融社会秩序。

3.退赃退赔与维稳因素

在涉众型金融类案件实践中，往往还存在下列情况：投资人闹得厉害的案件，抓的嫌疑人就多，哪怕实际控制人和高管均已到案，投资人一直上访，那么就接着抓底层的业务员，而同样的涉案规模，如果投资人上访次数不多，那么基本在抓获了实际控制人和核心高管后就不再继续抓捕了，有的甚至在实际控制人到案后就不再继续查找高管到案；几个团队经理或业务员介绍投资人数及数额类似，如果其中一个团队经理或业务员的客户一直上访闹访，那么实践中极有可能仅仅抓获这名经理或业务员进行处理。面对暴利诱惑，民众投机倾向严重，主动漠视投资风险，往往存有侥幸心理，认为一旦上当受骗，政府会出面埋单，甚至由向政府求助转变为要政府负责。部分投资人在群体访过程中越发表现出诉求情绪化、无理化，出现上访常态化、规模扩大化、闹访现象突出等特点，甚至通过极端暴力上访等花样百出、吸引眼球的方式干扰公正办案，裹挟公检法机关意志，实践中且不说类似案件能够类似处理，仅仅同一个案件中就会出现严重的执法尺度不一现象，使得涉众型金融类案件的处理范围备受挟制，严重损害了司法机关的威信。

作为对犯罪主体进行分层处置的重要制度，认罪认罚从宽制度的主要作用环节在审查起诉和审判阶段，参与主体包括检察官、犯罪嫌疑人或被告人、辩护律师、法官等，被害人不作为认罪认罚制度的参与主体，这有效地避免了可能由于被害人拒绝协商、漫天要价而使得犯罪嫌疑人失去从宽处理的权利。为防止被害人的权利受到漠视，《试点办法》第七条规定，"办理认罪认罚案件，应当听取被害人及其代理人意见，并将犯罪嫌疑人、被告人是否与被害人达成和解协议或者赔偿被害人损失、取得被害人谅解，作为量刑的重要考虑因素"。也就是通常来说，犯罪嫌疑人的认罚除了包括接受量刑建议和庭审审判之外，也应当包括对被害人的民事赔偿和赔礼道歉等。但是涉众型互联网金融类案件由于其具有特殊性，投资人到底应以何种身份参加诉讼，法律没有作出明确规定。实践中也一直存在较大争议，运用十分混乱。北京地区实践中一般不认为是被害人。我们认为，此类犯罪案件中的投资人虽然也因犯罪行为遭受了财产损失，表面上是符合被害人特征的，但是实质上并不是纯正的被害人，因其参与了非法集资活动，使其视为特殊的证人参与刑事诉讼活动更为合适。这是由投资人的行为和投资活动本身的风险决定的，如果认定投资人具有刑事被害人的地位，实际上就是对社会公众破坏国家金融秩序行为的姑息和纵容，不利于有效预防和控制非法集资类活动的发生及损失的扩大。[①] 在司法实践中，对于投资人的意见应如何对待？是"应当听取"还是"可以听取"，是否把投资人出具谅解书作为适用条件之一？对于投资人

---

① 参见张玉鲲：《非法集资犯罪的理论与司法实践》，中国检察出版社 2016 年版，第 95 页。

之间意见不统一甚至相反的情况，应如何对待？对于投资人不认同司法机关对犯罪嫌疑人的定性和处罚，不满意犯罪嫌疑人退赃退赔的数额从而产生的群体访等情形应如何应对？投资人收受退赔金额出具谅解书后又反悔不谅解了应如何处理？这些都是办案实践中经常出现的问题。涉众型互联网金融案件面对强大的维稳危机和舆情压力，实践中往往不得不优先考虑是否退赔、是否存在闹访群体访压力等因素，究竟应当在多大的范围和程度上听取投资人意见并无明确规定，案件认罪认罚从宽制度的实际适用也缺乏统一标准。

在涉众型互联网金融案件的司法实践中，基于涉众型金融案件对社会秩序、金融秩序的特殊影响，对犯罪主体进行分层差别化处理的重要前提之一是涉案人员退还了非法所得、退赔了投资人部分损失或者获得了投资人书面的谅解。对一部分真诚悔过、积极补偿投资人损失、配合退赔追的犯罪主体进行分层处置，能够激励嫌疑人配合公检法机关工作，快速准确地查明事实，有利于实现案件法律效果和社会效果的统一，减小维稳风险。

（三）涉众型互联网金融犯罪主体的层级表现及作用

在涉众型互联网金融类案件实践中，涉案主体从公司的法人、股东、实际控制人，到公司的高级管理人员，业务员等，涉及的责任人员众多，其中应当对哪些人员追究刑事责任，如何认定为单位犯罪直接负责的主管人员、其他直接责任人，在司法实践中并未形成统一的标准，对于部分地位作用较模糊的人员，是否应当追究刑事责任，存在较大的争议。

1. 纵向层级

（1）关于客观方面的审查重点

涉互联网金融活动在未经有关部门依法批准的情形下，公开宣传并向不特定公众吸收资金，承诺在一定期限内还本付息的，应当依法追究刑事责任。其中，应重点审查互联网金融活动相关主体是否存在归集资金、沉淀资金，致使投资人资金存在被挪用、侵占等重大风险等情形。对于涉众型互联网金融犯罪，要重点审查涉案公司的基本情况、主要经营情况；审查犯罪嫌疑人对公司经营情况、经营行为性质等的主观认知；审查犯罪嫌疑人的基本情况、地位和作用。对于经营模式的发起人、决策人和参与时间长、违法性认识程度高的公司核心人员、业务骨干，以及曾经因从事非法集资活动受过法律处罚并且积极参与非法集资犯罪的，应当从严处理；对于在共同犯罪中起次要和辅助作用，主观恶性不深的初犯、偶犯，可以酌情处理；对于仅从事劳务性工作，领取固定工资，参与时间短、违法性认识低的公司一般人员，可以从宽处理。按照区别对待原则分类处理，综合运用刑事追诉和非刑事手段处置和化解风险，打击少数，教育挽救大多数。对于无相关职业经历、专业背景，且从业时间短暂，在单位犯罪中层级较低，纯属执行单位领导指令的犯罪嫌疑人提出辩解的，如确实无其他证据证明其具有主观故意的，可以不作为犯罪处理。

（2）关于主观方面的审查重点

在涉众型金融案件中，原则上认定主观故意并不要求以明知法律的禁止性规定为要件。特别是具备一定涉金融活动相关从业经历、专业背景或在犯罪活动中担任一定管理职务的犯罪嫌疑人，应当知晓相关金融法律管理规定，如果有证据证明其实际从事的行为应当批准而未经批准，行为在客观上具有非法性，原则上就可以认定其具有非法集资的主观故意。在证明犯罪嫌疑人的主观故意时，可以收集运用犯罪嫌疑人的任职情况、职业经历、专业背景、培训经历、此前任职单位或者其本人因从事同类行为受到处罚情况等证据，证明犯罪嫌疑人提出的"不知道相关行为被法律所禁止，故不具有非法吸收公众存款的主观故意"等辩解不能成立。除此之外，还可以收集运用以下证据进一步印证犯罪嫌疑人知道或应当知道其所从事行为具有非法性，比如犯罪嫌疑人故意规避法律以逃避监管的相关证据：自己或要求下属与投资人签订虚假的亲友关系确认书，频繁更换宣传用语逃避监管，实际推介内容与宣传用语、实际经营状况不一致，刻意向投资人夸大公司兑付能力，在培训课程中传授或接受规避法律的方法等。

在涉众型互联网金融类案件中，往往存在着部分欺骗事实，对于欺骗事实存在与否的认定应当进行整体把握，关键在于欺骗事实是否足以影响投资人做出是否投资的决定，不是说只要存在虚假事实就一律认定为存在欺骗事实。要从嫌疑人是否具有归还投资人款项的意图、非法集资的模式是否存在能够返还投资款项的可能性、非法集资持续的时间长短、集资款项的去向等方面进行实质判断。

（3）关于共同犯罪的审查重点

对于非法集资的发起人、决策者及集资公司主要股东，一般均应认定为主犯；对于聘用的不参与公司决策的副总、部分经理等高管，主管销售的副总或者主管公司整个销售部分的经理，一般应认定为主犯；而对于其他公司聘用、不参与公司决策的负责公司行政、后勤、人事等部门的副总及部门经理，一般应认定为从犯；单个销售部门经理或者销售部员工，通常按其部门及个人直接参与销售的金额指控，相对整个非法集资模式而言，一般可以认定为从犯，但对该部分裁量刑罚不宜过轻，除非能全部退缴违法所得，否则一般不宜仅因认定为从犯而减轻处罚或者宣告缓刑。

单位犯罪中，直接负责的主管人员和其他直接责任人员在涉互联网金融犯罪案件中的地位、作用存在明显差别的，可以区分主犯和从犯。对起组织领导作用的总公司的直接负责的主管人员和发挥主要作用的其他直接责任人员，可以认定为全案的主犯，其他人员可以认定为从犯。

对单位自成立之日起就用于非法集资或者在非法集资期间仅有非法集资及相关经营行为的，一般不认定为单位犯罪。但对于此类犯罪中层级较低的聘用员工，定罪量刑时可参照单位犯罪认定原则来把握。

（4）关于数额认定的审查重点

确定犯罪嫌疑人的吸收金额时，应当重点审查：（1）涉案主体自身的服务器或第三方服务器上存储的交易记录等电子数据；（2）会计账簿和会计凭证；（3）银行账户交易记录、POS机支付记录；（4）资金收付凭证、书面合同等书证。仅凭投资人报案数据不能认定吸收金额。负责或从事吸收资金行为的犯罪嫌疑人非法吸收公众存款金额，根据其实际参与吸收的全部金额认定。但犯罪嫌疑人自身及其近亲属所投资的资金金额，以及记录在犯罪嫌疑人名下，但其未实际参与吸收且未从中收取任何形式好处的金额，不应计入在内。但是前述两项所涉金额仍应计入相对应的上一级负责人及所在单位的吸收金额。

在认定涉众型金融类案件的犯罪数额时，对于董事长、总经理、实际控制人等高层管理人员，应按照其任职期间公司募集资金的全部数额认定；对于负责集资的业务部门或者分支机构的负责人，应按照其所领导的团队募集资金的全部数额认定；对于人事、行政、财务等非核心业务部门的负责人参与集资的，应按照其在担任负责人期间公司募集资金的全部数额认定；对于直接从事销售业务的员工，按照其所吸收的数额认定；对于其他需要追究刑事责任的人员，可以结合犯罪行为、地位和作用具体认定。

对于投资人在每期投资结束后，利用投资账户中的资金（包括每期投资结束后归还的本金、利息）进行反复投资的金额，实践中有的累计计算，有的不累计计算。根据《北京市朝阳区人民法院关于涉众型经济犯罪案件审判实体问答》，北京市朝阳区对于同一笔投资续投的数额不重复认定，即直接以第一次投资金额，认定损失时该笔投资所有返还的利息均应予以扣除。

2. 横向层级

涉案人员积极配合调查、主动退还违法所得、真诚认罪悔罪的，应当依法提出从轻、减轻处罚的量刑建议。其中，对情节轻微、可以免予刑事处罚的，或者情节显著轻微、危害不大、不认为是犯罪的，应当依法作出不起诉决定。对负责或从事行政管理、财务会计、技术服务等辅助工作的犯罪嫌疑人，应当按照其参与的犯罪事实，结合其在犯罪中的地位和作用，依法确定刑事责任范围。

与一般犯罪相比，涉众型互联网金融犯罪主体的横向层级具有其特殊性，因此接下来选取几个典型案例进行分析说明。

（1）挂名法人的刑事责任认定

近年来涉众型金融犯罪案件中实际控制人与法定代表人不一致的情况多发，许多法定代表人案发后声称自己是挂名法人，不了解公司基本情况及运营模式，仅仅是挂名拿钱，一切听命于实际控制人。关于涉众型非法集资类案件中挂名法人的刑事责任如何认定，实践中做法不一，缺乏统一标准。

【典型案例1】杨某甲非法吸收公众存款案［成都市中级人民法院（2017）川01刑终803号］

2014年10月，被告人杨某甲与杨某乙（另案处理）以股权转让的方式成为成都兴中盛贸易有限公司（以下简称兴中盛公司）的股东，其中杨某乙占90%的股份，杨某甲占10%的股份，并担任法定代表人，负责公司日常经营，杨某丙负责财务管理。2014年10月至2015年年初，兴中盛公司在未开展正常经营活动且未经政府金融管理部门许可的情况下，向社会上不特定人群宣传四川奇特数控设备制造有限公司（以下简称奇特公司，法定代表人杨某乙，后于2015年3月11日变更为杨某丙）投资项目，并承诺月利率1.5%的回报，向社会不特定群众非法吸收存款。所吸收存款转至杨某乙指定的账户上。经鉴定，兴中盛公司共吸收公众存款120人共计16260000元，已支付利息639250元，尚有15620750元未退还。一审法院认定被告人杨某甲犯非法吸收公众存款罪，判处有期徒刑4年6个月，并处罚金人民币15万元。杨某甲不服提出上诉。

其上诉理由为：1.本案应认定为单位犯罪；2.自己只是挂名法人，受杨某乙安排在兴中盛公司做后勤杂事，未参与融资业务的筹划商定，对款项去向、使用情况不知情，原判认定其事先知晓并积极参与兴中盛公司融资不属实，其参与程度不深，系从犯。

本案焦点问题：涉众型金融案件中挂名法人是否应追究刑事责任；单位犯罪如何认定。

本案处理结果：驳回上诉，维持原判。对于上诉人杨某甲所提本案应认定为单位犯罪的上诉理由，二审法院认为，兴中盛公司股东变更为杨某甲、杨某乙后，就开始以兴中盛公司名义向不特定社会公众吸收资金，以实施犯罪为主要活动，现无证据证实该公司除非法吸收公众存款外，还有其他合法业务和收入，故上诉人杨某甲的行为不以单位犯罪论处。对于上诉人杨某甲所提自己只是挂名法人，应系从犯的上诉理由，二审法院认为，证据证实杨某甲系兴中盛公司的法人，从事给前来投资的客户介绍宣传投资项目，与客户签订合同等主要行为，杨某甲要负责兴中盛公司的管理，其在明知兴中盛公司经营范围不包括融资及奇特公司经营状况的情况下，不仅负责公司后勤事务，还参与发展客户，经手融资业务，主观上对公司具体运作情况知情，故杨某甲明知并积极参与了向社会公众吸收资金的行为。因此杨某甲所提该上诉理由不能成立。

在非法集资案件中，挂名法人的行为通常是受实际控制人的安排，对外签署重要的文件协议；以法定代表人身份接待客户或陪同考察；在公司酒会年会上发言宣讲；在出现兑付危机时出面安抚投资人并承诺延期支付等。应当具体分析成为挂名法人的原因，是主动成为挂名法人还是被借走身份证后才发觉；是否知道或者应当知道公司的业务模式，盈利模式；是否日常在涉案公司坐班；是否知道签署的协议的用途；是否收取工资提成或获取相应回报。对于其是否应当承担刑事责任，要重点查实其对于实施非法集资的犯罪行为主观上是否明知或应当知道；是否实施了非法集资的行为或其中部分环节；其行为是否在整个犯罪中起到重要作用等。除此以外，由于涉众型金融案件的特殊性，实践中对挂名法人的处置还需考虑是否有实际控制人或涉案公司高管到案对全案涉案金额承担责任，有无维稳风险等。综合上述因素进行分析判断，以便依法确定刑事责任范围。

（2）技术部门的刑事责任认定

在涉众型互联网金融案件中，大多数涉案公司都有着自己的平台上、网站、APP等。一般情况下技术部门负责平台或网站服务器的建设、功能开发、技术维护、项目落地等所有技术工作。对此类负责或从事技术服务等辅助工作的犯罪嫌疑人，应当按照其参与的犯罪事实，根据案件具体实际情况，确定其在涉案公司的分工职责，结合其在犯罪中的地位和作用，依法确定其应当承担的刑事责任范围。

【典型案例2】张某某等人非法吸收公众存款案［江苏省淮安市清江浦区人民法院（2017）苏0812刑初196号］

2011年4月至2016年1月，被告人林某甲、张某某、林某乙经营的808公司，未经国家金融管理部门批准，以"808信贷"P2P平台，在淮安市清江浦区该公司实际经营场所，通过在互联网发布广告、电话营销、发布小广告等方式向社会公众进行宣传，宣称经营借款中介业务，在找到借款人后，以发布借款标的形式，约定15%—22%的年利率及一定期限返本返息，吸引社会不特定对象投资。在经营期间共吸收投资人充值30余亿元。所吸收的资金主要用于以信用贷、抵押贷等形式放贷给借款人赚取高额利差、支付投资人本息以及以 808 公司及关联公司、三被告人、808 公司员工、被告人林某甲亲属等名义购置房产等。截至案发，808 公司网贷平台数据显示，共有 4000 余投资人共计 4 亿多元没有兑付。

被告人张某某作为股东、技术主管，与林某甲共谋参与设计、决策非法吸收公众存款模式，负责网贷旧平台的研发和新平台的技术维护及在平台上发布借款标以吸收公众投资。

被告人张某某辩称：本案应当认定为单位犯罪，张某某应当被认定为从犯。

本案焦点问题：涉众型金融案件中技术主管的刑事责任如何认定；单位犯罪如何认定。

本案处理结果：一审法院认定被告人张某某犯非法吸收公众存款罪，判处有期徒刑 6 年，并处罚金人民币 20 万元。一审法院认为，根据相关司法解释规定，个人为进行违法犯罪活动而设立的公司实施犯罪的，或者公司设立后以实施犯罪为主要活动的，不以单位犯罪论处。被告人林某甲、张某某经共谋成立 808 公司，该公司自始自终没有取得国家金融许可证，即不具有吸收公众存款的合法性，公司成立后的主要业务是非法吸收公众存款后放贷以获取巨额非法利益，被告人张某某等人的行为依法不应以单位犯罪论处。关于被告人张某某辩护人提出应认定从犯意见，经查，被告人林某甲、张某某、林某乙系共同犯罪，在共同犯罪中被告人张某某也是公司股东之一，股东的实际身份不仅有工商部门登记予以证明，也得到了林某甲及张某某本人供述、公司其他工作人员的证实，张某某还参与与林某甲共谋建立 808 公司，作为公司技术主管，负责网贷平台的开发、维护，负责发布借款标的以吸引公众投资，在共同犯罪中显然并不是起到辅助或次要作用，应认定起主要作用，亦是主犯；但一审法院也认为，即使都认定为主犯，但地位、作用上也有差别，本案中被告人张某某相比被告人林某甲而言，所起作用较轻，获利较少，在量刑上应有所区分。

（3）财务、风控部门的刑事责任认定

一般公司都有着自己的财务部门，负责发放工资、缴纳社保、报销记账等财务工作。涉众型互联网金融案件有着特殊之处，很多涉案公司的财务部门人员都对公司结构、销售业务、投资流程有着详细的了解，不仅全面负责线上线下公司包括发放工资提成、记账转账在内的所有财务工作，还负责将合同中的投资金额、返利情况、投资期限、投资人信息、银行卡信息、业务员等情况记入台账，并负责定时返本返息。在此种情况下该财务人员就在工作中完整全面地接触了非法集资的整个过程，并参与其中。有的财务人员还掌握着公司公户和投资款进出的个人账户，听从实际控制人指令将投资款转进转出，能够清楚地看到投资人资金的来流转及去向。对此类负责财务工作的犯罪嫌疑人，应当按照其参与的犯罪事实，根据案件具体实际情况，结合其在犯罪中的地位和作用，依法确定刑事责任范围。

许多涉众型互联网金融案件的涉案公司设立风控部门，一般负责风险控制，对项目进行评估考察，对资料的真实性和合法性进行验查，审核借款人资质、负责经办手续、抵押、放款、公证等。这样其就在涉案公司实际经营过程发挥了相当的作用，也获得了相应的利润。对此类负责风控工作的犯罪嫌疑人，也应当按照其在涉案公司的分工和职责，根据案件具体实际情况，结合其在犯罪中的地位和作用，依法确定刑事责任范围。

【典型案例3】姜某某、唐某某等人非法吸收公众存款案［成都市锦江区人民法院（2016）川 0104 刑初 113 号］

2013 年 12 月 16 日，被告人滕某某、姜某某、唐某某等人注册成立成都贝亨投资理财咨询服务有限公司（以下简称贝亨公司）。被告人滕某某系公司法定代表人，负责公司的经营管理，被告人姜某某系公司财务主管，被告人唐某某系公司风控部负责人。贝亨公司作为居间方采用发放宣传单等方式对外进行宣传，以月息 1.5% 的高额回报为诱饵，先后以洪雅县长元房地产开发有限公司（以下简称长元公司）、四川省汉鑫建筑劳务有限公司（以下简称汉鑫公司）的名义，向刘某某等 75 名出借人非法吸收资金共计 1653 万元。

被告人姜某某、唐某某辩称：其二人应当被认定为从犯，应当认定为单位犯罪。

本案焦点问题：涉众型金融案件中财务、风控主管的刑事责任如何认定。

本案处理结果：一审法院认定被告人姜某某犯非法吸收公众存款罪，判处有期徒刑3年2个月，并处罚金10万元。被告人唐某某犯非法吸收公众存款罪，判处有期徒刑3年2个月，并处罚金10万元。一审法院认为本案系一般共同犯罪，被告人滕某某、姜某某、唐某某在共同犯罪中分工配合、作用积极，不宜区分主从，故对辩护人提出被告人姜某某、唐某某系从犯的辩护意见不予采纳。三被告人成立贝亨公司后，以非法吸收公众存款的犯罪行为为其主要活动，不应认定为单位犯罪。

（4）人事、行政部门的刑事责任认定

一般公司的行政、人事部门主要负责考勤、招聘、培训、入职离职管理、晋级及绩效考核等；行政部门主要负责会议活动的组织、物品的登记管理、后勤保障等事务性工作。涉众型互联网金融案件有着特殊之处，第一种情形是销售团队的负责人往往自己进行团队的招聘、考核、管理工作，人事行政部门仅负责后勤内勤保障工作，在这种情况下，人事行政部门在涉案公司就处于辅助性边缘性地位，对犯罪所起的作用比较小。另一种情形是行政、人事部门的主管属于公司的决策管理层，深入参与公司非法集资的整个过程中，带领行政、人事部门进行合同的设计、登记、对销售人员业绩的统计、核查、管理等工作，对犯罪所起的作用较大。对负责或从事行政管理、人事管理等工作的犯罪嫌疑人，应当按照其参与的犯罪事实，结合其在犯罪中的地位和作用，依法确定刑事责任范围。

【典型案例4】张某某等人非法吸收公众存款案［上海市第二中级人民法院（2016）沪02刑终1351号］

2015年1月7日，王某某伙同顾某某（已判刑）经共谋后注册成立丹天公司。同年3月，王某某介绍张某某进入该公司担任公司行政总监，共同管理该公司。自同年1月21日起，丹天公司在未获得相关金融许可的情况下，以承诺还本付息及支付高收益为名，采用随机投放宣传单或经熟人介绍的方式，向不特定群众进行宣传，吸收公众资金。张某某自进入丹天公司后负责公司的人事、行政等业务，并组织业务员积极招徕客户吸收存款。案发后，经审计：自2015年1月21日至2016年4月6日，丹天公司向不特定公众吸收存款金额为人民币 9828025 元。一审法院以非法吸收公众存款罪判处张某某有期徒刑 3 年 9 个月，并处罚金人民币 10 万元。张某某不服提出上诉。

其上诉理由为：其系根据丹天公司老板王某某、顾某某的指示工作，系从犯。

本案焦点问题：涉众型金融案件中人事、行政是否应追究刑事责任。

本案处理结果：驳回上诉，维持原判。法院认为张某某进入丹天公司后，担任公司行政总监，张某某负责公司的人事、行政等业务，并组织业务员积极招徕客户，吸收公众存款。虽分工不同，但均积极参与丹天公司的运营和管理，在非法吸收公众存款的共同犯罪中并非起辅助作用，依法不能认定为从犯。

（5）运营部门的刑事责任认定

涉众型互联网金融犯罪中的涉案公司往往会设立运营部门，主要负责制定公司运营发展方针、策略、计划、方案，为公司重大决策提供研究分析报告，跟踪监督项目指标等。其部门主管一般为公司的核心管理岗位。对从事运营岗位的犯罪嫌疑人，应当按照其在涉案公司具体分工，结合其在犯罪中的地位和作用，依法确定其刑事责任范围。

【典型案例 5】谢某某等人非法吸收公众存款案［宁波市鄞州区人民法院（2016）浙 0204 刑初 433 号］

2015 年 1 月，被告人虞某某、傅某某在既无融资资质又无偿还能力的情况下，利用宁波唐某 2 网络科技有限公司（以下简称"唐某 2 公司"），通过在互联网上开设"唐人贷"P2P 的网站、线下开设"唐某 2 财富"的实体门店，以高额利息为诱饵，对外吸收公众存款，并在招揽客户过程中虚构资金用途，截至 2015 年 9 月 20 日，向陈某某、项某某等 100 余名被害人骗得资金 8166810.07 元（币种：人民币，下同）。涉案款项被用于支付员工工资、提成、客户利息以及个人欠款等。2015 年 5 月 10 日至 9 月初期间，被告人谢某某作为唐某 2 公司线上运营部主管，参与吸收公众存款 3079593.23 元。

被告人谢某某辩称：其不构成非法吸收公众存款罪。

本案焦点问题：涉众型金融案件中线上运营主管是否应追究刑事责任。

本案处理结果：一审法院认定被告人谢某某犯非法吸收公众存款罪，判处有期徒刑1年10个月，并处罚金人民币5万元。二审法院维持原判。唐某2公司未经有关部门依法批准或者借用合法经营的形式吸收资金，通过线上线下的途径进行宣传，向社会不特定对象吸收资金，并承诺在一定期限内还本付息，被告人谢某某作为该公司线上运营部主管，工作职能是负责唐某2公司线上业务运营相关工作，包括线上工作人员管理、线上平台推广、线上活动策划等，已构成非法吸收公众存款罪。

（6）客服部门的刑事责任认定

互联网金融公司的客服部门与一般公司不同，一般通过电话或者官方网站进行工作。第一种情形是仅仅进行对售后的程序性操作性问题进行解答，接待客户关于投诉、网络故障、简单询问类的问题，在这种情况下，客服部门在涉案公司就处于辅助性边缘性地位，对犯罪所起的作用比较小。另一种情形是客服向有意向的客户介绍公司背景、理财产品的详细内容，与客户沟通，回答关于产品收益、安全性、期限利率、有无担保等实质性问题，指导客户完成投资，这种情况下客服实际上充当了一个线上的销售人员的角色，直接参与非法集资的过程，对犯罪所起的作用较大。因此，在司法实践中要以事实为依据，以法律为准绳，结合其在犯罪中的地位和作用，依法确定刑事责任范围。

【典型案例6】石某某等人非法吸收公众存款一审刑事判决书〔昌邑市人民法院（2015）昌刑初字第331号〕

2014年9月，被告人石某某为了吸收资金发放高利贷从中赚取差价，在昌邑市工商行政管理局注册成立了潍坊某某电子商务有限公司。2014年11月10日，被告人石某某通过侯某某为其在互联网上创建了"亿润贷"P2P融资平台，任命被告人王某某为客服主管，任命被告人刘某某为财务主管，并安排二人带领客服人员及财物人员在平台上发布虚假借款标书，以高额收益率为诱饵吸收公众资金，诱骗投资人向其网贷平台上发布的石某某的银行账号及第三方支付平台上汇款，非法吸收社会公众存款2790548.50元。被告人石某某用非法吸收的公众存款支付平台架设费用1000000元，并安排被告人刘某某偿还个人债务、发放高利贷等。

被告人王某某辩护人提出的三名被告人不属于共同犯罪，王某某行为不构成犯罪。

本案焦点问题：涉众型金融案件中客服主管是否应追究刑事责任；共同犯罪如何认定。

本案处理结果：被告人王某某、刘某某起初并未参与和被告人石某某一起共同非法吸收公众存款犯罪的预谋是客观事实，但在被分别任命为客服主管和财务主管及公司运营之后，均已明知被告人石某某的犯罪行为而仍然帮助其完成犯罪行为，被视为三名被告人有了明确的意思联络，特别是后两名被告人在公司已经停止运营之后，仍有追随被告人石某某的相关动作，更应视为三名被告人已经结成相对稳定的联盟，有了共同的犯意。在共同犯罪过程中，被告人石某某起主要作用，系主犯，被告人王某某、刘某某起辅助作用，系从犯。鉴于三名被告人均系自首，并在庭审中均自愿认罪，且被告人王某某、刘某某犯罪情节轻微，不需要判处刑罚，故对被告人石某某依法从轻处罚，对被告人王某某、刘某某依法免予刑事处罚。

第五章　涉众型经济犯罪财产处置

一、近四年涉众型经济犯罪涉案财物类型

以北京市朝阳区人民检察院近四年（2014 年至 2017 年）涉众型经济犯罪案件为例，朝阳区人民检察院共受理非法吸收公众存款案件审查起诉 456 件 1331 人，集资诈骗案件审查起诉 29 件 78 人，占北京市非法集资类案件的六成以上。近四年来朝阳区人民检察院受理的非法集资类案件量持续走高，预计未来一段时间内仍将继续保持逐年递增趋势。为了进一步分析朝阳区人民检察院非法集资类案件涉案财物类型，课题组对近四年该类案件中的涉案财物进行统计，分别计算出涉及各类财物案件数占总案件数的比例，结果如下图[①]：

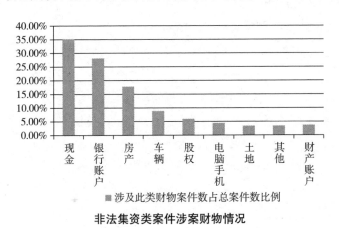

非法集资类案件涉案财物情况

如图所示，涉及现金、银行账户、房产的案件数排名居前三位。其中，

[①]　其他类包括：防护林、探矿权、保鲜库、家具、收藏品、林权；财产账户：指除银行账户之外的财产性账户，包括股票、期货、证券资产账户。

涉案财物包括现金的案件最多，占近四年非法集资类案件数的35.2%。案发后，司法机关通常会要求犯罪嫌疑人依法退赔违法所得，包括退缴佣金、提成、工资等违法所得，退还集资参与人损失等。2016年8月起，朝阳区人民检察院正式在非法集资类案件中适用认罪认罚从宽制度，是现金类涉案财物所占比例最高的原因之一。下文将详细分析论述。排在第二位的为涉及银行账户的案件，所占比例28.1%。案发后，公安机关通常对涉案公司及犯罪嫌疑人的银行账户进行查询、冻结。查询、冻结银行账户不仅有利于追赃挽损，而且通过对银行账户交易记录的审计，有助于综合认定涉案资金流向、非法集资对象人数和吸收资金数额等犯罪事实。排在第三位的为涉及房产的案件，所占比例17.8%。部分犯罪分子用非集资金购买房产，或将资金投入房产项目。房产查询查封工作是公安机关办理非法集资类案件的"规定动作"，案发后公安通常前往不动产登记事务中心进行房产查询查封。

二、朝阳区人民检察院最近120件案例的追赃挽损比例

随着近年来我区非法集资等涉众型经济犯罪案件量的激增，集体访持续激化，导致北京市维稳压力激增，造成上述问题的核心原因之一就是追赃挽损困境难以破解。课题组对最近的120件非法集资类案例的涉案财物情况进行统计，发现目前平均追赃挽损率仅为3.95%（追赃挽损数额54319.38万元，非法集资数额1375425.7万元）。下图为追赃挽损率在各范围内的案件数占总案件数的比例：

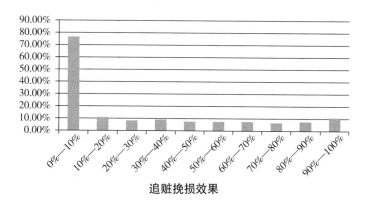

追赃挽损效果

各涉案财物变现金额占追赃挽损总金额比例的情况如下图：

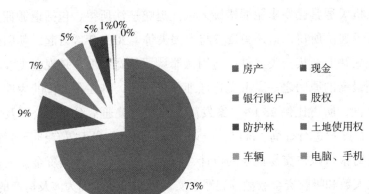

涉案财物变现金额占总追赃挽损的比例

如图所示，涉众型经济犯罪案件整体追赃挽损率很低。其中，房产类财物的变现金额在追赃挽损中占绝对多的比例，高达73%。涉案房产的顺利变现，是集资参与人非常关心的问题之一，对追赃挽损、息诉罢访起着至关重要的作用。但实践中，一些涉案房产存在有抵押、轮候，甚至已被网签的情况，大部分房产也有银行贷款，使得其变现能力大打折扣。其次为现金类，大部分系犯罪嫌疑人退赔的违法所得。随着非法集资类案件认罪认罚从宽制度的进一步适用，目前朝阳区人民检察院适用该制度共为集资参与人挽回经济损失7500余万元，取得了良好的法律效果和社会效果。最后为银行账户类，犯罪嫌疑人及涉案公司的银行账户存款也是追赃挽损的重要组成之一。

三、实践中暴露出的问题及困惑

（一）缺乏统一的有权机关统筹处置

"三统两分"从原则上规定了跨区域非法集资刑事案件，可以由不同地区的公安机关、人民检察院、人民法院分别处理，并坚持统一指挥协调、统一办案要求、统一财产处置、分别侦查诉讼、分别落实维稳。但因缺乏具体的操作性规范，无法真正有效落地。在拟处置涉案财物的过程中，如在案财物不足以全部返还的情况下，目前无法保证各地对集资参与人的返还比例相同。

实践中，大量案件存在信息不畅、地方保护等各种原因，导致法院就本地投资先行分配，造成部分非法集资参与人得不到分配。

【典型案例1】姚某某、赵某某等十九人集资诈骗、非法吸收公众存款案

被告人姚某某作为北京成吉大易股权投资基金管理有限公司及其关联公司的主要负责人，于2010年8月至2015年1月间，为公开募集资金，以承诺返本付息并高额回报为诱饵，与被告人杨某甲、赵某某商议后，分别伙同被告人牛某某、吴某某、许某某、王某甲、杨某乙、崔某某、杨某丙、杨某丁、彭某某、王某乙、张某某、刘某某、郝某某、刘某某、王某丙、马某某、吴某某等人，以北京成吉大易股权投资基金管理有限公司的名义，先后在北京市朝阳区慈云寺住邦2000大厦、SOHO大厦等地、河北省、吉林省及广东省等地，以投资经营"星湖园养老产业基金""东福龙健康连锁基金""凌云矿业投资基金""信联网城区域代理加盟项目""成吉大易项目基金"等项目为由，通过公司互联网平台、发放传单、口口宣传、开展讲座、参与大型商务论坛、招商会等方式向社会公开宣传，以货币方式返本付息，年投资回报率约定为12%—180%。案发后，经审计，上述被告人吸收2.46万余名集资参与人的资金共计人民币67.9亿余元。

本案中，部分法院在处置当地涉案行为人的过程中，在主犯未判、在案财产仅能赔偿不到3%损失的情形下，先行判缴并执行多名当地被告人的高额罚金，导致集资参与人不满和误解，引发集体访。司法实践中，跨区域案件缺乏全国统一的有权机关来统一协调处理，打非领导小组各地牵头单位不一且并无实质性的行政职权，更多的是联系机制，故而在跨区域协调时无法及时、有效沟通和协调解决追赃挽损的实质性问题。

（二）涉案财物追缴难

涉众型经济犯罪案件涉案资金流向广、地区跨度大、法律关系复杂，且犯罪行为潜伏周期长，案发时资金链已断裂崩盘不能支付投资者本息，或犯罪嫌疑人携款潜逃，赃款赃物追缴难度极大。且办案实践中司法资源捉襟见肘，每个案件基本都是由两名侦查人员主办。

【典型案例2】田某某、赵某某等八人非法吸收公众存款案［（2017）京

0105 刑初 718 号刑事判决书]

　　六宝（北京）投资基金管理有喜爱你公司成立于 2009 年 9 月，法定代表人霍某某，实际经营人田某某，经营地北京市朝阳区，经营范围非证券业务的投资管理、资讯等，不得以公开方式募集资金。六宝公司在湖北省、陕西省、江西省等地设立分公司，并成立北京六宝鑫顺资本运营中心、北京六宝寰宇资本运营中心、北京六宝鑫欣资本运营中心、北京六宝融信资本运营中心、北京六宝鑫荣资本运营中心、北京六宝鑫宇资本运营中心、北京六宝鑫业资本运营中心、北京六宝湖湘资产运营中心、北京六宝鑫晟资本运营中心、北京六宝汇通资本运营中心、北京六宝鑫悦资本运营中心、南昌六宝鑫胜投资管理中心等有限合伙企业。2011 年 10 月至 2016 年 3 月，被告人田某某、赵某某、邓某某、张某甲、陶某某、卢某某、官某某、唐某某、张某乙、余某某未经国家有关部门批准，以上述公司及有限合伙企业的名义，在北京市朝阳区、江西省、武汉市等地，以投资项目及短期借款为由，通过邮件、电话等方式公开宣传，并签订回购协议，变相承诺保本付息，年化收益 11%—31%，吸收 2800 余名集资参与人资金人民币 77 亿余元。1900 余名集资参与人报案，报案协议金额 19 亿余元。

　　不仅是本案，涉案金额高达 67 亿元的"成吉大易"案、55 亿元的"华融普银"案均也仅由两名侦查人员主办。非法集资类案件线索庞杂、查证难度大，侦查人员注重定罪证据的收集、犯罪嫌疑人的抓捕等工作，客观上无法在法定办案时限内完成所有的资金清查和追索工作。集资参与人财产利益难以得到有效维护，容易激化社会矛盾，引发群访闹访事件。

　　1. 现有协助查询、查封、冻结机制落地执行不够

　　（1）银行账户的查询冻结

　　近几年，司法机关持续加强协助查询、查封、冻结机制建设，已取得较大成效。例如朝阳公安分局与市局经侦总队协调，申请了资金查控平台，解决了全国范围内 3000 余家银行账户的批量查询问题，节省了大量司法资源和时间成本。但是，随着近年来非法集资公司资金链断裂的速度不断加剧，P2P 爆雷的新闻占据了各大新闻客户端的头版，由涉众型经济犯罪案件引发的刑

事法律风险将人们的目光引向了银行等金融机构。在这些案件中，银行不仅担负着存管的职责，同时，通过查询账户，确定是否存在资金池，核实庞大的资金流也需要通过对涉案账户有力的强制措施才可以保障涉案财物的安全。然而部分查询、查封、冻结机制依旧无法达到司法取证要求。目前，人民银行等机构系分别与公安部、最高检和最高法建立了协助查询机构，但是原银监会和央行并未对司法机关开放查询业务，存在如下问题：

一是各机构分别建立查询机制和渠道，但互不交叉，如公安部主要就侦查范围内的刑事案件取证查询，最高检系主要针对原自侦案件的查询，而最高法系执行部门查询机制。故虽然从面上看，三家都已经建立联合查询系统和机制，但实质上仅从涉众型经济犯罪案件资金查询而言，并未实现公检法的全覆盖，而是仅公安机关有该系统。

二是查询结果无法直接作为证据使用。当前公安机关资金查控平台虽解决了大部分银行账户的批量查询，但查询所需时间长，且因银行账户交易明细因无法提供电子签章，无法出具盖章的查询结果，法院并不认可，最终无法作为证据使用。

三是目前仅限于查询，尚无法实现跨区域批量冻结。部分如"e租宝"等全国范围内重大案件，实现了个案在人民银行、银监会等监管机构的个别协调下实现了跨区域批量冻结。但无法形成长效性机制。而实际上几乎所有涉众型案件涉案资金账户均在成百上千个且分布在全国各地，光冻结及续冻就需要司法机关消耗大量人、财、物，一定程度上也影响了涉案资金的追缴。

四是线下银行网点柜台的查询权限不同，要求的公安机关提供的查询、冻结的法律手续也不同，甚至对公安机关查询、冻结的法律时效也存在认识上的差异，有时提供的交易明细或凭证的内容、规格满足不了办案民警的实际需求，对梳理、分析涉案财物起不到帮助作用，造成办案民警需要多次往返查询才能得到需要的交易明细或凭证，增加办案成本，牵扯大量警力。

另外，近年来大量非法集资涉案企业或行为人，通过第三方支付转移资金，但公安机关在查询第三方支付交易记录方面缺少高效、详实的手段，还有极个别第三方支付公司以保护客户隐私等为由拒绝公安机关的调查取证。

（2）房产土地的查询查封

追缴的房产土地在追赃挽损中占据了很大比例，其查询查封工作也是息诉罢访的重要环节。但目前无法实现全国联网查询和统一查封，与银行账户一样，极大损耗了司法资源。

【典型案例3】张某某非法吸收公众存款案

被告人张某某于2011年至2014年间，先后在北京市朝阳区成立了北京天合融汇投资中心（普通合伙）、北京天禾乾元投资管理中心、北京冠汇投资管理中心、北京佳禾融达投资中心、北京天禾融巨投资中心及北京天禾融达投资中心，并通过这六家公司分别或共同以投资佳禾广场商业地产项目、佳禾会馆项目、佳禾玻璃项目、包头职业学院实训大厦项目等名义，通过打电话等方式向社会公众公开宣传并销售"天禾融达"股权投资基金、"冠融1号""冠汇1号""青山1号""佳禾融达"财富基金等基金产品，承诺一定期限内以货币形式返本付息。经审计，共收取益洪某某等200余名集资参与人资金2.5亿余元。

本案初期查询涉案账户20余个，冻结银行账户6个，查封、冻结股权5个，查封土地2处、房产17处，查询土地、房产7处。根据证据显示有价值数亿元的房产可以用于赔偿集资参与人损失，但该案自2015年主犯落网至2018年其他从犯移送法院审查起诉，该案仍有许多涉案房产因分布于全国各地以及地方保护等问题无法查封，使得落实对集资参与人的赔偿成了难题。

2.涉案财物权属的判定难

在完善产权保护制度依法保护产权的大背景下，如何高效精准判定权属关系，防止因权属不明延迟涉案财物依法处置进程，影响案件办理效果。如杨某某等人非法吸存案中，杨某某在案发前购买的一套房产，付完首付办理过户后被抓，后续资金无法到位，原产权人要求以杨某某违约将房产变更回自己名下。集资参与人则认为房产既然已经在杨某某名下，就应当查封该房产的全部价值。处置存在较大争议。再如现行的物权法实施后，不动产权证可以只写夫妻一人的名字，未列明的人员不再享有财产权利，但如果能够证明购房资金系违法所得，如何处置相关资产。

3.非法集资参与人获取的超出本金的非法所得追缴难

《关于进一步规范刑事诉讼涉案财物处置工作的意见》第五条规定，向社会公众非法吸收的资金属于违法所得，以吸收的资金向集资参与人支付的利息、分红等回报，以及向帮助吸收资金人员支付的代理费、好处费、饭店费、佣金、提成等费用，应当依法追缴。这意味着本息已退还的，集资参与人取得的实际偿付本金之外的利息也应当依法追缴。但当前实践中，由于对众多集资参与人身份信息难以核实、工作量大、办案人手少等原因，集资参与人的回报基本没有追缴，而未进入司法程序的涉案人员也没有相应方式直接追缴。故而针对该规定如何操作，追缴采取何种形式和方式，是否能采取扣押、冻结等类似追缴赃款赃物的强制手段，因没有明确规定而无从下手。如前文介绍的张某某非法吸收公众存款案中，部分集资参与人通过个人手段从主犯处获取了超过个人投资数倍的房产及车辆赔偿，于是从这些集资参与人手中追偿超额获利也成为其他大部分集资参与人上访的诉求之一。

4.未进入司法程序的帮助吸收资金人员获取的代理费、好处费、返点费、佣金、提成等费用缺乏追缴手段

国务院《处置非法集资条例（征求意见稿）》把非法集资协助人为非法集资提供帮助而获得的收入，包括咨询费、广告费、代言费、代理费等均纳入清退资金来源。这一问题在实践中非常突出。

【典型案例4】张某某、杨某某、邱某某等十六人非法吸收公众存款案

2010年12月，被告人张某某作为股东之一与吴某某、刘某某成立北京华泰祥生投资管理有限公司，2014年6月25日张某某变更为公司法定代表人。华泰祥生公司作为执行事务合伙人于2011年6月成立北京中通鸿鹄投资中心（有限合伙），2014年1月成立北京中通泓瑞投资管理中心（有限合伙）等多个有限合伙公司。张某某先后与李某甲、邱某某、李某乙等十四名被告人于2012年至2014年8月间，在北京市朝阳区SOHO现代城、建国门外大街甲6号等地，以上述有限合伙投资项目或投资股权的名义，公开宣传并承诺在一定期限内给付回报等方式，公开吸收或变相吸收方某某、钟某某等140名集资参与人的投资款共计人民币1.6亿余元，返款人民币200万余元。

本案中，嫌疑人供述有大笔资金用于支付中天泰和国际工程勘察设计（北京）有限公司的图纸设计费，金额高达 700 万元。同时，如 e 租宝案中央视的巨额广告费、泛亚案件中支付的相关专家费、广告费等，对于以上金额是否应当追缴、如何追缴、全额追缴还是部分追缴，此前仍有争议。决定追缴时，除了具备利息、分红、代理费、好处费等客观要素外，是否应考虑获利人的主观因素，包括认识能力、认知状况等。对于确属蒙蔽参与获利的，是否列为追缴范围。清退的方式如何开展等仍需重点研究探讨。

四、涉案财物执行难

涉案财物通过变现才能真正实现追赃挽损，非法集资类案件中涉案财物的变现能力或多或少存在不同程度的问题。例如"华融普银"案，该案追缴赃款赃物效果非常显著，共扣押、冻结各类财产及财产性权益可估总市值约 36 亿元，针对涉案公司造成的 39.6 亿元的实际损失，其追赃挽损率预估可达 90% 以上。但其扣押、查封的绝大多数系土地使用权、房产，其中部分处于轮候查封状态，冻结的探矿权经过几年诉讼周期也早已过期，实际追赃挽损情况与预估存在差异。在司法实践中，部分涉案财物由于自身存在轮候查封、证件不全等问题，或库存保管、评估变现困难等原因，导致资产贬值或流失。

（一）涉众型资产执行的具体适用存在争议

1. "先偿先得，剩余财产均分"原则对部分集资参与人权益的侵害

涉众型经济犯罪案件涉及集资参与人人数动辄成百上千，部分案件集资参与人数甚至上万，如望洲财富案集资参与人数约 3 万、成吉大易案集资参与人数约 2.5 万，普遍存在判决生效后又有集资参与人追加报案的情况。目前，司法机关基本以现有报案集资参与人人数及非集金额为参照，对全部涉案财物进行分配或对部分予以留存。司法实践中，北京市朝阳区人民法院的判决均未对未报案集资参与人留存一定比例财产，导致追缴的涉案财物已在判决中处理完毕，追加报案的集资参与人因不能分得赔偿而心理不平衡。"先偿先得、剩余财产均分"原则对部分集资参与人权益侵害问题凸显，往往导致集体访造成维稳隐患甚至现实危害。

2. 执行比例存在分歧

2014 年最高人民法院、最高人民检察院、公安部《关于办理非法集资刑事案件适用法律若干问题的意见》规定"查封、扣押、冻结的财物，一般应在诉讼终结后，返还集资参与人。涉案财物不足以返还的，按照集资参与人的集资额比例返还"。该意见虽明确规定了扣押、冻结的财物应当返还集资参与人的原则，但并未对涉案财物如何处置、分配进行操作层面的细化。实践中，法院认为对仅参与部分非法集资行为的被告人，该人退赔款项应当按比例发还给其对应的非法集资参与人；对于不明确对应非法集资参与人数和金额的，可放在全案统一分配。对于检察机关未起诉的非法集资行为人，则同样将其退赔款放在全案中参与统一分配。然而检方认为，对于部分参与非法集资犯罪的行为人，不论检察机关是否提起公诉，对于其自愿退赃、退赔款项，均应当在全案中统一处置、分配。检、法的这一分歧，导致实践中同一案件的非法集资参与人受偿比例不均衡，非法集资参与人对检察机关通过适用认罪认罚从宽制度倒逼非法集资行为人退赔赃款产生抵触情绪，同时还容易造成集资参与人虚假指认，不利于司法机关对案件事实进行客观认定，更易引发新的维稳风险。

3. 非法集资类案件中的从犯是否应退赔集资参与人经济损失

包括涉众型经济犯罪案件在内的财产类案件共同犯罪中，司法实务中通行做法均责令所有构成共同犯罪的被告人按照各自涉案的金额，退赔相应的经济损失。依据是 2014 年"两高一部"《关于办理非法集资刑事案件适用法律若干问题的解释》第五项规定"向社会公众非法吸收的资金属于违法所得"，而刑法第 64 条规定，"犯罪分子违法所得的一切财物，应当予以追缴或责令退赔"。

【典型案例 5】徐某某、刘某某等十七人非法吸收公众存款案［（2017）京 0105 刑初 2632 号刑事判决书］

2014 年至 2015 年 8 月，被告人徐某某、管某某在中国平安人寿保险股份有限公司北京分公司通州恒通营业区任总监、业务主任期间，利用公司客户答谢酒会等活动，组织公司业务员韩某某、马某某、尚某某、刘某某、兰某某、林某某、杜某某、李某某、陆某某、王某甲、杨某某、王某乙，在平安人保公司恒通营业区、通州区贵友大厦，朝阳区等地，公开向不特定的保险客户宣传金赛银基金产品保本保息、刚性兑付、零风险，并由平安银行监管资金，为深圳金赛银基金管理有限公司及关联公司吸收资金，获取提成并支付业务员提成。138名集资参与人参与集资人民币9000余万元，收到返款人民币500余万元。其中，19人经被告人马某某介绍，参与集资人民币1600余万元，收到返款人民币100余万元；26人经被告人兰某某介绍，参与集资人民币1100余万元，收到返款人民币60余万元。被告人潘某某、周某某、王某乙系平安人保公司通州博通营业区业务员，在耆某某的组织下，利用前述方式，吸收公众资金。17人经潘某某介绍，参与集资人民币1800余万元，收到返款人民币100余万元；9人经周某某介绍，参与集资人民币700余万元，收到返款人民币20余万元；5人经王某丙介绍，参与集资人民币1100万元，收到返款人民币100余万元。被告人贾某某系平安人保公司西单营业区业务员，在杜某某的组织下，利用前述方式，吸收公众资金。2人经贾某某介绍，参与集资人民币700余万元，收到返款人民币50余万元。被告人徐某某退赔人民币140万元，被告人管某某退赔人民币305万元，被告人马某某退赔人民币55万元，被告人韩某某退赔人民币46万元，被告人兰某某退赔人民币45万元，被告人潘某某退赔人民币35万元，被告人周某某退赔人民币10万元，被告人王某丙退赔人民币17万元，被告人贾某某退赔人民币23万元。同时，检察机关对7名犯罪嫌疑人作不起诉处理。

本案在一审判决中，法院责令作为业务员的三被告退赔各自集资参与人的经济损失，后二审改判撤销一审该项。改判的理由是"经查，现有证据确实无法证明三被告人直接占有、使用或者支配了集资参与人的投资款，责令三被告人退赔全部集资参与人的投资款项显失公平。但根据刑法第64条的规定，犯罪分子所得的一切财物，应当予以追缴或者责令退赔。三被告人均供述了其非法获利的数额，并均已自愿超过其获利数额予以退赔，该部分钱款应当按比例发还给各集资参与人"。这一规定与实践操作中的矛盾直接关系到是否能够最大限度地争取涉案财物的退赔，是否能够最大限度地维护集资参与人的基本利益。

（二）传统司法执行手段捉襟见肘

1. 司法拍卖存在局限

针对涉案财物的处置方式，目前的主流仍然是司法强制拍卖。这一制度是司法救济程序的最后一道屏障，目的是对标的实现最大价值的变现，从而维护债权人和债务人的利益，并实现司法公正。然而，传统司法拍卖存在的实现成本高，成交率、成交价、透明率"三低"，恶意串标等乱象丛生以及极易滋生司法腐败等弊端，广受诟病。

2. 部分合法经营项目的保值、增值问题

部分非法集资案件涉案资金投入了合法项目，至案发时仍可继续运营获益。但因司法期限有限，司法机关职权限制，相关制度不甚完善，没有有权机关能够指导项目继续运营、参与债权催收、参与破产清算等程序，以对相关财产进行盘活、接管和清收，往往导致这些财产的直接损耗和流失。实践中，多数上访非法集资参与人希望继续运营合法的涉案项目，尽最大可能盘活涉案财物，挽回损失。例如在朝阳院办理的"秀水"案中，目前由非法集资参与人继续运营涉案公司项目，获取的收益直接用于挽损。此方法虽无先例，也无法可依，但从实际效果来看，的确降低了部分损失，有效化解了维稳隐患。但仅由不具有专业知识的非法集资参与人来对项目进行管理，从经验上无法直接为其他办案单位效仿，也无法在其他案件中获得多数非法集资参与人的首肯。

3. 五证不全的房产、土地变现难

除了抵押、轮候、网签等影响变现的情况外，还有部分房产、土地五证不全影响拍卖。例如"中金信安"案中，查封了某处写字楼，该写字楼无国家发放的产权证，系集体建设用地上的小产权。由于该类房产在不动产登记中心没有登记，因此查封时无法按正常程序在不动产登记中心查封，只能将协助查封手续给村管委会。此种情况下，倘若村管委会不配合，司法机关亦无相应制约措施。且该房产属小产权，无法正常转让，因此处置时不能走拍卖程序。对此，集资参与人主张，由集资参与人或司法机关组成委员会，接管该写字楼并向外出租，用租金抵扣赔款，但对该委员会如何管理尚有争议。写字楼所在地的村委会要求买断收回，出租该房产剩余年限的使用权。政法委进行沟通协调后，亦倾向于买断的意见。目前该案已判决，判决对该小产权房依法处理，至于如何执行尚无定论。另外，五证不全的土地应如何变现也是亟待解决的问题。譬如张某某等十六人非法吸收公众存款案中，涉案公司与政府签订了框架协议，购买土地使用权，当地政府已收取土地保证金。涉案公司虽获得当地政府审批，但未办理土地使用手续，故该土地使用权因五证不全无法进行查封，且由于后公司未向政府支付尾款，已交付的土地保证金政府亦未归还。

4. 易腐易坏易贬值的特殊涉案财物处置困难大

部分扣押财物难以入库，或财物易腐易坏易贬值，养护、保管成本较高，是实践中困扰涉案财物处置机关的一大难题。首先，囿于场地等原因，部分案件中存在大量的无法进行司法扣押入库的物品。例如朝阳院办理的"巨鑫联盈"案中扣押的几千套办公家具，占地约七千平方米，在京无面积匹配的扣押保管场所；该案扣押的 20 辆采矿车在鄂尔多斯矿山，亦难以入库。其次，对于扣押物品中的车辆等贵重财物，因案件周期长，导致车辆从查扣到变现的几年时间贬值严重。例如"巨鑫联盈"案中，扣押 20 余辆林肯、路虎等高档车辆，经过几年的诉讼周期，车辆贬值严重。最后，对于鲜活物品、易腐蚀变质物品保管不力。非法集资案件中，存在大量以农畜、养殖为手段的案件，其涉案财物大多涉及动植物等鲜活物品。对于此类物品的保管需要专业人员、专业场所、专业手段，且受制于生物本身的生命周期，必须在较短期限内作出变现的处理。例如以养牛项目为手段的"蒙京华"案，最初扣押的 3800 余头奶牛在两年的诉讼周期内不断死亡，司法机关不得不提前拍卖，至拍卖时已减少到 2500 余头。对此，虽然"两高一部"《关于办理非法集资刑事案件适用法律若干问题的意见》中明确规定查封、扣押、冻结的易贬值及保管、养护成本较高的涉案财物，可以在诉讼终结前依照有关规定变卖、拍卖，但在诉讼终结前到底由什么机关、什么时候、什么方式处置，没作明晰规定，各家都不敢轻易处置，最后造成了大幅度贬值，失去了追赃挽损的意义。

五、涉众型经济犯罪案件涉案财物的范畴

对于涉众型经济犯罪案件涉案财物范畴的界定是研究涉案财物处置的一大重点，因其能直接体现在对非法集资参与人损失的挽回程度上，影响着对犯罪主体的刑罚裁量，关系着每一个集资参与人的利益，是办理集资型互联网金融犯罪案件时最敏感、最棘手的问题，也是关系着此类案件能否达到"案结事了"效果的关键，处理不当极易引发群体上访事件，形成了社会不稳定因素。因此，准确依法确定涉案财物的范围，积极的追缴，合理处置，最大限度降低犯罪造成的损失，具有重要法律和社会现实价值。

（一）涉案财物的性质

我国刑法第 64 条规定："犯罪分子违法所得的一切财物，应当予以追缴或者责令退赔；对被害人的合法财产，应当及时返还；违禁品和供犯罪所用的本人财物，应当予以没收。"从该条文可以看出，我国刑事实务中常用的涉案财物并不是指司法机关查封、扣押、冻结在案的全部财物，而是指犯罪分子违法所得、违禁品和供犯罪所用的犯罪分子本人财物。其中法律明确禁止持有或交易的违禁品和供犯罪所用的犯罪工具等物品，应当依法没收，而被我们实践中常说的"赃款、赃物"主要是指违法所得，即通过犯罪行为所获取的财产利益，依法应当予以追缴或责令退赔，属于被害人的合法财产，应当及时返还。《非法集资意见》第 5 条规定："向社会公众非法吸收的资金属于违法所得。"同时该条文还列举了认定违法所得的几种具体情形，包括以吸收的资金向集资参与人支付的超出本金的回报以及向帮助吸收资金人员支付的佣金等费用、将非法吸收的资金及其转换财物用于清偿非法债务或者转让给非善意第三人等情形，明确指出上述财物应当依法追缴。上述被认定为"违法所得"的财物在办案实践中一般会以两种形式出现，一是实施非法集资行为人员的分红、工资、佣金及涉案单位账户内的余款，二是行为人或涉案单位利用募集的款项对外进行投资或出借所享有的诸如房屋产权、土地使用权、采矿权、股权等财产性权益。

（二）主要争议问题分析

1. 帮助非法集资行为人所获的非法所得

追缴是指司法机关在刑事诉讼中，以没收或者返还被害人为目的，以犯罪嫌疑人占有的财产为对象，通过查封、扣押、冻结等手段实施的具有保全性的财产强制性措施。对帮助非法集资行为人所获的报酬同样来源于集资行为人非法吸收的资金，其本质上仍属于集资行为人对其违法所得作出的处分，根据刑法第64条的规定，均可以追缴。涉众型经济犯罪案件中的追缴应当穷尽一切法律手段，做到应追尽追，最大限度地扩大对集资人的挽损度。但是在涉众型经济犯罪案件中，追缴的对象则不仅限于犯罪嫌疑人，更是扩展到了尚不构成犯罪的帮助非法集资行为人的收益。针对这一问题，《处置非法集资（征求意见稿）》给出了框架性的回答，即非法集资协助人为非法集资提供帮助而获得的收入，包括咨询费、广告费、代言费、代理费、佣金、提成等，应纳入清退资金的来源。笔者认为这一规定是可取的，但因规定得过于具体而易导致顾此失彼。如笔者在走访过程中发现，部分高端写字楼的办公场所所有者或者房屋中介机构在出租房屋时，对非法集资公司是具有一定辨别能力的。但出于各种利益的驱使以及对所获租金不会被定性为非法所得的认知，仍会睁一只眼闭一只眼地将办公场所出租给非法集资公司。这些高端楼宇的租金不菲，前期获得的租赁保证金也基本可以支持其熬过公司跑路后欠下的租金。因此针对这部分租赁费用，便是该《处置非法集资（征求意见稿）》的疏漏之处。然笔者所地域和领域终究有限，因此建议可以通过其他的规范方式框定对帮助非法集资行人所获得非法所得的追缴范围。

同时，在司法实践中，还应区分不同情形处理。对于集资代理人所获得的报酬，由于是代理人因协助实施犯罪而取得，因此，必须予以追缴，即使当集资代理人兼具集资参与人身份时，只要其所获报酬系基于帮助吸收资金行为而获得，亦应追缴，而不论其自身所投入的本金是否已经得到足额返还。对于广告经营者、发布者所获得的报酬，在其构成虚假宣传及非法集资犯罪共犯的情况下，应当追缴；如果其已经履行了应尽的审查义务，付出了合理的劳务支出，收取的报酬符合常规标准，则不宜追缴。对于广告代言人所获得的报酬，因涉及代言人本人是否具有过错甚至违法情节问题，情况较为复杂，可根据个案情况确定追缴与否。

2. 集资参与人获取的超出本金的经济利益

要论证集资参与人获取的超出本金的经济利益能否作为涉案财物进行追缴，首先必须解决一个问题——集资参与人的诉讼地位确认。对于非法集资案件中的集资参与人是否应当认定为刑事被害人，一直存在较大争议。实践中，不同的司法机关在法律文书中对集资参与人地位的表述也存在不一致，有的将其列为被害人，有的则将其列为证人，还有的直接使用"集资参与人"这一中性词汇，将其法律地位模糊处理。最高人民法院、最高人民检察院、公安部于 2014 年 3 月发布的《关于办理非法集资刑事案件适用法律若干问题的意见》（以下简称《非法集资意见》）中，使用了"集资参与人"这一概念，仍然没有对非法吸收公众存款案件集资参与人的法律地位做出明确认定。由于一旦认定集资参与人属于被害人，则集资参与人便享有了被害人的诉讼权利，包括其本人或诉讼代理人申请阅卷、提起抗诉申请、参与法庭调查和法庭辩论、对于不立案决定提出申诉或向法院提起自诉等权利，对此检察机关应在案件受理后 3 日内告知其诉讼权利，审查起诉阶段听取其意见，决定不起诉时告知其申诉权利，法院应当在判决后向其送达判决书。而实践中非法吸收公众存款案件往往被害人众多，卷宗证据材料繁杂，司法机关在法定期限内完成案件办理的情况下，同时保障集资参与人及其诉讼代理人行使上述的权利存在较大难度。因此，即使司法机关在法律文书中将集资参与人认定为被害人，实际也很少赋予其相应的诉讼权利。当然，我们绝不能为了诉讼效率牺牲当事人的合法权益，因此必须从法理角度探究非法吸收公众存款案件集资参与人地位的认定。

（1）将集资参与人认定为被害人不符合本罪的犯罪构成

非法吸收公众存款罪被设置在我国刑法分则第 3 章破坏社会主义经济秩序罪中第 4 节破坏金融管理秩序罪之下，侵犯客体具有单一性，即社会主义经济秩序中的金融管理秩序，不包括集资参与人的财产权。[①]与之相比，集资诈骗罪被设置于刑法第3章第5节金融诈骗罪之下，侵犯是双重客体，既包括国家金融监管秩序，也包括集资参与人的财产权。其实，国务院早在1998年7月发布的《非法金融机构和非法金融业务活动取缔办法》（以下简称《取缔办法》）中将"非法吸收公众存款或者变相吸收公众存款"列为非法金融业务活动，同时也规定："因参与非法金融业务活动受到的损失，由参与者自行承担。"该《取缔办法》的规定也在一定程度上印证了刑法的立法本意，即在非法吸收公众存款罪中，没有将集资参与人的财产权纳入保护的法益中。因此，非法吸收公众存款案件的集资参与人也就难以认定为该犯罪的被害人。

（2）本罪中的集资参与人不具有刑事被害人的正当性

尽管目前对刑事案件被害人的概念没有统一定论，但至少应当将明知自己行为具有社会危害性而为之，并因此而遭受损失的人排除在外。也就是说刑法保护的刑事被害人应当具有正当性[②]，这种正当性应当体现在被害人的自身行为和遭受侵犯的权益的合法性方面。国家为了防范金融风险，维护金融秩序，保护社会公众利益，制定《中国人民银行法》《商业银行法》等法律法规，对金融业实行严格的市场准入制度。[③]对于有资质从事具有储蓄性质公开募集资金的单位的范围，国家法律已经做出了明确的规定。同时，国家也将未经中国人民银行批准，擅自从事吸收公众存款或者变相吸收公众存款的行为，认定为非法金融业务活动，规定必须予以取缔。集资参与人在投资时，有权利也有义务对集资主体的资质进行审查，如果为了贪图高额利润，参与法律明令禁止的非法金融业务活动，其行为本身也是破坏了国家金融管理秩序，只是根据现有刑法规定不追究其刑事责任，但是也不应当受到法律保护。正如基于赌博获得的债权不受法律保护一样，由于非法吸收公众存款案件集

---

① 参见张珩、杨福明：《非法吸收公众存款案中存款人不应当作为被害人》，载《检察日报》2010年5月19日第3版。

② 参见张珩：《非法吸收公众存款罪的难点问题》，载《中国刑事法杂志》2010年第12期，第42页。

③ 参见卢君、肖瑶、刘懿：《关于非法吸收公众存款罪的几点思考》，载《人民司法》2013年第23期，第31页。

资参与人的投资行为不具有正当性，其投资的财产权益也不应当得到法律保护，所以，集资参与人不属于被害人。

（3）将本罪中的集资参与人认定为被害人不利于法律的指引作用

法律可以通过对人们行为的规范发挥影响，在人们心中形成评价行为对错的标准和尺度，引导人们今后的行为。刑法作为国家重要的部门法，除了打击犯罪，还担负着教育和指引人们行为的重要责任。非法吸收公众存款案件的高发，除了非法集资者的犯罪行为，投资者基于投机心理而不加审查的盲目投资也是重要原因之一。非法吸收公众存款案件中的集资参与人为了追求高额利益，置国家法律和金融监管秩序于不顾，自愿将自己的财产投入违法犯罪活动中，获得利益后据为己有，遭受损失后向司法机关寻求救济，参与非法金融活动却想通过合法途径规避投资风险，把司法机关当成了非法集资"还本付息"承诺的保证人。如果将集资参与人列为刑事被害人加以保护，将有损法律的公正，对社会公众产生不良的示范和教育，鼓励和引发更多的人参与非法吸收公众存款活动。认定集资参与人具有刑事被害人的地位，实际上就是对社会公众破坏金融秩序的姑息和纵容。

（4）不能将对集资款的返还作为认定集资参与人属于被害人的依据

根据我国刑法第 64 条及相关规定，非法吸收公众存款案件中的赃款，本应作为违法所得予以收缴，部分法院在早期的判决中，也确实做过类似的处理。但是随着近年来非法吸收公众存款案件的频发，犯罪数额急剧上升，影响范围不断扩大，从安抚上访群众和维稳出发，法院多数判决将涉案赃款根据集资参与人的损失按比例发还，2014 年的《非法集资意见》也认可上述做法，规定："查封、扣押、冻结的涉案财物，一般应在诉讼终结后，返还集资参与人。涉案财物不足全部返还的，按照集资参与人的集资额比例返还。"但是，这种做法只是化解社会矛盾、维护社会稳定的需要，并能成为认定非法吸收公众存款案件集资参与人属于刑事被害人的依据。

基于上述分析，我们认为，非法吸收公众存款案件中的集资参与人不属于刑事被害人，可以因其参与了非法集资活动，作为证人参与刑事诉讼活动。

而实践中，不乏集资参与人为获取不当利益而从事妨碍司法、聚众闹访等非常手段。在"佳禾"非法吸收公众存款案件中，犯罪嫌疑人和部分集资参与人均指认其中一名集资人通过其他手段，提前从犯罪嫌疑人处获得了多处房产、车辆等赔偿，其价值早已超过该集资人自身投资的金额，故而令其他集资人大呼不公，认为应对这名集资人的非法获利进行追缴。因此在实践中，笔者认为，加快落实对非法集资参与人获取的超出本金的非法所得的追缴，不仅能够实现涉案财物的公平处置，更能够稳定多数集资人的焦虑情绪和增强他们对办案机关的信心，有利于争取对案件办理和涉案财物处置的有利条件。

因此，笔者认为应当寻找有效方式对非法集资参与人获取的超出本金的非法所得依法进行严格追缴。所谓的严格追缴，是指应从初查阶段抓起，从线索源头抓起，通过起获公司账簿、集资人合同，提取集资软件后台数据，听取集资人提供的信息，详查涉案账户资金走向，并通过专业审计的手段，对未报案集资人进行逐一排查，锁定应追缴的目标对象。对这类人群应以口头劝导为主，提起民事诉讼追索不当得利为辅。同时还应当在司法解释中明确，对于拒不返还投资收益与违法所得的集资参与人，可以采取冻结、扣押等强制性措施追缴相同价值的财物。

3. 涉案资金投向的项目股权、债权、矿权等特殊权利

在实践中，司法机关经常会面临这样一个难题：当非法集资案件犯罪分子的财产被司法机关查封、扣押、冻结后，其在民事法律关系中的债权人提出就被查封、扣押、冻结的财物实现债权的申请。非法集资类犯罪之外的普通民事债权能否和集资参与人基于犯罪行为遭受损失后享有的集资款返还请求权，一同参与在案查扣财物的分配和受偿，研究该问题，我们必须首先确定在案查扣财产的性质。

很多非法集资案件在刑事立案前，大都存在被告人转移财产给案外人的现象，导致刑事立案后无财产可追缴，将损害其他集资参与人的合法利益。而要认定转移财产行为的法律效力，在法律程序以及实体上都面临着困难。故侦查机关在办理涉众型经济犯罪案件时，为了最大限度地挽回损失，往往在第一时间将涉案公司、犯罪嫌疑人的全部财产查封、扣押、冻结，并没有

将犯罪分子的合法财产和涉案的赃款、赃物进行区分。但是当刑事案件进入了审判阶段，法院对在案查封、扣押、冻结的财物进行处理时，就必须按照最高人民法院《关于适用〈中华人民共和国刑事诉讼法〉的解释》（以下简称《新刑事诉讼法解释》）第 364 条规定，调查财物的权属情况。因为在案查封、扣押、冻结的财物的性质直接影响了对其处理的原则。根据《新刑事诉讼法解释》第 366 条、第 369 条规定，查封、扣押、冻结的财物，确属违法所得或者依法应当追缴的其他涉案财物的，应当判决返还集资参与人或者没收上缴国库，判决返还集资参与人但其没有认领的财物应上缴国库；属于被告人合法所有的，应当在赔偿被害人损失，执行财产刑后及时返还被告人。也就是说，当被查封、扣押、冻结的财物属于违法所得时，非法集资案件的被害人对财物享有绝对的受偿权，即使被害人没有认领或者受偿后仍有剩余，也是要上缴国库，而不会发还被告人，因此也不可能作为被告人的合法财产由其民事债权人分配和受偿。①

但是当被查封、扣押、冻结的财物属于刑事被告人的合法财产时，对该财产的处理不适用追缴、责令退赔和返还被害人的方式。如果被害人因犯罪行为人身被侵犯、财物被毁坏时，可以通过提出附带民事诉讼对被告人的合法财产享有损害赔偿请求权，与案外民事债权同在民事法律关系层面，在不涉及担保物权的情况下，根据民法中普通债权平等性原则，二者平等地对刑事被告人的合法财产享有受偿权。当然，非法集资犯罪案件的被害人遭受损失一般是由于被告人非法占有、处置其财产，根据《新刑事诉讼法解释》第 139 条的规定，应当通过法院对被告人非法占有、处置的被害人财产予以追缴或责令退赔的方式弥补损失，不能提起附带民事诉讼。此时引发出另外一个问题，即在案查扣的被告人合法财产是否有可能成为追缴和退赔的对象。

因涉及善意第三人制度，与民事法律规定产生了较大的交叉，因此应当更加审慎地进行处理。笔者认为，在发现被告人转移财产的去向后，在能找到转移对象的情况下，首先应当核实财产的合法性，通过询问转移财产的

---

① 孔红：《刑事退赔与民事债权标的同一如何受偿》，载《检察日报》2014 年第 3 版。

对象对该资产的情况是否知悉，与被告人之间是否存在转移资产的合意，来判断该笔财产是否由该对象善意取得；一旦明确其对该资产的不知情或明知系非法资产的情况下，应立即采取强制手段对该资产予以保全，纳入涉案财物统一管理系统进行集中管理，防止资产二度流失。在实践中，转移资产的对象还有部分是类似洗钱所用的傀儡账户，及由被告人控制的系他人所有的账户。对于该种情况，通常账户所有人均不知情，因此更应及时对相关财产采取保全措施，对有足够证据证明非账户申请人本人所实际控制的账户进行冻结。

（三）探索构建独立的财产调查辩论程序

最高人民法院关于适用《中华人民共和国刑事诉讼法》的解释第 364 条规定："法庭审理过程中，对查封、扣押、冻结的财物及其孳息，应当调查其权属情况，是否属于违法所得或者依法应当追缴的其他涉案财物。"虽法已有明文规定，但实践中按之操作者甚少，对涉案财物的调查程序并未落实到位。法庭在庭审程序中应强化对在案财物的法庭调查和认定处理，调查其是否属于违法所得或者依法应当追缴的其他涉案财物，特别是对于社会关注度高、被害人众多、查封、扣押冻结在案财物及其孳息情况复杂、种类繁多的涉众型犯罪案件，可以设置相对独立的财物处理程序。构建独立的财产调查辩论程序，首先，应保障案外人参与庭审，对利害关系人，法院应告知其在规定时间提出程序参与的申请，必要时法院可以通知其出庭。其次，在庭审过程中设置独立财产调查程序，在调查完犯罪基本事实后，专门就案件的涉案财物进行调查，赋予案外人享有提出证据权利、质证权、辩论权、提出上诉权等诉讼权利。最后，检察机关亦应积极参与，公诉机关在起诉书中应列明其认为需要追缴、没收的涉案财物，对第三人提供的证据进行质证或进一步调查核实。该制度一方面有利于被告人在审判程序中提出有针对性的辩护，另一方面也有利于其他利害关系人及时参与程序保护自己的合法权益。当然，如推行刑事涉案财物处理庭审程序确有困难的，可考虑先行建立刑事涉案财物处理的听证程序来保障涉案财物处理决策的合法性。

六、探索涉众型经济犯罪案件涉案财物保值、增值方式

（一）探索引入托管制度实现涉案财物保值、增值

1. 必要性分析

实践中，多数上访非法集资参与人希望继续运营合法的涉案项目，尽最大可能盘活涉案财物，挽回损失。例如在 B 市 C 区检察院办理的"秀水"案中，目前由非法集资参与人继续运营涉案公司项目，获取的收益直接用于挽损。此方法虽无先例，也无法可依，但从实际效果来看，的确降低了部分损失，有效化解了维稳隐患。但仅由不具有专业知识的非法集资参与人来对项目进行管理，从经验上无法直接为其他办案单位效仿，也无法在其他案件中获得多数非法集资参与人的首肯。因此解决涉案项目的盘活问题，还应从制度下手。

2. 可行性分析

部分域外国家的经验可以给予我们有意义的借鉴，比如英国和澳大利亚对于涉案财物的托管制度。刑事涉案财物的托管制度，主要是将司法机关控制的财产，交由专门的托管人来进行管理。英国《2002 年犯罪收益追缴法》第 125 条规定，"法官在签发限制令后，可以根据检察官的申请指定一名托管人"，澳大利亚《2002 年犯罪收益追缴法》第 38 条规定，"如果法律认为有需要的话，可以命令官方托管人监管和控制限制令所涉财产或特定财产"，并在第 278 条至第 281 条规定了托管人对财产处置的方式包括销毁、处分、变卖、上缴国库等。托管制度最大的好处，就是可以实现由专业的人运用专业技能进行专业的管理，以实现"最大限度追赃挽损"的目的。该制度在破产制度和接管制度之外，提供了涉案项目的相关妥善经营的思路。

此前在实践中的最大障碍是谁来担任托管人的问题。因为一般的涉案财物处置具体执行人均为司法机关，而囿于审限、身份等各种局限，司法机关无法胜任该工作。但如前所述，如果设立了各级涉众型经济犯罪案件涉案财物统一处置机构，则托管制度的探索执行就具有了可行性。

3.适用基本条件

（1）托管人的确立

建议由各级资产统一处置机构来确立、委托适格托管人，如通过外聘第三方资质良好的资产处置公司或者指定金融监管部门等职能部门来开展此项工作。

（2）托管对象

托管制度可以适用于那些应予以查封但仍然存在盈利可能，具备合法经营基础和条件的企业及项目。如大量案件中存在的烂尾楼项目、相关产业经营项目各项手续尚未办全即案发的情形等。对能否适用托管，应当履行相应的评估和审核手续，最终由涉众型经济犯罪案件涉案财物处置机构来确认。

（3）托管人职责义务

托管人应当在各级涉众型经济犯罪案件涉案财物统一处置机构的严格监督下继续对相关企业或项目进行运作，争取实现保值增值甚至扭亏为盈。既可以减少非法集资参与人的损失，也有利于犯罪嫌疑人减轻自己的罪行，还可以很好地修复社会关系、缓解社会矛盾。

（二）扣押在案的相关涉案财物保管、保值问题

我国刑事诉讼周期太长，导致扣押物品存放困难且贬值较快。有人说许多刑事案件中拍卖的物品不属于《工作规定》第 26 条中的"易损毁、灭失、变质以及其他不宜长期保存的物品"。但是究竟什么物品属于上述物品，法律并没有做出明确解释。仅以车辆为例，由于更新快、降价快、有使用期限，如果闲置几年不使用，肯定就报废了。金华市公检法出台一份文件，专门针对此类案件里的车辆之类资产做出规定：车辆等贬值快的资产应及时、抓紧处理，尽可能地将资产保值。相关法律规定粗放，根据理解的不同，执法部门自主性也较强，正是这种灰色空间造成了上述问题。①

1.完善相关财物保管场所和条件

《工作规定》第 30 条明确了对扣押物品应当设立符合防火、防盗、防潮、

---

① 关天姝：《刑事案件中涉案财物的处置问题研究》，载《法制日报》2012 年 8 月 8 日第 12 版。

防尘等安全要求的专用保管场所，并配备必要的计量和存储设备。但是实践中，管理部门少有达到以上要求的保管场所。扣押物品大多是露天存放，损毁严重，贬值速度较快。国家应该加大对司法机关硬件设施的投入，确保各项硬件设施达到标准。

2. 特殊财物的先予变现需要进一步完善

在涉案财物流转环节，针对难以入库的涉案财物，如前文所提的矿山等，可以以办案机关直接占有涉案财物为主，不宜做实物运送的以用单据转移占有为辅。就后者而言，要求公检法三家单位对涉案财物采用单据流转、财物静止的方式随案移送。公检法三家单位在各自的刑事诉讼阶段对涉案财物行使控制权，对涉案财物履行检查、保管、处理等具体职能。对于易腐易坏的财物，根据 2015 年中办、国办《关于进一步规范刑事诉讼涉案财物处置工作的意见》的规定，"对易损毁、灭失、变质等不宜长期保存的物品，易贬值的汽车、船艇等物品，或者市场价格波动大的债券、股票、基金份额等财产，有效期即将届满的汇票、本票、支票等，经权利人同意或者申请，并经县级以上公安机关、国家安全机关、人民检察院或者人民法院主要负责人批准，可以依法出售、变现或者先行变卖、拍卖"。同时，针对依法变卖财产所获得的资金，应当全部随案移送，最后由法院统一分配和执行。虽然似乎法律规定非常明确，但在涉众型经济案件中，由于资产的处置直接涉及保值、增值问题，进而影响集资参与人损失弥补，处置不当，极易引发持续群体访。故司法机关往往不愿意现行变现或处置。在设立统一处置机构后，可以由相关机构直接决定，委托相应第三方机构进行评估、作价、拍卖等一系列活动，而不再以来司法执行，能够解决实践中的困境。

3. 完善司法强制拍卖

针对涉案财物的处置方式，目前的主流仍然是司法强制拍卖。这一制度是司法救济程序的最后一道屏障，目的是对标的实现最大价值的变现，从而维护债权人和债务人的利益，并实现司法公正。最高人民法院《关于审理企业破产案件若干问题的规定》第85条规定："破产财产的变现应当以拍卖方式进行。由清算组负责委托有拍卖资格的拍卖机构进行拍卖。"对上述法律法规的解析，我们可以看出，在现有法律制度下，法院指定的清算组主宰着企业整个破产程序，同时也寓意中介机构只要搞定了法院某些人就能获得业务，从而赚取丰厚利润。因此，如何将司法拍卖既控制在较低成本的前提下，又同时做到防止权力寻租，就成为亟待解决的问题。为了解决这些问题，落实司法公开公平的理念，各地法院进行了积极的实践探索，从不同程度上推进司法拍卖的网络化改革，并取得了一定的成效。网络司法拍卖相对于传统司法拍卖而言具有四点优势：零佣金；标的物变现快；监督力度大；竞拍者众多。[1]2009年，重庆市率先出台《关于司法拍卖工作的规定（试行）》，全市司法拍卖于2009年4月1日起全部进入重庆联合产权交易所，实行电子竞价公开拍卖，成为司法拍卖网络化改革的先锋。2011年，上海市成立的上海市公共资源拍卖中心，开通互联网同步拍卖平台，将所有的司法委托拍卖全部放入该中心进行上网同步拍卖。2012年2月8日，最高人民法院通过组建人民法院诉讼资产网，要求全国各级法院将执行案件中委托评估、拍卖的相关信息公告除在原有公开媒体上刊登外，均同步在人民法院诉讼资产网上刊登，目的是搭建全国统一的司法评估、拍卖信息平台。人民法院诉讼资产网平台在性质上和重庆、南京的产权交易中心平台很相似。同年，浙江省法院在淘宝网上进行司法拍卖，实现了拍卖方式重大突破的同时也引起社会各界的热议。网络司法拍卖的出现为司法拍卖制度的改革提供了一种新的思路，其中的"淘宝网"模式也在实践中获得了较多的认可。这种模式既维护了法院作为司法拍卖主体的地位，又有效避免了商业拍卖过分注重盈利的弊端，同时还具有协调统一性，更能体现司法的本质。并且，这一模式无须非常专业的拍卖技能，其可以通过简单、方便的软件系统和网络平台进行拍卖，法院工作人员完全可以胜任。更为重要的是，现行的"淘宝网"模式下法院直接进行拍卖，不仅可以利用淘宝网巨大的用户群来扩大司法拍卖的竞拍范围，而且实行零佣金制度，降低了拍卖成本，实现了拍卖物价值的最大化，减少了

---

[1] 刘萍：《网络司法拍卖法律问题探讨——以浙江法院在淘宝网进行司法拍卖为例》，载《湖北警官学院学报》2013年第2期。

被执行人的负担，大大提高了拍卖的效率和效益。

4. 探索聘请第三方具有良好资质的适格机构参与资产处置

基于前文的分析，资产负债审计和资产评估、保管环节均具有较强的专业性，同时如果在各地均在司法机关设置合格的审计、评估专员和适格的资产保管场所，既会造成大量重复的投资，也会造成国家财政的浪费。首先，就当前的涉众型经济犯罪案件的办理来说，聘请专业的审计公司进行专业化的审计工作已经成为一般性规定，在非法集资类犯罪高发地区早已铺开适用。其存在的问题只有审计机关水平良莠不齐、收费标准有所差异而已。针对这一问题，仅需在确立适格的审计机关投标标准和实施严格的审计事务办理效果反馈机制即可有效解决。其次，实践中部分西部地区涉众型经济犯罪案件少发偶发，一旦由该地负责处置涉案财物，为了达致规定要求的标准而投入大量人力物力，而一次使用完毕后，最后使用之日又遥遥无期，无疑会造成极大的资源浪费。因此在资产负债审计和资产评估、保管环节，建议均由第三方中介机构对资产、负债进行评估和保管，形成审计报告和自查评估报告。在有效利用市场竞争机制的情况下，筛选出一批有资质的第三方中介机构，形成专门的储备库，再办案部门有需要的时候通过购买第三方中介机构的服务来获得更专业、更高效、性价比更高的涉案财物处置效果。

七、涉众型经济犯罪案件涉案财物执行问题探讨

涉众型经济犯罪案件涉案财物的执行，涉及方方面面，甚至持续多年。同样涉及诸多问题和困境。

（一）涉案财物审前返还问题

在涉众型经济犯罪案件中，许多投资者都要求在法院判决前提前将在案查封、扣押、冻结的涉案财物返还集资参与人，有些集资参与人援引中央办公厅、国务院办公厅于2015年1月印发的《关于进一步规范刑事诉讼涉案财物处置工作的意见》中完善涉案财物审前返还程序的规定，增强自己要求的合理性和合规性。其实投资者大可不必舍近求远搬出上述规定，对权属明确的涉案财物及时返还在刑事诉讼法和相关解释中早有规定。但是无论适用哪

个法律、法规或者文件，涉案财物提前返还的前提必须是"权属明确"。而非法集资案件由于自身具有以下特点，涉案财物要达到"权属明确"的标准确并不容易，处置起来需要更加谨慎。

第一，集资型互联网金融案件的集资参与人众多，且报案时间不统一。实践中部分非法集资案件集资参与人到审判阶段才报案，被追加进入刑事诉讼程序，因此提前处理涉案财物必然会损害后报案集资参与人就涉案财物请求返还的权利，而法院在判决时可以根据查明的事实对涉案财物依法分配，甚至为已知未报案的集资参与人预留相应的份额。

第二，此类案件的集资款往往不能全部追回。对于涉案财物不足以全部返还集资参与人的时候，依法应当按照集资参与人投资的比例予以返还。这与第一点相联系，由于集资参与人陆续报案，在判决前很难准确判断一名集资参与人在全案中的投资比例，因此提前返还涉案财物难以实现。

正式基于上述原因，《非法集资意见》中明确规定："查封、扣押、冻结的涉案财物，一般应在诉讼终结后，返还集资参与人。"查封、扣押、冻结的易贬值及保管、养护成本较高的涉案财物，可以在诉讼终结前依照有关规定变卖、拍卖，所得价款由查封、扣押、冻结机关予以保管，待诉讼终结后一并处置。可见，在涉众型经济犯罪案件中，特别是集资参与人众多、投资款没有全部追回的情况下，涉案财物不宜提前处置。

（二）刑事查封与民事查封交织的顺位处置问题

随着非法集资案件持续高发，各地均出台了处置非法集资的工作机制，有的集资参与人嫌按照机制处置时间冗长、清退比例低，遂绕开刑事程序、先行通过民事途径来获得救济，这是一种情况。公安机关在办案中也经常会遇到另外一种情况，就是刑事查封往往处于其他法律关系的民事查封轮候进行查封的问题。重庆市在办理大渡口晋渝公司、九龙坡钢运公司、两江新区中宝公司等非吸案，就多次出现这两种情形。该市公安与法院在协调此类案件时，法院提出的观点认为，依据最高人民法院《关于人民法院民事执行中查封、扣押、冻结财产的规定》，公安机关轮候于法院的刑事查封，实际上并没有产生正式查封的法律效力。而我们认为，公安机关的轮候查封行为，是为了而保证刑事案件证据不被灭失、涉案财物不被转移，从而保障刑事诉讼活动的顺利进行，表面上虽仍属效力待定的临时措施，实际上也是依法提出刑事扣押权主张。

目前，最高人民法院《关于人民法院民事执行中查封、扣押、冻结财产的规定》第 28 条，只规范了居于同为民事法律关系的法院与法院之间关于轮候查封的协调处置问题，并未对在办理刑事案件的公安机关处于轮候查封时，与民事首轮查封的法院之间出现争议如何协调处置问题进行规范。针对公安机关办理非法集资案件时涉及民事案件的处理问题，"两高一部"于 2014 年 3 月 25 日联合颁布的《关于办理非法集资刑事案件适用法律若干问题的意见》第 7 条虽有所规范，但也仅对同一事实或者被申请执行的财物属于涉案财物的（"两高一部"等十五部委局于 2013 年 9 月 1 日联合颁布的《公安机关办理刑事案件适用查封、冻结措施有关规定》中将涉案财物限于犯罪所得及其孳息、用于实施犯罪行为的工具、其他可以证明犯罪行为是否发生以及犯罪情节轻重的财物三类财产和物品），设置了审理或者执行过程中不予受理、驳回起诉、中止执行等程序，并未对最终如何处置作细致规范。从中，我们只看到了刑事案件优于民事案件原则的些微体现，尚不足消除公安机关与人民法院在轮候查封问题的分歧，特别是涉及此省公安机关与彼省人民法院跨区域跨部门的分歧难以协商一致。据此，我们建议部局策动相关部门出台专门的司法解释，进一步落实刑事优于民事原则，一是确立公安机关办理非法集资刑事案件轮候查封的法律效力；二是确立进入处置程序后，非法集资刑事案件参与人享有与优先受偿权人进行平行处置的同等权利，以及同一法律关系统一处置等处置顺位程序，避免出现"先下手为强"等显失公平的现行执行顺位乱象，寻求公平公正的处置路径；三是确立刑民交织状态下法院限期快速执行的程序和制度，回应集资参与人急切挽损的诉求。

（三）涉案财物发还比例的确定

当前，在执行阶段，争议最大的问题，主要是资产发还比例的问题。

1. 在案涉案财物应当按比例发还

在当前法无明文规定的情况下，应当本着对全体非法集资参与人公平的原则，在全案范围内按统一比例返还所有涉案扣押、冻结的财物，避免对集资参与人造成"同案不同赔"的结果，并继续巩固当前适用认罪认罚从宽制度所取得的成果，进一步落实繁简分流，通过给予较轻的处罚来促使非法集资行为人积极退赔退赃，来实现对涉案人员的分层处理，节约司法资源。

此处，涉及对于相应业务员和团队负责人的相应退赔仅用于相对应的集资参与人的发还问题，虽然从形式上看，可能会导致一个案件中的集资参与人获得了不同比例的受偿，但是从整体案件处理上看，仍是公平合理的，因为如果全部涉案人员均能到案且全部退缴违法所得的情况下，所有投资人的受偿比例仍是一致的。且实践中，投资人对该问题是能够理解和接受的，并未发生因此而导致的涉检、涉法上访上诉。

2. 应当留存相应比例进行发还

关于是否应当为未报案的集资参与人留存一定比例进行受偿的问题，存在较大争议。实践中，由于该类案件的投资人往往遍及全国各地，受制于信息不畅、观望等各种原因，经常发生前面已报案集资参与人先行受偿完毕后，在案资产已经全部发还，后续报案的集资参与人无法参与受偿的情形。对此，课题组认为，应当分情形处理。

一是在案证据仅能认定已报案投资人的集资事实，判决书中无法认定未报案集资参与人的相关事实的，则不留存。因为一方面无法确认预留份额和比例，另一方面也无判决认可，没有预留依据。

二是在案证据能够完整认定包括报案和未报案的全部集资参与人事实的情形下，应当预留相应份额给未报案集资参与人。因为该部分未报案集资参与人的事实已经在刑事判决中一同认定，可以依据同一份判决书进行执行，且比例清晰。但由此引发另一个问题，就是如果要一直等着未报案的集资参与人陆续来参与分配，就会造成资源浪费的问题。课题组认为，在由资产处置机构统一处置的情况下，可以设定相应的合理期限，超过合理期限仍不主张自己权利的，视为放弃参与受偿。这也符合相关权利责任分配理论，即在期限届满后，将后续资产进行再次分配。

（四）涉众型经济犯罪案件执行程序的具体设计

《处置非法集资工作操作流程（试行）》为我们提供了一些思路。针对债权债务的申报、登记和确认，《处置非法集资工作操作流程（试行）》规定应当包括以下内容：（一）公告债权债务申报事宜；（二）接受债权债务的申报，申报人持本人合法有效证件、集资合同、收款收据以及其他有关资料办理债权债务申报手续；（三）专案组对债权人身份、集资数额等资料进行甄别确认，并逐笔登记集资数额。针对清退集资款的工作，该流程则制定了如下程序：（一）协调有关开户银行签订委托清退集资款协议，明确集资款清退工作的操作流程；（二）解封、归并清退资金；（三）实施清退。然而，由于该流程未能对资产清偿程序进行一个完整的设计，因此笔者尝试对该程序进行梳理和试立：

1. 公告申报程序

公告的传播范围应当做到全面覆盖无死角，做到主动通知与被动上门相结合，尽量减少后续补充报案的人数，争取在移交司法机关前尽量全面掌握集资规模和涉案财物情况。然而随着目前涉众型经济犯罪案件遍地开花此起彼伏的发展态势，集资参与人人数也是居高不下，尤其是通过网站、软件进行投资的，个案集资参与人人数均至少万余人。若如此大量的集资参与人集中前往公安机关进行申报，则势必会给司法机关带来极大的冲击和办案压力，此处，笔者建议设立涉众型经济犯罪案件网上报案平台，以化解警力不足接待能力不够的现实问题。

第一，该平台可以适时发布涉众型金融犯罪案件"爆雷"通知，并规定报案通道的开通和关闭时间，引导集资参与人快速报案。

第二，借鉴其他网络平台先进经验，为集资参与人需提供的证据类型及数量提供明确规定，如在报案窗口中设置附件上传例图，引导集资参与人上传自己手持身份证的照片、第三方支付平台的交易明细手机截图、办理债权认购时的手机截图等，并开放其他种类证据的上传通道。

第三，提供信访接待及线索举报通道，畅通与集资参与人的沟通渠道，尽量减少将来可能产生的舆情风险，更全面地打击犯罪。

2. 债权登记、确权

当前的集资参与人债权登记主要依附于报案实现，但一般情况下，集资人报案均需到案发地。实践中，若是使用手机 APP 等相对发达的社交软件进行投资的，集资参与人可遍布全国大部分省份，若所有集资人均需到案发地进行报案，将会造成极大的成本浪费，且部分集资人处于成本的考虑，可能会放弃报案，不利于最终对被告人的指控和对涉案财物的处置。因此，笔者建议，在新设制度中，除利用专门的网站平台进行报案外，集资参与人可到自己所在地的涉案财物处置协调小组报案，通过提交合同、银行交易流水等确定债权，并向案件统一账户进行登记。相关案件的债权登记数据应当由集资人报案地的涉案财物处置协调小组向该案有最终管辖权的司法机关所在地的涉案财物处置协调小组及时提交。这样既可以及时准确地核准集资人规模，还可以节约集资人的报案成本。

3. 资产发还比例确定

根据现有报案人情况和既有线索显示的尚未报案且未得到清偿的集资人比例进行核算，并对后续集资人是否可能报案进行适当推测，综合评定资产发还比例。

4. 确定集资资产清退工作流程

该流程在制定过程中应与债权人会议进行充分讨论，在听取债权人会议意见的基础上作出令集资人普遍满意的清退方案。

5. 解封、归并资金

与银行等金融机构进行协作，确保涉案资金最终归并至统一账户，不致出现意外。

6. 实施清退

需在前期做好充分的债权登记及告知涉案财物情况及清偿方案的前提下进行实施，防止集资人因出现不满而产生舆情。

7. 撰写资产处置报告，全流程留痕，并对后续资产处置着重介绍

必要时应聘请专业的审计公司进行账本制作。作为非法集资类犯罪资产处置的终点，应当由涉案财物处置办公室撰写并出具专门的资产处置报告。

根据《处置非法集资工作操作流程（试行）》第 53 条的规定，处置工作完成后，一般应在 30 个工作日内形成处置报告。处置报告主要包括：案件线索、被处置对象基本情况、调查取证及性质认定情况、主要违法违规事实、处置工作中所采取措施以及处理结果等。

具体来说，还有以下一些问题需要注意。

1. 涉案数额申报的期限

涉案数额申报期限是允许集资参与人向公安机关申报其债权的固定期限。限定申报期间，对于涉案财物处置及时、顺利进行是非常重要的，因为只有在集资参与人人数和涉案财物数额确定的情况下，公安机关的侦查终结、检察院的提起公诉、法院的审判及判后涉案财物处置工作才能顺利开展。就目前来看，应在公安机关对涉众型经济犯罪案件刑事立案，且行为人归案后，根据行为人对犯罪事实的供述以及查获的证据（借条等），发起涉案数额申报程序。一方面，对于能联系到的被害人，公安机关书面通知涉案数额申报期，要求其在接到通知后 6 个月内到公安机关制作笔录、申报涉案数额，同时告知其未在规定期限内实施上述行为将面临的不利后果，即不得在刑事判决后参与涉案财物处置工作；另一方面，对于无法联系到的集资参与人，则针对集资参与人可能存在的范围（若以公司名义集资的，则针对公司规模和营业地域范围）在全国或公司注册登记地有影响的省级报纸上进行公告。公告的内容应当载明对行为人刑事立案、拘留的时间和原因，以及集资参与人到公安机关制作笔录并申报债权的期限、地点和注意事项，同时告知其未在规定期限内实施上述行为将面临的不利后果。[①]

2. 逾期申报的处理

涉众型经济犯罪案件中的集资参与人出于种种考虑，不愿在第一时间到公安机关作证，往往在集资行为人被判刑后、涉案财物被处置时才前来报案，因此，有必要在法院判决前确定集资参与人的范围。我国《企业破产法》规

[①] 义乌市人民检察院调研组、范文中、吴仙娥、魏干、吴露萍、胡丹萍、夏大伟：《当前非法集资类犯罪现状及涉案财物处置问题研究——以义乌市为例》，载《公安学刊（浙江警察学院学报）》2017 年第 2 期。

定，债权人未在人民法院确定的债权申报期限内申报债权的，可以在破产财物最后分配前补充申报，但为督促债权人按期及时申报，体现对已按期申报的债权人的公平，该法同时规定，补充申报前已进行的分配不再对其补充分配。本调研组认为，可参照公司法债权申报期限规定，结合涉众型经济犯罪案件中刑民交叉的特殊性，设定集资参与人涉案金额申报期，在期限内到公安机关主张权利并提供相应证据，经法院刑事判决查证属实的人，即可认定为集资被害人，有权在判决生效后参与涉案财物的分配。如果集资参与人因各种原因逾期申报的，不得参与涉案财物的处置，可另行单独向法院提起民事诉讼，但对于已纳入刑事处置范围的财物不享有优先受偿权，对已被司法机关作为赃款赃物扣押的财物不得申请保全。

3. 实施清退

在实施资产清退之前，我们应当先行明确发赃原则。首先是平等保护原则。发赃程序中不存在优先受偿权，应当依各被害人实际受损失的情况，根据所追缴的赃款数额平均补偿。据此，前述的有些案件中，依照"先私人后公家，再按比例"的退赃顺序进行并不妥当。其次是及时保护原则。涉众型犯罪不宜在审前发还，但并不是说一定在案件生效后一次性发还，可考虑两次发还甚至三次发还，以及集中发还与个别发还相结合。因为有些案件既扣押、冻结有现金，又查封有相应的房产等不动产及金银首饰等动产，后者的处理需要相当长一段时间，如果限于一次发赃，则可能影响到对被害人权益的及时保护。[①]

在实施资产清退时，对于"钱少、人多、路远"之类的案件，司法机关可以采取变通措施，尽量减少被害人的领赃成本，方便被害人领取财产。比如，对于身在外地的被害人，可由其委托法院所在地的亲朋好友持合法手续代领；对能邮寄经当地公安机关确认过的身份证证件（复印件）、提供银行户名、账号以及同意法院将代管款划账汇入其个人账户的承诺书的，法院可以

---

① 李长坤：《刑事涉案财物处理制度研究》，华东政法大学 2010 年博士学位论文。

考虑直接汇款；等等。[①]

4. 深化探索集资参与人的代位求偿权

在案件办理过程中我们发现，利用非法吸揽的资金向企业、个人使用放贷资金的追缴存在两难的问题。非法集资案件中的犯罪嫌疑人为了能给集资参与人支付高额利息，往往将吸收的资金以更高的利息借贷给他人或企业使用，从中赚取利差。对于这些通过合法借贷手续流入社会上的个人或企业的资金进行追缴难度较大。尤其是在属于明显的善意所得的情况下，司法机关无法对相关个人或单位资产、账户进行查封、冻结和处置。尤其是在近期爆发的 P2P 网贷非法集资案件中，犯罪嫌疑人将非法吸收的资金放贷于他人，而借款人确实为善意借得的情况下，法律法规没有明确公安机关可以对相关人员或单位的资产、账户进行查封、冻结、处置。那么，债权的索回就存在不确定性。假设通过民事途径解决，民事主体（犯罪嫌疑人）已被公安机关采取强制措施，而公安机关又不可能作为民事主体进行追讨，对这部分债权的追缴就存在一定困难。集资参与人集体作为债权人提起代位权诉讼看似合理，实质缺乏法律依据，代位权诉讼的基础仍然是合法的债权债务关系问题。

《民间借贷规定》第 6 条规定，"人民法院立案后，发现与民间借贷纠纷案件虽有关联但不是同一事实的涉嫌非法集资等犯罪的线索、材料的，人民法院应当继续审理民间借贷纠纷案件，并将涉嫌非法集资等犯罪的线索、材料移送公安或者检察机关"。也即如果有人在实施非法集资后，又把非法集资来的钱又转贷给他人，后者转贷会形成民间借贷案件，对这类案件中涉及犯罪线索的材料，应当要移送到公安机关或者检察机关，但是对于后面的民间借贷的部分还要继续审理。

涉众型经济犯罪案件案发后，被告人的自身财产往往已经不足以退赔受害人，而其对于贷款人的到期债权也往往会怠于主张。此时，损失惨重的存款人与其等待遥遥无期的"继续追缴退赔"，不如主动出击直接向贷款人提起

[①]　义乌市人民检察院调研组、范文中、吴仙娥、魏干、吴露萍、胡丹萍、夏大伟：《当前非法集资类犯罪现状及涉案财物处置问题研究——以义乌市为例》，载《公安学刊（浙江警察学院学报）》2017 年第 2 期。

代位权诉讼。《合同法》第 73 条规定"因债务人怠于行使其到期债权，对债权人造成损害的，债权人可以向人民法院请求以自己的名义代位行使债务人的债权，但该债权专属于债务人自身的除外"。最高人民法院《关于适用〈中华人民共和国合同法〉若干问题的解释（一）》第 11 条又详细规定了代位权诉讼的起诉条件：①债权人对债务人的债权合法；②债务人怠于行使其到期债权，对债权人造成损害；③债务人的债权已到期；④债务人的债权不是专属于债务人自身的债权。

同时，建议允许集资参与人提起代位权诉讼。此举必将更有利于其权益的保护，原因在于最高人民法院《关于适用〈中华人民共和国合同法〉若干问题的解释（一）》第 20 条赋予了债权人优先受偿权。该条规定"债权人向次债务人提起代位权诉讼经人民法院审理后认定代位权成立的，由次债务人向债权人履行清偿义务……"。该条文排除了"入库规则"适用，一方面剥夺了行为人对贷款人的债权请求权，使其试图通过拒绝受领的方式阻止债权实现的想法破灭，能最大限度地为受害人挽回经济损失，另一方面，债权人不按照均分原则及债权成立顺序受偿，而是依照提起代位权诉讼的先后受偿，能够促使债权人主动推进债权实现，有利于建立良性健康的市场经济秩序。

第六章　互联网金融案件行刑衔接

从某种程度而言，互联网金融违法犯罪已经成为阻碍互联网金融进一步创新发展的瓶颈。因此，防控与治理好互联网金融领域的违法犯罪，维护互联网金融创新发展的可持续性，已成为亟待解决的问题。当前，这一问题的解决除了需要进行全面的行政监管、严厉的刑事打击外，还离不开程序上二者之间的有效衔接。

2013 年 11 月党的十八届三中全会《关于全面深化改革若干重大问题的决定》中将"完善行政执法与刑事司法衔接机制"作为全面深化改革的战略部署之一。2014 年 10 月党的十八届四中全会决定提出，"健全行政执法和刑事司法衔接机制，完善案件移送标准和程序，建立行政执法机关、公安机关、检察机关、审判机关信息共享、案情通报、案件移送制度，坚决克服有案不移、有案难移、以罚代刑现象，实现行政处罚和刑事处罚无缝对接"。2015 年 12 月，中共中央、国务院印发的《法治政府建设实施纲要（2015—2020 年）》中又再次强调了"健全行政执法和刑事司法衔接机制"。基于以上的要求，互联网金融犯罪案件的行政执法与刑事司法衔接机制不再是一种过渡性的制度安排，而是作为一种必要的制度组成部分，属于国家行政权和司法权之间的衔接与配合。因此，健全互联网金融犯罪的行政执法和刑事司法衔接机制具有特别重要的意义。

一、互联网金融犯罪行刑衔接的含义

从概念上讲，行刑衔接又称两法衔接，是指在行政执法与刑事司法的过程中，对于可能涉嫌犯罪的案件，相关部门之间相互配合、相互制约，确保能依法追究违法犯罪行为人法律责任的实体衔接与程序衔接的统一。[①] 具体来说，就是指是指工商、税务、烟草、质监、银保监、证监等具有行政执法职能的政府主管部门或市场监管机构，在依法查处违法行为的过程中，发现涉嫌犯罪的案件或线索，及时移送公安机关、人民检察院进行刑事查处而形成的一种工作机制。同时，它也指公安司法机关在办理刑事案件过程中，对虽然不构成犯罪、不需要处以刑罚，但应当给予行政处罚的案件，依法移送有关行政机关进行处理的工作机制。

　　具体到金融领域，由于金融产业的运行离不开各类金融监管机构，这些监管机构需要依照各种金融行政监管法规来对交易主体的具体业务进行监督管理。这些行政法规与金融刑法一样，同样是规定了各类金融活动应遵守的秩序，但两者的范围和层次不同。行政法规是对各种金融行为进行比较广泛和详细的规定，其边界是行政违法行为；而金融刑法则往往是针对某个行政违法行为危害性的进一步延伸的结果，其边界是刑事犯罪。两者的内在联系构成了行政监管制度和刑事制裁制度衔接两个层面的内涵，即行政违法与刑事犯罪的衔接，行政执法与刑事司法的衔接。

　　在行政违法与刑事犯罪的衔接层面，存在着轻重及前后的衔接关系。综观我国法律体系，联系最紧密的部门法莫过于刑法和行政法，二者都属于公法范畴，在调整对象上也存在着很大的重叠性。但是就目前的立法来看，二者的适用范围的界限还是比较清晰的。刑法中的金融犯罪，多为数额犯、情节犯。如高利转贷罪规定"以转贷牟利为目的……违法所得数额较大的"，集资诈骗罪要求"以非法占有为目的，使用诈骗方法非法集资，数额较大的"，内幕交易、泄露内幕信息罪规定了"……情节严重"。当类似破坏金融秩序的行为已发生但是尚未达到法定数额、情节时，只是单纯违反行政管理法规的行为；若危害程度进一步加深并已达刑事追诉标准时，则已涉嫌构成犯罪。

　　在行政执法和刑事司法衔接层面，存在着程序流转、证据转化、侦查协

[①]　王春丽：《行政执法与刑事司法衔接研究——以医疗两法衔接为视角》，华东政法大学 2013 年博士学位论文。

作等的衔接过渡。金融监管机构等行政部门是金融活动的日常管理者，同时也是金融违法行为的重要发现者。各金融监管机构有着各自的监管范围划分，主要职责就是发现金融违规行为。除了主动发现外，金融机构也有义务将日常业务中发现的违规行为上报各自监管机关。如基金公司在核查业务时若发现存在"老鼠仓"行为，应向证监会（局）说明；银行发现有违法放贷情况时，应向银保监会（局）备案。发现金融违法行为后，金融监管部门一般将着手开展调查，当行政调查取证进行到一定程度，发现已涉嫌构成刑事犯罪时，就应依法将案件连同调取的证据材料移送司法机关审查立案。立案衔接后，侦查机关需对监管机构调取的证据材料进行核实和刑事证据转化，必要时再搜集新的证据，并对犯罪嫌疑人采取刑事强制措施、对相关账户进行查询冻结以及对其他涉案财产进行查封扣押等。由于金融监管机构在金融业务知识方面的专业性，侦查机关在侦查手段及法律适用方面的专业性，二者各有优势，因此实践中很多案件的侦查是两者相互协作完成的，比如其中就涉及行刑衔接类案件侦查取证中一个比较典型的现象，即行政机关专业认定意见的应用，又称为行政确认。

除了行政机关会向司法机关移交案件，有时司法机关也会向行政机关移送案件，这些案件主要是司法机关接群众举报和行政机关移送后，经审查认为暂不构成刑事犯罪，但应当或可能需要进行行政处罚的，就会把相关证据、线索等移交行政机关处理。

再具体到互联网金融领域，行刑衔接就是指具有行政执法职能的政府主管部门或市场监管机构，在依法查处互联网金融违法行为的过程中，发现涉嫌犯罪的案件或线索，及时移送司法机关进行刑事查处而形成的一系列工作机制。同时，还包括司法机关在办理刑事案件过程中，对虽然不构成犯罪、不需要处以刑罚，但应当给予行政处罚的案件，依法移送有关行政机关进行处理的工作机制。可见，互联网金融领域的行刑衔接机制并不是一种独立的专门的机制，它属于金融领域行刑衔接的一部分，共同包含在我国的行刑衔接制度之中。

二、互联网金融犯罪行刑衔接的实践困境

近年来国家不断从规范层面完善着行刑衔接工作，这也说明一段时间以来行刑衔接工作的实践运作效果还不太理想。在具体案件处理过程中，"四多四少"的现象较为突出，严重影响了国家法治的实施与经济领域的秩序。这表现在：违法案件远大于查处案件，行政处理远多于司法处理，查处一般违法人员远超于主要犯罪人员，而且适用刑罚较轻。[①]2011 年《关于加强行政执法与刑事司法衔接工作的意见》（以下简称《意见》）中仍指出："在一些行政执法领域，有案不移、有案难移、以罚代刑的问题仍然比较突出。"可见，中央及有关部门一系列规定的出台，并没有使得实践中行刑衔接问题得以有效解决，行刑衔接问题依然是整顿和规范市场经济秩序、合力打击违法犯罪的机制性障碍。具体到互联网金融领域，这些"行刑衔接"的诸多实践困境同样存在。

（一）法律依据较混乱

1. 有关行政处罚和刑事司法衔接的规范性法律文件位阶较低、原则性较强，可操作性较差

当前，专门和以条文规定形式出现的关于行政执法与刑事司法衔接的法律规范已经有十余部之多，党的十八大召开后，把行政执法与刑事司法衔接工作提升到了社会主义法治建设的高度，从量的方面来看相关规范仍将呈现逐年增加的趋势。但是通过对这些规范性法律文件进一步梳理后发现，制定的主体除了国务院、检察机关与公安机关以外，还有诸如农业部、国家质检总局、食药监局、工商总局等行政机关自行或联合发布的各种规定、意见和办法。按照《立法法》的规定，这种多部门的意见和规定的效力位阶较低。

这种低位阶的规范性法律文件的最大特点，就是制定主体的多元性。不同主体在立法技术和立法水平上都存在着差异，行政执法过程中对证据收集固定、在构成刑事犯罪标准认识上也各异，大家都站在自己的角度出台相应规定势必造成涉嫌犯罪案件移送标准和尺度的混乱，有时还会出现不够细致

---

① 梁静、杨继文:《"行刑衔接"程序设计研究》，载《成都师范学院学报》2016 年第 1 期。

及随意性较大等情况。而这样一种法出多头且位阶较低的现实情况，造成的后果就是行政执法和刑事司法衔接制度缺乏刚性约束，可操作性差。整个行政处罚和刑事司法衔接机制运行所依据的法律规范文件缺乏体系性，并且也不具有普遍效力和约束力，无法发挥统领整个行政处罚和刑事司法衔接机制运行的作用。

2. 行政法条款与刑法条款内容有冲突，衔接存在漏洞

从行政执法与刑事司法的衔接上来看，行政法与刑法应可以进行有效过渡，不应当存在衔接漏洞，更不应当存在冲突。但实际上，行政法规定和刑法规定在衔接上存在漏洞和相互矛盾的情况比比皆是。从具体法条来看，我国在刑事罚与行政罚衔接交叉地带的调控法律形式多为"依附式""散在式"体例，分散设置在行政法规中的刑事处罚至多规定对某种行政犯罪行为依照或者比照刑法典、单行刑法的规定追究刑事责任，甚至只是笼统规定"依法追究刑事责任"，有时在进行行政立法时立法者根本没有考虑过有没有相应的刑法罪名与之相配套，从而出现在刑法上并没有相关罪名与此相对应的情况。

3. 案件移送程序存在条文冲突，标准不明晰

如《规定》要求公安机关对于接受行政执法机关移送的案件，3日内审查作出是否立案的决定，而《意见》则是作出及时审查，10日以内作出是否立案决定，重大疑难复杂的可以在30日内作出是否立案决定。对照一下条文，如果按照《规定》逾期不立案的，是要承担相应责任的，而按照后者则是合法的。对此，2016年6月公安部《公安机关受理行政执法机关移送涉嫌犯罪案件规定》则仅通过表述为"并在规定的时间内作出立案或者不立案的决定"来技术性回避这一矛盾。同时各行政法规制定的移送标准不统一、移送程序不明晰等也是现实的难题之一。加之对涉案款物保管、鉴定、移送中行政执法部门对于取证要求明显低于刑事案件标准，带来的后果就是一部分案件虽然移送了，按照涉嫌罪名对应的证据不能支持达到刑事立案标准而将案件返回行政执法机关，重新做出行政处罚。一部分案件因无明确移送标准直接就被做出了行政处罚，造成事实上的降格处理。

4.缺乏行之有效的证据对接规则

行政执法机关在发现有可能构成刑事犯罪之后，应当移送公安机关作为刑事案件处理，随案移送的证据的效力问题就成了首要和核心的问题。行政执法机关移送至刑事司法机关的证据材料必须经过刑事司法机关审查核实，符合证据要求的才能作为证据使用。实践中，由于行政执法与刑事司法采用不同的证据规则，因此两者之间的证明标准也存在一定差异。然而，由于没有相关刑事法律和司法解释明确规定证据对接规则，行政机关所移送的材料很多情况下不符合刑事司法严格的证明标准，因此需要司法机关重新调查取证，耗费了本已稀缺的司法资源，严重影响司法机关的工作效率。

（二）信息共享阻力大

1.信息共享平台建设工作迟滞

在当前信息共享平台建设过程中，从国家层面看，尚未有统一规划建设的信息共享平台建设的工作意见或工作机制投入实质性的运作；从地方层面看，全国各地信息共享平台建设水平不平衡，有的地方已经实践总结出了一套比较成熟的做法，有的地方刚刚起步，有的地方硬件软件均不具备。各地检察机关、公安机关及相关行政执法机关虽然出台了建立行政执法与刑事司法相衔接工作机制的专门工作意见或办法，但对信息共享平台建设没有刚性的指导意见，不仅系统性、科学性不够，而且更多的还停留于形式，工作成效不明显。

一是随意化。各地的行政执法和刑事司法信息共享平台的建设缺乏整体性的设计和规划，在工作中没有硬性规定与要求，没有统一的模式，碰到难题绕着走，重形式、重表面、重应付，对相关责任部门缺乏有效的约束制约机制。

二是分散化。在具体的工作衔接中，各相关部门注重条线要求的多、注重部门利益的多，缺乏必要的整合，各行其是、分散作业的多，衔接机制的优势和功能得不到充分的发挥，难以形成执法的合力。条块分割的必然结果就是重复建设，资源严重浪费。

三是形式化。在推进衔接机制建设工作中，往往停留于发个联合文件、开几次联席会议、象征性地报送些资料，缺乏实质性的运作。各衔接单位各有各的想法与做法，尤其是一些行政执法机关没有从内心真正认同行政执法和刑事司法信息共享平台，碍于各方面的压力或人情应付了事。

2. 信息共享平台的作用发挥不足，缺乏工作机制的有力保障

在当前的工作实践中，由于信息共享缺乏必要工作机制的有效保障，整个信息共享平台的操作性不强，未能充分发挥其所具有的整合资源、加强监督、规范执法、业务咨询、预警提示、辅助决策等基本功能；而其功能作用发挥不够理想使各协作单位的参与积极性受到打击，反过来又影响到共享平台建设本身的推进进程。

一是组织机构不健全。缺乏由权威部门领导牵头、各协作部门领导参与、跨越行政执法机关与刑事司法机关的领导小组，在信息共享平台建设上缺乏组织领导与统筹协调的工作核心。相应地，各部门也未明确分管领导与职能部门，没有落实专兼职工作人员。

二是技术资金保障不到位。信息共享平台的建设与维护需要投入大量资金与大批专业技术人员。但当前由于没有政府财政的专门预算，在经费保障上存在较大问题。由于经费保障上的不到位，信息共享的平台建设、应用、维护等工作难以推进，科技化水平低。

三是互动协作机制不健全。主要表现为行政执法机关与刑事司法机关的信息互通不够，双向或多向的互动性不够，信息共享平台本身所具有的服务大局、各方受益的功能作用没有得到有效发挥，使协作各方难以接收到信息共享平台所带来的积极效应，影响其参与协作机制的积极性。

四是业务咨询机制不健全。由于行政执法部门与司法机关办案的法律依据和证据标准存在差异，行政执法机关与刑事司法机关对案件的定性、证据收集等方面存在分歧，行政执法人员在执法中缺乏对刑事证据的取证标准和取证要求的认识，往往错过最佳的取证时机，使一些本应立为刑事案件的案件无法立案。

五是缺乏内部监督制约机制。由于没有建立相应的督促检查与考核评价机制，使信息共享这项需要长期坚持且工作量巨大的基础性工作的落实得不到根本的保证。而且各协作单位又分属各个不同的系统，更加缺乏监督制约

金融犯罪检察实务

的手段。在执行过程中一旦某个部门或某个环节出现了问题，都将影响到整个机制的有效运行。

六是缺乏信息管理使用的保密机制。信息共享的内容十分广泛且信息量十分巨大，有些信息属于本单位、本系统的秘密资料，有的协作单位由于担心在使用过程中出现失泄密的情况，使其在提供时存在较大的工作顾虑。

3. 行政执法案件的录入存在两难

信息平台建设过程中，信息共享平台建成只是第一步，如何让行政执法部门如实地录入行政处罚信息，也就是说增强行政处罚的透明度才是检察机关监督的难点。但关于案件的录入范围，我国尚未从国家层面进行统一有效的规定。对此，目前实践中主要有两种录入范围，第一种也是大多数地方的做法，是只录入涉嫌犯罪的案件，第二种也是较少被采用的做法，是除了涉嫌犯罪案件外，还录入行政处罚决定已生效的案件。① 但对于第一种做法，容易导致行政执法部门的选择性录入，也即是否录入信息，录入多少信息及录入什么信息完全由行政执法部门掌控，造成司法机关无法及时全面掌握行政执法部门所有行政处罚案件信息。因为，对于经手的行政处罚案件，办案人员的调取证据对于定案标准的把握、证据证明能力对于案件的最终走向起着至关重要的作用。实践中，为了自身利益的追求或者一些潜规则的存在，行政执法机关会出于考虑故意将一些案件线索隐瞒下来，或者将关键的信息不输入，或者选择一些数额较小、情节较轻的事实进行输入，人为的帮助涉嫌犯罪的人逃避刑事处罚，使得降格处理变得更具隐蔽性，监督难度变得更大。

而第二种做法的案件录入信息量大，同样造成监督难。与第一种做法相对应的另一种情形就是，所有信息全部上信息共享平台。从积极的意义来说，行政执法机关能够主动向平台提供全部数据，的确是行刑衔接工作的一个巨大进步。但是，实践中面临的一种尴尬的情况就是，部分行政执法部门的海量信息中，真正能够达到移送标准的极少，从安徽省滁州市行政执法与刑事司法信息共享平台的数据可以看出，自2012年1月信息平台建成，截至2014

① 参见甄贞、申飞飞:《行政执法与刑事司法衔接机制刍议》，载《人民检察》2011年第15期。

年 12 月 30 日，全市 21 家行政执法机关共输入行政处罚信息 21068 条，行政执法机关移送公安机关涉嫌犯罪案件线索 105 条，只占其中 0.5%。大量的信息不仅占用信息平台的内存，而且给从事监督工作的人员带来工作量增加。像一些行政执法机关作出的简易行政处罚的案件，罚款 50 元以下或者口头警告等对于与刑事司法的衔接毫无意义，还有距离立案标准很远的案件，或者是情节显著轻微的一般程序案件，这些信息的输入不仅浪费了大量的人力，同时也给后台审查信息的人员带来监督难度。①

对此，我们认为，首先对于适用简易程序处理的行政处罚案件没有必要纳入录入范围；其次，可以考虑在现有仅录入涉嫌犯罪案件的基础上，分步骤将案件录入范围逐步扩大。例如，可以先将涉及金融安全、生产安全、食品药品安全、环境保护、知识产权保护等重点领域的行政处罚案件作为录入范围，待条件成熟再逐步进行扩大。

（三）法律监督不完善

目前，我国检察机关对行政执法与刑事司法衔接的监督现状仍然不理想，存在一定的缺陷。

1.检察机关监督的范围不明确

虽然宪法规定了检察机关的法律监督职能，主流观点对于检察机关在刑事领域内的监督毋庸置疑，但是对于行政执法领域的监督还是引起了争鸣。这是因为虽然宪法规定了人民检察院是我国的法律监督机关，但是《人民检察院组织法》第 5 条第（三）、（四）、（五）项规定了检察机关的法律监督具体是对侦查部门的侦查活动、审判部门的审理活动、刑事判决、裁定执行合法性，监狱看守所等执行刑罚措施活动合法性的监督。而作为行政处罚与刑事司法衔接源头的行政执法却不在监督之列。另外，我国现行法律法规都着重规定了对应当立案而不立案的消极立案行为进行监督，而忽视了对不应当立案而立案这种"积极"立案行为的监督。事实上，实践中不仅存在大量以罚代刑的违法行为，同时也大量存在以刑代罚的违法行为。比如，报复陷害

---

① 缪群:《论行政执法与刑事司法衔接制度的完善》,安徽财经大学 2015 年硕士学位论文。

的徇私舞弊的行为、以刑罚逼迫相对人缴纳罚款的行为，以及公安机关违法插手一般民事经济纠纷的行为，很多是通过"积极"立案来实现的，其危害程度丝毫不亚于"消极"立案，并且此类行为严重的损害到了公民的基本权利，在社会中产生了极坏的影响。

2. 检察机关缺乏获取信息的方法和途径

对行政执法行为的监督方式表面上看多种多样，既有内部监督又有外部监督，既有专门机关监督又有社会监督，各种监督机构又各有所长，但实际上各监督机关之间关系不甚清晰，职能又多有重复。而检察机关作为最重要的专门监督机关，其法定的对行政执法的监督主要有两个方面：第一，监督行政机关是否将涉嫌犯罪案件移送给司法机关处理；第二，监督行政执法工作人员在执法过程中是否存在滥用职权、徇私舞弊等职务犯罪行为。然而在检察实践中，检察权与行政权、审判权相比还是处于弱势，一是三者的相互制衡关系不太平衡，特别是检察权缺乏应有的强制力保障；二是目前检察机关监督手段有限，线索信息来源渠道不多、不畅，同时由于监督权的法律规定比较抽象并且不具有可操作性，致使监督效果不理想。

3. 检察机关自身地位的尴尬以及强制性监督手段的缺乏

在我国权力体系构架中，检察机关不仅受到上级检察机关的领导还受到同级地方政府的领导，特别是在财政上主要依靠同级地方政府支持。在这种权力架构体系中检察机关很难完全按照自己的意志独立办案，在对行政执法机关移送案件进行监督的过程中，检察机关往往受到地方政府非法干涉，根本无法按照法律规定的权限进行监督。另外，法律对于违法运用国家权力之人要么没有规定相应法律责任，要么虽然设定了法律责任，但法律责任过于轻缓，违法成本过低。检察机关对行政执法机关移送案件进行监督的方式是通过通知立案书、检察建议、纠正违法通知书等手段进行。由于法律对这些监督手段没有完善的规定，缺乏保障机制，导致司法实践中往往无法落实。纠正违法和检察建议这两种监督方式的处境尤为尴尬。刑事诉讼法虽然规定了纠正违法，但是法律并没有规定相对应的保障措施进行规定。一旦被监督机关不接受纠正违法意见，检察机关往往毫无办法。立法上强制性监督手段的空白，严重削弱了法律监督的效力，这成为检察机关行使法律监督权的瓶颈。

4.检察机关"专项立案监督活动"较少涉及互金领域

2004年开始，相关文件要求检察机关应加强立案监督工作。2004年3月，检察机关积极发挥在"行刑衔接"机制中的作用，在全国范围内开展了"专项立案监督活动"，取得了不错的成果。①这在很大程度上强化了检察机关在"行刑衔接"机制中的法律监督作用，推动了2006年3月最高人民检察院、全国"整规办"、公安部、监察部《关于在行政执法中及时移送涉嫌犯罪案件的意见》中对于"行刑衔接"中检察监督相关内容的完善。随后各地检察机关纷纷与政府相关部门制定"行刑衔接"机制的有关规定，检察机关监督行政执法机关移送涉嫌犯罪案件的"行刑衔接"工作得到普遍开展，体现为检察机关一年一度的"专项立案监督活动"。但专项活动主要针对的是制假售假、侵犯知识产权及"危害民生"等犯罪，互联网金融领域目前仍鲜有涉及。

（四）衔接时机难掌握

实务中，相关部门对于互联网金融犯罪的衔接、打击的时机很难把握。由于互联网金融犯罪，尤其是利用互联网金融非法集资等涉众型经济犯罪，大多是在合法的外衣掩护下实施的，有的甚至成为所在地的支柱型产业，且涉案人员众多，行为分散，取证和处理难度较大，相关部门尤其是公安机关面临着这样的两难处境：如果过晚介入，受害群众将会更多，损失更大，加之犯罪嫌疑人能够有充足的时间毁灭证据从容出逃，给案件的侦破、追赃造成极大困难，受害群众因此往往指责政府不作为，造成各类上访的由头；如果过早介入，由于危害结果的发生相对滞后，难以取证，公安机关很难界定其犯罪的性质，虽然这样能及时摧毁和终止侵害行为，但不法公司此时仍然在兑付高额"利润"，群众此时很难识别不法公司的真面目，会认为公司本来经营状况良好，就是由于相关部门的打击，造成无法正常经营，导致了他们

---

① 2004年3月至2005年底，检察机关在全国范围内开展了打击制假售假、侵犯知识产权犯罪专项立案监督活动，2004年全国检察机关立案监督案件684件，建议移送涉嫌犯罪案件937人，是2003年的2.9倍；2005年监督立案案件1045件，建议行政执法机关移送涉嫌犯罪案件1286件。（详见2004、2005年最高检工作报告）

的损失，把矛盾的焦点引向监管部门、公安机关。监管部门、公安机关的执法行为造成受骗群众无法获得预期利益，引发受骗群众不理解、不配合的过激行为，同样不利于社会稳定。有的受害群众甚至要求释放犯罪嫌疑人，让其继续经营，来挽回损失。

三、互联网金融犯罪行刑衔接的完善进路

如前文所述，目前我国整个行政处罚和刑事司法衔接机制运行所依据的法律规范文件缺乏体系性、普遍效力和约束力，无法发挥统领整个行政处罚和刑事司法衔接机制运行的作用。对于互联网金融案件的相关行刑衔接问题，更是缺少相应的专门规范，法律依据较为混乱。因而，在立法层面上，首先应协调行政法与刑法条款的冲突，既要避免出现行政法条款与刑法条款矛盾的情况，同时也要有利于两法的衔接；其次，应当及时针对行刑衔接制度出台较高位阶的法律规范，统一衔接标准，规范案件衔接程序及证据衔接规则，明晰相应权责，完善法律监督。对于互联网金融犯罪行刑衔接制度在实践层面上的其他问题，则有必要在完善现有相关机制的同时，针对互联网金融犯罪主要特点，结合新金融监管策略及大数据等新技术的应用，探索新的衔接辅助机制来有效解决。

（一）大数据背景下互联网金融犯罪监测预警机制探索

强调系统而完善的金融违法犯罪防控体系的重要性，比以割裂的概念为基准计算各部门所做"贡献"更为冷静客观。[1]随着互联网金融热度的攀升，借互联网金融创新之名行非法集资、网络传销等涉众型经济犯罪之实的行为越来越多，大案要案频发，形势相当严峻。互联网金融背景下非法集资的规模也大幅增加，部分案件涉案金额达到数十亿元，涉及人数几万甚至十几万，严重损害了人民群众的合法利益，扰乱了正常的金融秩序，影响了社会稳定。其中，网络投资理财、P2P借贷等业态成为重灾区。同时，非法集资的手段

---

[1] 毛玲玲：《金融犯罪的实证研究——金融领域的刑法规范与司法制度反思》，法律出版社2014年版，第99页。

也更趋隐蔽，已经向互联化、数字化、跨境化、跨业化等方式演进。对于目前非法集资出现的新形式、新情况，传统监管模式已经很难进行全方位的监管覆盖。所以，迫切需要将大数据技术运用到此类犯罪的事前监测预警中，建立预警机制，使相关部门尽早发现犯罪的苗头，尽早控制犯罪趋势，把握正确的介入、打击和衔接时机。

1. 互联网金融犯罪大数据监测预警机制的构建

信息的联网，数据的收集非常重要，但关键还是数据清洗、分析、研判和对预警信息的处理和反应。大数据和云计算的出现使得对多元化大容量信息数据的处理成为可能。应当建立数据不断流动、信息不断更新，实时分析研判的大数据分析监测预警平台，在此平台的基础上对异常经济活动进行响应和处理。大数据时代，信息数量庞杂，靠传统的依靠大量人力在网上巡查的信息采集机制，已不能适应要求。对此，应加强职能部门与社会大数据研究机构的合作，由职能部门提供第一手素材为研究范本，由研究机构依托国际知名的最新开源网络数据挖掘分析工具（如 Orange、Storm 等），共同研发适用于互联网金融犯罪信息的采集挖掘工具，加强技术手段对信息采集的支撑力度，改变目前主要依靠人力、效率过低的现状。

（1）建立大数据监测预警平台

利用大数据平台实现互金犯罪监测的特点在于，其能基于所获取的来自互联网及各职能部门的数据，通过平台专业分析模型，从中发现可疑犯罪线索，形成预警信息，并实时监测发布。相关部门联合对预警信息进行综合分析，选择最佳打击时机，变被动打击为提前打击、准确打击、快速打击，从而有效地遏制犯罪的发生，减少被侵害人的经济损失，实现打击零起点。

（2）建立大数据导侦模式

大数据时代，数据分析的重点并不仅是个案要素的查询，更重要的是后台全数据库的分析、比对、碰撞，从而用信息化的手段梳理出整个犯罪网络的人流、物流、资金流、信息流的完整架构。这就需要聚合信息、技术、情报、网安等部门的全部信息资源、技术手段和人才，共同打造一个实战分析研判平台，依托后台数据库和大数据分析工具，更高效地从简单信息入手，关联分析互金犯罪整个架构，为打击整个犯罪网络提供情报信息支撑。使数据处于核心地位，支配侦查运行。大数据导侦模式相比于传统侦查模式，具有四个特点：

一是一体性侦查。以数据共享为机制，不同层级纵向形成扁平化的决策、指挥结构，多方面、跨区域横向合成统一的导侦主体。

二是全景式侦查。侦查中采集和分析的数据是全景数据，侦查思路的从面到点，侦查路径发生了根本变革。

三是算法侦查。首先对数据进行采集和清洗，为数据运算做准备，然后确立运算法则，建立运算模型，再通过由云计算支撑的数据运算，获得犯罪相关信息。

四是预测型侦查。侦查行为从回溯型侦查转向了主动型侦查，实时感知犯罪，及时采取行动，将侦查引向未来。

（3）加强装备和人才保障

要聚合各类资源，一方面要积极主动地将各类信息资源、技术手段和优秀人才投入平台工作中；另一方面，要改变目前技术装备手段建设严重滞后于实践需要的状况，确保根据互联网技术最新发展情况和侦查实践需要，在第一时间内及时增加互联网宽带、配强服务器、开发各类网络侦查工具、购买或开发各类数据分析挖掘和图形化展示等软件；此外，还要加强人才保障，从地方院校招录数字分析专业的人才，从侦查一线抽调涉网经济犯罪侦查能手，专门开设一批互联网犯罪数据分析专业课程，全面加强人才队伍。

2."冒烟指数"——大数据监测预警的北京实践

目前，实践中已有部分地区进行了互联网金融犯罪大数据监测预警的相关探索。例如2014年，北京市打击非法集资领导小组联合技术公司，研发了大数据打击非法集资监测预警云平台，能够对P2P网贷平台的风险进行及时预警，为有关部门采取打击行动提供了依据。该预警平台用"冒烟指数"来衡量网贷平台等互联网金融企业的危害程度。"冒烟指数"把金融机构、理财产品、P2P、私募股权等在互联网上体现出来的特征进行收集，归集200多项数据，通过对企业进行数据挖掘，可以抽象出机构合规度、特征词命中、传播虚假性、收益偏离率和投诉率五个特征指数。将上述五项指数加权、整合后，所测算出的数字，即是企业"冒烟指数"，代表其所涉非法集资风险。目前建立的非法集资风险模型框架内，包括企业欺诈、信用、流动性三方面风险模型。预警平台通过对各个维度风险的量化、赋值，综合出企业的冒烟指数；除从社交网络采集数据外，预警平台的数据来源还包括政府网站、公检法、工商税务等。通过数据挖掘，对企业相关的关键字进行测算，触线即采取相应措施。对"冒烟指数"超过60分的平台，相关部门要列入重点监管；超过80分的，政法机关将及时启动打击处置程序。"森林着火是要冒烟的"冒烟指数就是通过检测潜在的冒烟点，对可能出现的险情做出预先关注。①

2014年7月，北京市监测预警平台监测到一个叫"里外贷"的P2P网贷平台指数开始冒烟。"里外贷"冒烟指数达84分，而公安部违法犯罪资金查控平台提供的资金流数据显示，其待收本息达9.34亿元，综合收益率39.77%。两组数据重叠之后，"里外贷"的非法集资事实已经确定无疑。2015年1月，涉嫌利用P2P网贷平台非法集资的"里外贷"母公司——众望易达科技公司被依法查处。监测预警平台的及时预警，使得这起非法集资案件的恶果没有持续扩散，案件所引发的影响也被降至最低。②

根据联合研发该平台的技术公司提供资料显示，大数据监测预警平台已被北京市金融工作局运用到了北京市打击非法集资专项整治行动及互联网金融风险专项整治工作中，并成功预警了e租宝等大案，在实践中取得了显著的成效。截至2016年5月，平台共监测北京市各类企业上千家，覆盖全市16个区，重点监测的高非法集资风险的企业达39家。目前北京市金融局已向公安部门报送了几十起涉嫌非法集资的线索，其中以P2P、私募、第三方理财三个领域为风险高发领域。同时，平台根据监测结果形成多种类型监测报告共400余份，并上报到北京市政府、北京市金融局和其他政府监管机构。大大的降低了北京市非法集资的案发数量，有效助力了相关部门打击时机的选

---

① 参见网贷之家网：http://baike.wdzj.com/doc-view-3050.html，2017年9月27日访问。

② 参见北青网：http://news.ynet.com/3.1/1601/23/10779902_2.html，2017年9月27日访问。

择，降低了处置成本。

（二）以"网上衔接"为目标完善信息共享平台建设

1. 制定信息共享平台建设指导意见及管理办法

建议中央在国家层面，充分调研、充分论证、充分借鉴、广泛征求意见的基础上，科学制定信息共享平台建设的规范性指导意见及相关管理办法，以确保机制建设的系统性、科学性和规范性。

一是要明确信息共享平台建设的基本目标。以确保国家法律、法规的正确统一实施，促进规范公正严格执法，提升执法透明度与执法公信力为基本目标。

二是要明确信息共享平台建设的总体思路。要立足长远，立足全局，高起点谋划，高标准设计。既注重前瞻性，有一定的超前设计，又注重务实性，确保可行。制度设计一步到位，具体实施可分步推进。

三是要明确信息共享平台协作部门的范围。纳入共享平台建设的部门范围，应当包括所有具有行政执法权的行政机关和所有刑事司法机关。在具体实施中，可有所选择地将重点行政执法部门和刑事司法机关作为共享范围，逐渐向外扩展。

四是要明确信息共享平台协作部门的工作职责与工作程序。

五是要明确信息移送的范围和移送的基本程序。

六是要明确信息管理部门和监督部门及其工作职责。

七是要明确监督的程序与措施。

八是要明确责任追究和奖惩措施。

如此，行政执法与刑事司法信息共享平台的建设和运行就有了充分的依据，并对纳入共享平台的执法部门产生一定的强制效力。同时，通过整体规划，统筹共享平台建设的各个要素、各个环节，可使之得到有序整合，确保平台建设的系统性，有效防止信息共享平台建设的随意性。

2. 建立信息共享平台"网上衔接"机制

行政执法与刑事司法信息共享平台是利用现代信息技术开展两法衔接工作的有效载体，直接解决了实践中备案审查不到位的问题。信息共享平台的充分利用，不仅可以有效解决在日常衔接工作中最突出的衔接不便捷、办理工作流程不规范和行政处罚案件办理不透明的问题，更是在具有行政权力机关和司法执行机关、法律监督机关之间实行了网上无缝移送、网上办理、案件（刑事和行政）流程全程体现。具体案件可查性，使得行政执法和刑事司法工作的开展不再千头万绪和杂乱无章，对于检察机关而言，自身的法律监督有了多重方式和路径。信息共享使得三机关之间更加密切合作，顺利衔接。

依托专网专线的硬件设施，建立全程监督的信息共享平台是两法网上衔接的最终目标。行政执法机关、公安机关和检察机关通过专网传输行政执法案件信息，完全符合保密规定，这样就可以从行政机关受理案件伊始要求进行信息输入，按照《行政执法机关移送涉嫌犯罪案件的规定》从立案、调查、处理、移送每个环节按时间节点按顺序输入，确立承办人和领导负责人职责权限，调查取证相关环节每一步都有相应记录。如此，一是可以增大行政执法过程的透明度，避免行政机关在操作上出现了"四多四少""以罚代刑"的现象。二是可以对有可能涉嫌犯罪的行政执法案件，充分发挥检察机关、公安机关的协调作用，对案件定性、证据把握上发挥检察机关的监督职能，对相关案件查处过程中检察机关可以提前介入，对于侦查机关的侦查方向、侦查手段、取证证据效力等提出相应建议。[1] 三是在对案件流程进行监督过程中，案件受案、调查和最终处理结果存有巨大出入的，检察机关可以及时发现并调卷审查，发现职务犯罪或违纪线索，按照相关规定移送查处。四是可以对公安机关对受理案件的线索是否及时作出立案或不立案处理，有无消极受理、久侦不结等情形及时监督。

3. 加强保障，确保信息共享平台有效运转

一是要有充分的经费保障。建议将信息共享平台建设纳入当地政府信息化建设总体规划，由财政编列专项经费，提供全额保障。

二是要有充足的人力保障。相关部门必须指定本部门参与共享平台建设的负责人，确定专门联络人员，负责就共享平台的建立和运行中的具体事项

---

[1]　陈国庆主编：《检察制度原理》，法律出版社 2009 年版，第 106 页。

与其他部门进行沟通协调。除此之外，还需要技术维护人员，由各部门的技术人员负责对信息共享平台进行日常的技术性维护；以及操作人员，由各部门确定专门的人员负责录入、更新、研究行政执法和刑事司法信息。

（三）以"移案监督"为核心完善检察监督制度

检察机关作为国家的法律监督机关，在积极推动"行刑衔接"工作方面担负着重要职责。建立规范高效、监督有力的两法衔接机制，一方面对于防止行政执法过程中出现的"以罚代刑"、打击不力现象，促进依法行政，发挥政府在维护市场经济秩序中的主导作用，具有十分重要的意义；另一方面，对于防止刑事司法环节有案不立、有罪不究现象，确保公正司法，进一步严密打击违法犯罪的法网，也具有积极意义。从而为消除在查办行政违法和刑事犯罪中间地带存在的执法空档，更好地维护法制统一和公平正义，服务经济社会科学发展，提供有力的、完备的保障。

1. 完善监督的法律依据

要想使得检察机关在行政执法向刑事司法过渡过程中的法律监督更有效，更具可操作性，就必须完善检察机关开展法律监督的法律依据。在立法上，建议以全国人大或其常委会为主体颁布法律明文规定检察机关在行政执法和刑事司法衔接过程中的监督对象、范围、程序、手段、责任等，同时对于有关规范行政执法与刑事司法衔接的法律法规、部门规章、司法解释进行统一的规范，避免相互之间的不协调甚至冲突。现阶段比较务实的做法是可以将人民检察院对行政机关移送案件的监督权在《刑事诉讼法》《人民检察院刑事诉讼规则》及《人民检察院组织法》等法律法规中具体规定出来。

2. 建立"移案监督"制度

目前，检察机关所拥有监督权是立案监督权，公安机关是其唯一的监督对象。而两法衔接机制的运行，很大程度上依赖于行政执法机关对案件的移送。由于现阶段检察机关的立案监督权只以公安机关为监督对象而不能监督行政执法机关移送案件的行为，只能被动地"截流"，防止案件线索流失，却无法对行政机关进行监督，主动"开源"。因此，针对公安机关的立案监督的实现的是以行政执法机关主动向公安机关移送涉嫌犯罪的案件为前提的，如果行政执法机关不主动移送案件，那么检察机关也无法对公安机关进行立案监督。只有通过法律赋予检察机关对行政执法机关移送案件活动实施监督的权力，才能更好地解决这一问题。因此，应该在立法上赋予检察机关对认为应当移送而不移送案件的质询权和督促权。人民检察院有权向行政执法机关提出质询，当人民检察院认为案件应当移送案件而不移送的，可以要求行政机关说明不移送案件的理由，人民检察院不认可行政执法机关不移送的理由时，应当通知行政执法机关，督促其移送案件，行政执法机关接到通知后应当移送案件。

3. 开展互联网金融犯罪"专项立案监督活动"，完善监督工作相关细节

以当前互联网金融风险专项整治工作为契机，适时将互联网金融犯罪纳入检察机关"专项立案监督活动"范围，重点开展针对互联网金融犯罪的专项立案监督活动。建立专门的行刑衔接监督部门，加强与公安机关、行政执法部门（如"一委一行两会"、金融办、工商、税务等部门）的联系，以形成融洽的监督与配合监督的工作关系，只有检察机关了解了被监督部门的情况，才能全面及时开展监督工作，推进刑事立案监督工作有效开展。对于立案监督的案件，侦查机关应当在立案后在规定期限内通过口头或书面方式向检察机关通报案情，之后每隔一段时间向检察机关口头通报案情，检察机关应实行专人负责、逐案跟踪，认真核实进展情况，当然，为了确保案件侦查阶段的保密，检察机关也必须建立相应的防泄密措施。对行政执法与刑事处罚衔接实行法律监督的目的和出发点是保证违法行为受到合理的处罚，保障法律得到统一、正确实施。

图书在版编目（CIP）数据

金融犯罪检察实务 / 北京市朝阳区人民检察院编 . — 北京：
中国检察出版社，2019.8

ISBN 978-7-5102-2281-8

Ⅰ．①金…　Ⅱ．①北…　Ⅲ．①金融犯罪—检察—中国

Ⅳ．① D924.33

中国版本图书馆 CIP 数据核字（2019）第 124256 号

金融犯罪检察实务

北京市朝阳区人民检察院 编　　张朝霞 主编

出版发行：中国检察出版社

社　　址：北京市石景山区香山南路 109 号（100144）

网　　址：中国检察出版社（www.zgjccbs.com）

编辑电话：（010）86423708

发行电话：（010）86423726　86423727　86423728
　　　　　（010）86423730　68650016

经　　销：新华书店

印　　刷：北京宝昌彩色印刷有限公司

开　　本：710mm×960mm　16 开

印　　张：20.75　插页 4

字　　数：303 千字

版　　次：2019 年 8 月第一版　　2019 年 8 月第一次印刷

书　　号：ISBN 978-7-5102-2281-8

定　　价：65.00 元